DIGITAL SOCIETY
GOVERNANCE

数字社会治理

数字信用和数字规则

唐斯斯　张延强　著

電子工業出版社
Publishing House of Electronics Industry
北京・BEIJING

图书在版编目（CIP）数据

数字社会治理：数字信用和数字规则 / 唐斯斯，张延强著. —北京：电子工业出版社，2023.6
ISBN 978-7-121-45760-9

Ⅰ. ①数… Ⅱ. ①唐… ②张… Ⅲ. ①数字技术—应用—社会管理—研究—中国
Ⅳ. ①D63-39

中国国家版本馆 CIP 数据核字（2023）第 103767 号

责任编辑：刘小琳　　　　　　特约编辑：张思博
印　　刷：天津千鹤文化传播有限公司
装　　订：天津千鹤文化传播有限公司
出版发行：电子工业出版社
　　　　　北京市海淀区万寿路 173 信箱　　邮编：100036
开　　本：720×1 000　1/16　印张：15.75　字数：300 千字
版　　次：2023 年 6 月第 1 版
印　　次：2023 年 6 月第 1 次印刷
定　　价：88.00 元

凡所购买电子工业出版社图书有缺损问题，请向购买书店调换。若书店售缺，请与本社发行部联系，联系及邮购电话：（010）88254888，88258888。

质量投诉请发邮件至 zlts@phei.com.cn，盗版侵权举报请发邮件至 dbqq@phei.com.cn。

本书咨询联系方式：liuxl@phei.com.cn，（010）88254538。

前言 Preface

在快速迭代的数字科技驱动下，人类正以前所未有的速度和整齐划一的步伐迈入万物互联的数字社会。数字社会是从原子世界向比特世界发展的新阶段，数据无处不在、网络无处不在、计算无处不在、软件无处不在和连接无处不在成为常态。在新的社会形态下，人类社会在实体物理空间的大多数行为以“数据”的形式在信息网络空间中体现出来，社会环境将由传统的单一物质体向“物质体+数据体”形态转变。治理主体、治理对象、治理环境、治理手段等的颠覆性变化，必然驱使社会治理模式面临深刻的数字化重塑，人类社会进入了全新的“数治”新时代。本书以数字社会中数字身份（人的数字化）和数字资产（物的数字化）为治理对象，全面探讨数字时代的社会治理模式、策略和挑战，探讨了各行业、各领域及社会整体的治理模式，提出从数字信用和数字规则两个方面构建数字社会治理中的“软规则”和“硬约束”，实现对传统治理模式的变革和创新。

本书写作的初衷是希望以笔者的文字笔触为“窗口”观察分析某些数字社会存在的特殊问题（如算法决策操纵、直播带货乱象、短视频监管难等）、特定现象（如信息茧房、数字黑洞、数字鸿沟等），并结合笔者多年工作实践经验探索性提出一些兼具实用性与适用性的数字社会治理思路策略。数字社会治理涉及领域多、范围广，体系庞杂、内容丰富。单一视角下的数字社会治理在治理思路、治理策略、治理路径等方面难免有所局限甚至偏颇，这也是本书基于“数字信用”与“数字规则”双维度思考数字社会治理的主要考量之一，试图通过“数字信用+数字规则”达到“1+1＞2”的叠加治理效应。

数字信用与数字规则是数字社会治理的“一体两面”。其中，数字信用是数字社会构建的新基石与“软规则”，数字规则是数字社会治理的新基准与“硬约束”。数字信用与数字规则本身有着千丝万缕的联系，从严格意义上讲，数字信用制度也属于广义的数字规则体系，但两者在社会治理中的侧重点各有差异，前者突出信用手段所带来的内在规范与引导，后者强调规范性制度所形成的强制性约束与规治。在数字社会发展演进过程中，二者共同发挥作用，相互助力、彼此融通。

数字信用是非规范性规则向规范性规则的一种过渡，是对规范性数字规则的补充。在现代经济社会中，信用的工具属性与功能作用发生了极大变化，在社会治理、公共服务、行政监管等场景中扮演着更加重要的角色，承担着更加多元的工具属性，日益丰富的工具属性及信用功能使得信用在推动数字经济高质量发展、提升数字公共服务能力、打造数字可信社会、破解数字社会治理困境等方面的作用愈发凸显。数字信用作为信用发展到数字社会高级阶段的新形态、新升级，其所具有的“可积累性”“低成本性”“高虚拟性”“可计算性”“去中心化”“多场景性”“强关联性”等特性赋予了其更强大、更多元、更智能的治理功能。与此同时，信用作为一种介于道德伦理、公约良俗柔性治理手段与法律制度刚性规治手段间的社会治理工具，经由契约精神、诚信治理和道德氛围培育三重努力共同构建起数字可信社会的“生命向度”，已经成为数字社会形态下现代社会信用体系再构、破解旧制度失灵与新制度缺位交织所形成的社会治理困境的新型治理工具。

具有强制约束性的数字规则被认为是数字社会治理重要且不可或缺的手段。加快数字规则体系构建已成为全球共识，不只单个主权国家需要一套适用于自身发展需求的数字规则体系，整个人类“地球村”同样有着迫切的规则需求以应对全新数字社会形态带来的冲击与影响。2020 年，习近平总书记在中央经济工作会议上首次提出数字规则的概念，明确数字规则的重要战略地位，《中华人民共和国国民经济和社会发展第十四个五年规划和 2035 年远景目标纲要》进一步指出，要“坚持放管并重，促进发展与规范管理相统一，构建数字规则体系”，但从现实情况来看，目前我国数字规则体系构建存在明显的制度缺口与理论缺口。鉴于此，笔者立足当前国内数字社会治理难点和国际国内数字主权竞争焦点等多个维度，提出以数字公权、数字人权和数字产权的数字“三权”为框架基础，加快构建涵盖数字安全保护、数字开放共享、数字资产交易、数据跨境流动和数字竞争秩序五大子内容的数字规则体系。本书希望在制定与数据要素、数字技术相适应的具有法律效力支持的规则体系的基础上，积极探索基于数字规则与数字信用融通的数字社会治理新范式、新机制，进而为各行业、各领域数字化转型提供更好的治理流程和更高效的执行机制。

数字社会治理作为数字时代面临的最大挑战之一，需要政府、企业和个人通过协作、创新和行动来达成治理共识。由于笔者水平所限，加之数字社会治理领域的研究仍处于不断的发展和变化之中，本书只是笔者对于数字信用和数字规则应用于社会治理的初步探索，仅代表个人研究观点，与所在单位无关。书中错误和不足之处在所难免，恳请专家、读者批评指正。

目录 Contents

上篇　数字信用——数字社会构建的新基石与“软规则”

第 1 章

缘起："数字化"重塑社会形态

1.1 数字社会的进化

目前，关于数字社会的研究更多是从数据、算力、算法技术等维度进行分析，并提出数字社会的要素构成。本书尝试着从社会治理角度思考数字社会构建的基本要素，提出从技术和治理双重视角分析构建数字社会的数据要素、数字身份、数字信用、数字规则、数据技术五大要素。

1.1.1 从狩猎社会到数字社会

人是社会发展与社会关系构建的核心。人与环境的交互推动着人类社会不断向前发展与演进。自人类诞生以来，随着生产力的提升和生产关系的变革，社会形态不断迭代。马克思主义唯物史观认为，社会形态是由生产力、生产关系、上层建筑等全部社会要素组成的完整的社会体系，是按照自身特有的规律运动、变化、发展着的活的社会有机体。人类社会形态的划分有着多种视角，其中较有代表性的有以下两种：一种是根据生产关系的特征与性质；另一种是以占据主导地位的产业结构为标准。结合不同视角可以发现，随着技术的迭代升级，整个人类社会的进化史历经了狩猎社会、农业社会、工业社会、信息社会，如今正在迈入数字社会。本书所称的“数字社会”是数字时代的社会形态，展现了人、技术及数据的相互作用的过程。

不同的社会形态表现出不同的社会关系特性。在狩猎社会，人们主要靠捕鱼、打猎和采集为主，人类对自然界的认识和改造停留于浅显层面，更多的是对自然界的适应过程。在农业社会，社会的战略资源是有限的土地，铜器和铁器是主要生产工具，生产范围的有限性使得农业社会的人与环境的关系依靠初级社会群体维持。在工业社会，社会的战略资源不再局限于土地，逐渐扩展到矿藏、石油、电力等各类能源，特别是电力的发明，人们通过操作动力机械，形成工业社会新的生产力，个体被绑定为机器系统的一部分，由此以企业组织与社会团体为基础的相关关系得以体现。在信息社会，人类利用信息和知识，通过泛在化的信息网络服务方式从事生产，人类可以脱离生产过程独立存在，社会关系体现为以信息为纽带的社会连接。进入数字社会，随着数据、算法和算力在经济社会发展中对资源要素配置影响力的提升及贡献作用的不断增强，数据成为一种全新的生产要素，算法和算力则成为新的生产力，网络相连的人和物成为生产数据的基本单位，同时也成为传送数字信息和参与社会互动的基本单元。

通过人类社会的演进历程发现，整个社会形态的演变主要基于不同的生产方式，生产资料在不同的生产力和生产关系演变中形成了不同的社会关系。马克思指出，人类自身的生产及与之对应的人的依赖关系，对于有文字记载的人类历史，有着特别重要的意义。正因如此，人类社会的结构便是先从"以家族血统为主导的模式"向"以财富地位为主导的模式"转变，再向"以知识智慧为主导的模式"不断转化。起初的狩猎社会和农业社会，是以"血缘"为其主导的社会依赖关系，"家族"（泛指"家庭"与"氏族"）便成了当时人类社会的主要组织模式。此后的工业社会，是以"商品"（物缘的依赖关系）为其主导的社会依赖关系，企业和单位便成了当时人类社会的主要组织模式。进入信息社会之后，"信息"及由此衍生的"知识"将成为社会的主要联结纽带，而这"信息的纽带"，又因通信媒介的革命性进步，使单个的个体独立性得以在社会关系中凸显，异质性、协同性、共享化的社会特征更加明显。部分学者将数字社会视为信息社会的进一步演化，二者都是以虚拟的信息和数据为生产资料并以此作为社会连接的纽带，但在特性上差别较大，下文将进行深入辨析。

1.1.2 信息社会的再认识：知识和效率

信息社会作为与数字社会较为相近的社会，最早由日本学者林雄二郎于 20 世纪 60 年代提出。美国经济学家弗里兹·马克卢普（Fritz Machlup）最早在 20 世纪 50 年代就开始了对知识和知识产业的研究。第二次世界大战结束后，随着一系列新技术的出现和应用，推动了美国经济的高速发展，同时也带来了经济发展模式的改变。时任美国经济学会会长的马克卢普在其代表作《美国的知识生产与分配》中正式提出"知识产业"这一概念。他在书中评估 1958 年美国知识生产的总规模为 1364.36 亿美元，约占国内生产总值的 29%，成为美国的第一大产业，远超当时的钢铁业、化工业和汽车业，美国已进入"知识社会"。这一论断对全球思想界都产生了巨大的影响。20 世纪 60 年代，信息社会开始被相关学者提出并逐渐被人们所认识。第二次世界大战结束后，以美国为代表的西方国家在现代知识及与之相关技术应用的驱动下，在国际竞争中抢占先机，形成新的竞争优势。以马克卢普等为代表的学者对知识生产与经济发展的关系作用开展了深入分析，以期深入了解知识生产对当时美国经济高速发展产生的作用机制，且关于该问题的研究最终形成了《美国的知识生产与分配》这一著作。马克卢普通过研究发现，1958 年美国知识生产规模的总量在整个国民经济体系中的占比高达 29%，在美国产业结构中占据首位。针对这一变化，马克卢普认为美国已经由传统的工业社会步入 “知识社会”，这一结论与提法带来了极大影响。在此之后，人们逐步摆脱对经济发展的实物化视角，广泛接受知识和知识创新是驱动现代经济持续增长的基本、普遍、决定性因素的新共识。随后的马克·波拉特（Marc U. Porat）、彼得·德鲁克（Peter F. Drucker）等对马克卢普的理论和方法进行了完善。这一时期的信息社会探讨的主要是工业社会在当时如何实现转型发展的问题。

20 世纪 80 年代后，互联网技术的出现及应用成为加速推动经济社会发展的关键动力。多位国外学者针对这一现象与变化开展了相关研究，其中丹尼尔·贝尔（Daniel Bell）的“后工业化社会”、阿尔温·托夫勒（Alvin Toffler）的“第三次浪潮”、约翰·奈斯比特（John Naisbitt）的“网络社会”等理论具有较强的影响力和较大的代表性。这些理论的提出，一定程度上代表着信息社会从理论研究与发展实践均步入了一个全新的阶段，人们对于信息社会的理解认知已经由经济产业层面延伸拓展至更宽泛的社会层面。例如，贝尔认为“后工业化社会”的特征集中体现在以知识为核心。

20 世纪 90 年代后，一个以计算机与互联网为代表的信息革命时代的到来，信息化成为全世界关注的焦点并给整个人类带来不可估量的影响。得益于美国作为信息革命起源地这一得天独厚的优势，相关学者围绕信息技术与信息社会间的关系开展了深入研究。其中较有代表性的学者有尼古拉斯·尼葛洛庞帝（Nicholas Negroponte），他的著作《数字化生存》对网络时代下人们的生活生产方式等进行了全景式的描述，成为许多人了解网络世界的必读经典著作。在这一阶段，信息技术革命被视作是推动经济社会发展的关键要素，在其作用下人类由工业社会向信息社会加快演进。

20 世纪 90 年代后，网络通信技术的发展按下了快递键，短时间内迎来了爆发式增长，对人类社会发展带来的影响与冲击深刻而持久。在此背景下，越来越多的学者开始从技术视角思考网络技术对人类发展带来的影响，认为推动信息社会形成的并非信息和知识而是以电子通信、计算机、互联网等为代表的现代信息技术。但是这一阶段的关于信息社会的研究，虽然强调了同工业社会、工业经济的断裂，但却对社会形态的研究只是停留在网络化的发展、信息的全球化、互动的便利性所带来的经济效率提升这个层面，缺乏技术变革带来的对整个社会形态的思考和研究。

通过对信息社会理论变迁的回顾可知，其研究主要包括知识主义与技术主义两大流派。在信息社会理论发展早期，人们更多是围绕知识与社会的关系来剖析认知信息社会，尽管学术界对于信息社会究竟是一种区别于原来社会形态的新社会形态，还是传统社会发展到新阶段的具体表现有着一定争议，但即便如此，对于信息社会的某些特征，学术界仍是达成了某些共识：①知识的价值作用显著增强。人们普遍认为知识对于经济社会发展的贡献作用持续增强，这种贡献既体现在知识分子"人"的方面也体现在知识经济产业方面。②知识对于政策制定的影响作用日趋明显。这种影响集中表现在专业人才和专业知识两方面。综合来看，不断丰富的知识资源加速驱动着人类社会向信息社会迈进。

1.1.3 数字社会的再进化：数据和计算

数字社会是信息社会的进化，数字社会的技术逻辑起源于大数据的发展和演进。20 世纪 90 年代，随着互联网和电子商务的快速发展，经济社会各领域产生和处理的数据量不断增大。2011 年 6 月，麦肯锡（James O. Mckinsey）在其发布的《大数据：下一个创新、竞争和生产力的前沿》报告中对于数据作为新生产因素如何发挥作用做了分析。报告认为，数据作为一种重要的生产因素，正在越来越深入地渗透影响着经济社会发展的每个行业领域，人类社会可通过对海量数据的充分利用迎来新一轮生产率的增加。这篇报告引起了企业、政府、学术界对于大数据革命的空前重视和讨论，一个数据驱动下的全新时代正在到来。国际著名咨询公司 IDC 在相关报告中指出，目前人类社会产生数据规模总量呈现出指数式增长，现在已进入 ZB①时代，推动着产业形态朝着"数据驱动范式"前进。继大数据之后，谷歌（Google）在 2006 年首先提出"云计算"的概念。云计算系统是一个极其庞大的算力资源池，甚至可以让普通用户体验每秒 10 万亿次的运算能力，如此强大的运算能力，使得模拟核爆炸、预测

① ZB，计算机术语，代表的是十万亿亿字节（$1ZB=2^{10}EB=2^{20}PB=2^{30}TB=2^{40}GB=2^{50}MB=2^{60}KB$）。

气候演变、实现基因测序都不再困难。随着云计算、大数据、物联网等技术的发展，采集的数据越来越多，存储的数据规模越来越大，分析数据的能力越来越强，人们从海量数据中不断挖掘数据带来的价值。之后，随着机器学习能力的加强，人工智能将与大数据进一步融合，使得大数据整体逐渐“逼近”客观现实，成为世界的数据化表象。综上，大数据、云计算、人工智能的出现和发展之所以是人类历史的重大变革，不仅在于人类可以借此更深入和广泛地认识世界，还在于让世界的可计算性更接近现实。

由数据和计算引发的社会形态的变革，早在尼葛洛庞帝在 1996 年出版的《数字化生存》中就已经有所阐释。尼葛洛庞帝将“数字化生存”阐释为，在虚拟数字化空间中人们通过对数字技术的广泛利用开展信息传播、交流、学习、工作等各种活动。首先，尼葛洛庞帝把整个社会的变化概括为数字化。其次，数字化的特点是使得信息比特化。比特同原子不同，比特的传输不用通过现实的物理空间，而是通过网络，这解决了传统信息传输交流的局限，但更为关键的是，比特具有可以计算的特点。该书认为，计算不再只和计算机有关，它决定我们的生存。在今天，这句话尤其贴切，数字化不仅是信息交流的数字化，算法正在不断改变人类生活的方方面面。人们生活在以数字技术为基础映射形成的虚拟世界与现实的物理世界共同构建的多维空间下，个人、商业和政府在数字化生存时代的行为模式都发生了巨大的变化。

1.1.4 数字社会的内涵：基于知识主义和技术主义维度

相关学者认为，人类社会由信息社会发展至数字社会是技术主义与知识主义交织叠加的结果，表现出“双重进化”的特征。知识主义以知识为基础，以知识的实际应用推动社会和经济的发展。从知识主义看，知识取代了金钱，知识胜过资本，财富也将知识化，知识可以代替多种形式的资源，甚至知识支配着生产方式，进而决定着生产什么，社会如何生产。1994 年，尼科·斯特尔（Nico Stehr）在《知识社会》一书中指出，在知识社会，知识价值论取代劳动价值论成为社会的核心认知。[①]从技术主义看，技术主义认为技术在社会生产活

① 李喜先. 面临现代社会系统加速变迁的战略选择——我国应超越式地构建知识社会. 中国科学院院刊, 2008(4):369-374.

动中具有决定性的作用，是当代社会发展演化的主要驱动力量。技术主义始于 20 世纪 80 年代的信息技术革命。信息技术介入当代资本主义经济、政治和日常生活领域，在各领域所表现出的共同特征是建立在信息化处理技术之上，就此建立的生产、传播、消费等各个环节并不依赖传统工业生产所需的原材料、机器设备、体力劳动者，取而代之的是对专利、研发、数据的渴求。技术主义建立了与传统工业资本主义完全不同的经济范式，构建了独特的"资本—技术"生态，并使得资本的演变能力和扩张力量达到了更高的水平。

数字社会至少从两个维度延伸了信息社会的内涵。

一是从知识主义维度来理解，变化的关键在于把信息泛化延伸为数据。在信息社会，信息的传播依然是有限的，信息之间的关系分析侧重于前因后果。进入数字社会，数据量的爆发式增长，使得信息的有用性降低，人们认为信息相关关系分析的价值优于因果关系的分析，延续了数千年的人类思维模式被颠覆打破，而这也恰恰是数字化时代的特别之处。数据的泛化使得万事万物都数字化，数据体量的快速增加及维度的日益丰富使其逐渐演变成了社会核心资源，在其作用下知识信息的生产、传播及由此带来的创新活动更加活跃。在知识主义维度下，数字社会的形成与发展过程就是对数据资源持续深入地挖掘利用过程。"数据"成为与土地、劳动、资本、技术具有同等重要地位的新生产要素。

二是从技术主义维度来理解，技术从连接功能转向智慧化。如果说信息社会的互联网技术侧重于缩小时空范围，发挥传播媒介作用，那么进入数字社会，技术主义的要旨体现为数字科技的创新与应用带来的不仅仅是效率的提升，更是新的价值发现的源泉，基于算法、模型，实现对数据的重组、挖掘，计算成为价值来源的核心。人工智能等数字技术的发展使得机器智能化程度不断提升并越来越接近于真实的人类，这些技术通过对人类思维及脑力活动的模拟功能作用变得越来越强大，随着其在人类生产生活众多领域的深入应用，驱动人类社会以加速度向智能社会迈进。从人类社会科学技术的演进过程来看，整体上表现出"拟人化"的特征。如果说工业时代蒸汽机、电气技术等技术是对人类运动器官的模拟与延伸、加强，那么数字时代的网络通信与计算机技术则更侧重于对人类思维感知器官的模拟与扩展。与此前的技术相比，数字技术对人类社会发展的影响更加深远，渗透性及颠覆性更强。

通过上述分析，我们将数字社会理解为是以数字技术为基础，基于对各种数字技术的综合应用而逐渐建立起的社会系统，是万物互联从原子世界向比特世界发展的新阶段。数字社会表现出知识建构和技术驱动的双重特性，人类社会在物理空间的大多数行为以"数据"的形式在虚拟网络空间中体现出来，构建了全面映射并逐步走向“数字孪生”，且通过“数据”的模拟仿真以未来视角智能干预人类社会的发展轨迹。

1.2 数字社会治理的逻辑起点

进入数字社会，在数字技术的驱动下，人们参与社会关系的认知观念、方式方法等均发生了根本性的变化。这些变化会传递到人们的日常生产生活中，在改变人类生产生活方式的同时也重塑着人与人、人与社会之间的交互关系，社会结构和形态也会随之发生深刻变化。数字社会在数字化、网络化、智能化技术的变革下，呈现出六大趋势，即社会存在数字化、社会连接畅通化、智能计算泛在化、组织结构扁平化、权力机制重塑化和数字风险复杂化。数字社会引发的深刻变化必然需要治理内容的彻底变革，这也成为数字社会治理的逻辑起点。图 1-1 显示了数字社会治理的流程。

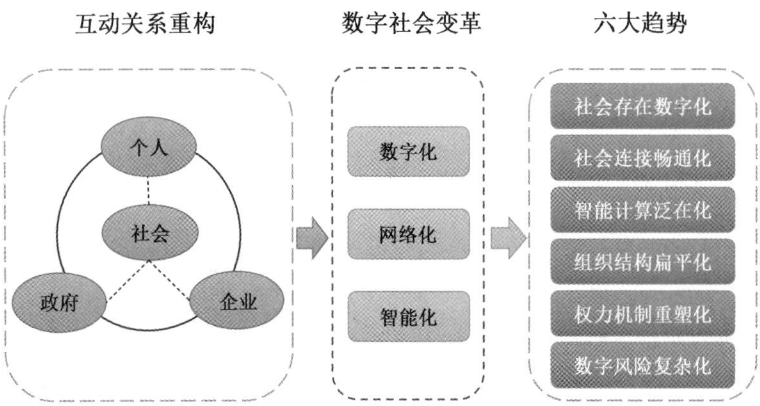

图 1-1 数字社会治理的流程

1.2.1 社会存在数字化

根据上文所述，社会基于人和环境的关系构成，整个社会存在生命体和物质体，前者可以理解为生物存在，后者可以理解为物质存在。进入数字社会，生命存在和物质存在都在不断地数字化。

物质存在数字化。数字社会的一切物质世界在功能和结构上将普遍实现数字化，小到个人日常生活中使用的智能手机及各类数码产品，大到城市发展中的城市大脑、数字工厂、数字交通设施等，人们能够切身感受到无所不在的数字化及其带来的变化。随着数字技术与产业变革、城市发展的深度融合，"数字孪生"概念与技术应运而生，其本质是数字技术对现实物理世界的真实映射，是通过数字技术为物理世界"复制"的一个虚拟数字镜像。根据国际标准化组织关于"数字孪生"的定义可知，其是利用数字化技术与手段对现实物理世界的一种数字映射，可以与物理实体进行实时动态的交互，基于沉积的历史数据、实时鲜活的城市运行数据能够实现对物理世界全景式、全生命周期的模拟、监测及预警，是利用数字技术推动物理世界优化发展的重要手段。

生命存在数字化。数字技术将个人与设备结合在一起，形成了数字社会里特有的"数字化存在"。一方面，生命表征不断被数字化。随着物联网、大数据等新一代数字技术的广泛应用与深度融合，社会个体通过数字证件、人脸识别等数字化证明实现了"被数字化"。另一方面，个体的社会行为也不断被数字化，每个人在网络上的每一次搜索、浏览、信息输入、下载、分享甚至点赞都会无一例外地留下"足迹"。同时，数字网络提供了另一个展示自我的空间，许多人在网络上发布文字、照片、视频来记录自己的行为、经历、感想、情绪，通过这样的自我表达不仅能展示自我，而且各种智能设备可以采集到个人的各种信息，也带来了个人隐私数据保护的难题，同时模糊了私人信息与公共领域信息之间的界限。

1.2.2 社会连接畅通化

连接并不是数字社会独有的产物，只要具备一套共同的编码体系，就可以形成相应的连接。有别于以往的时代，互联网将独立的数字空间变成连通器，在它的作用下人们社会互联互通的程度前所未有。当作为社会个体的人与人、人与机器（包括计算机、各类智能设备等）等在同一个空间形态下实现了充分的连接和贯通，就意味着与之相关的社会资源要素与社会关系也会被纳入这个特定的空间，进而形成特定的社会形态，即数字社会。

从要素联通看，数据的流通和共享是数字社会独有的优势所在。从某种意义上讲，数字社会，其实就是一个数据不断生成、存储、流转和分享的特定空间。物质存在和生命存在的数字化使得几乎所有人类的活动及与其相关的场景都可以转化成数据，其体量几乎趋于无限。由于网络压缩了时空，数据作为信息载体大大提高了社会整体的运行效率。数据借助各种类型的终端及无处不在的网络，能迅速抵达社会的神经末梢。基于数据，数字空间的各种资源加快整合，可以跨越现实的地域空间界限来实现，可以方便快捷地完成资源要素的对接和组合，提升资源整合利用的有效性和时效性。

从社会连接看，数字技术改变了人们相互连接的方式，重塑了社会关系。事实上，数字通信技术提升了人们相互连接的能力与多样性，极大地压缩了空间对于人际互动交流的限制。人们可以跨越地域的限制，与不同地域的人们进行毫无差别的学习、工作和生活，围绕新的生产方式和共同爱好形成新的圈层和社会关系，新的网络交往形式将不断形成，使得线上线下社会关系互为镜像同步推进。

1.2.3 智能计算泛在化

数字社会，无论是工业生产、城市管理、社会生活等各个领域都在与人工智能发生关联，而“智能”的核心在于计算。在人工智能等技术的赋能下，数字计算复杂度快速攀升，据不完全统计，过去 10 年间人类社会的计算复杂度以每年 10 倍左右的速度实现逐年递增，这也是驱动人工智能技术进入新发展阶段的重大社会基础。数字计算通过算法推荐、算法分析、算法决策等多种形态融入人们生产生活的各个方面，参与社会资源要素配置的同时也冲击影响着传统社会关系。具体而言，智能计算泛在化体现在以下三个方面。①

1. “算法推荐”成为社会信息传播新范式

这里所说的“算法”是互联网信息分发的重要工具，围绕“以用户为中心”的价值逻辑，把用户的喜好作为关键因素，通过数据、算法与算力之间的组合

---

① 冀翠萍. 规制数字社会运行的“算法”权力. 学习时报，2021-07-16.

动态构建起信息供给与用户需求之间的个性化适配关系。基于算法的信息分发机制，能够精准锚定受众偏好，让信息推荐匹配程度更高更精准，使信息分发由"大水漫灌"转变为"滴水浇灌"。在这种机制下，用户个性化需求能够得到充分满足，随着用户需求适配度的不断提升，用户体验也会逐渐改善，这对于激发用户主动性与增强用户黏性、提升社会信息流动效率等有着重要的推动作用。但与此同时，也要警惕过度化算法推荐可能带来的"信息茧房"问题，原本多元化的信息经过算法过滤后变得单一、失真。

2."算法分析"改变民众认知与生活逻辑

进入数字社会，普通民众在日常工作生活中会产生大量的数据，但作为数据"生产者"的同时他们又会受到来自算法分析的影响，而这种影响会对民众的认知逻辑、行为方式等产生直接或间接的影响。算法分析广泛存在于经济社会的各个行业领域，当算法分析被合理利用时，其能够让社会民众的生产生活变得更便捷、更高效。例如，每个用户可以通过网约车、外卖服务等平台软件及时动态了解行车路线、预计到达时间等信息，而这背后是平台企业所提供的庞大数据分析能力。当利用算法分析对未来进行预测成为一种常态化服务时，社会民众的认知逻辑会发生改变，人们会认为未来是可以被预见和认知的。认知逻辑的改变必然会影响人们的行为方式，人们开始习惯甚至是依赖算法分析所带来的能够被预知的、可以定制化的现代生活。算法分析在给人们生活带来便捷的同时也伴随出现了诸如"大数据杀熟"等算法偏见问题。

3."算法决策"支撑政府社会治理的向度

大数据、人工智能等数字技术作为算法的基础，在实践中被人们赋予了优化资源配置、变革生产方式等诸多使命，提升社会治理效能也是其重要使命之一。政府为了提高决策科学性在其管理和运营中引入了很多智能算法，借助这些智能算法可以提升政府决策的有效性及开展社会治理的效能。一方面，政府依托智能算法可以精准了解与定位行政管理、公共服务、社会治理等过程中存在的问题短板，并针对这些问题采取更有针对性的措施，使行政决策得到优化与完善；另一方面，在社会治理中引入智能算法能够显著提升治理精度与效率。例如，近年来政府部门通过跨部门数据整合应用实现精准扶贫，利用算法模型对贫困用户进行精准识别与精准定位，使扶贫效率大大提升。

1.2.4 组织结构扁平化

进入数字社会，数字技术使得信息收集、记录与传递变成一个自动、即时的，并且可以在内容上无限拓展、空间上无限延伸的过程，从而极大地消除了信息传递与沟通的壁垒，使得以往促进信息有效传递的等级结构朝着扁平化方向发展。大到一个国家、小到一个企业，均在向扁平化方向发展。这一趋势给经济组织和政府治理组织带来了深刻影响。

一方面，全球化的经济组织结构从交易成本高昂的"集中生产、全球分销"转向"分散生产、就地销售"。与此同时，平台经济应运而生，成为一种新的经济组织方式。从根本上讲，平台是一种生成、提取、记录与分析无限增长数据的基础设施，能够连接参与市场的多个群体的运营机制，利用网络结构协调数字信息在特定群体间的流动，实现供需高效对接，从而提升效率并带来效益。

另一方面，传统治理结构建立在科层制的基础上，信息传递效率缓慢，信息传递容易失真和扭曲，不仅提高了治理和管理成本，还产生了失灵。数字社会的扁平化结构决定了政府必须告别传统的"金字塔"治理结构，建立适合扁平化结构的新的治理模式。借助技术手段，数据能够实现在各类组织间实现跨层级流动与使用，改变了以往信息传递自下而上汇报或自上而下传达的方式，从而大大减少了组织结构的层级。

1.2.5 权力机制重构化

权力是支配社会运行的力量，进入数字文明社会，人们获取信息、掌握社会资源的渠道方式发生了根本性变化，信息传递方式的改变及数据资源生产、分配机制等的变化将导致社会组织结构甚至是现代权力机制面临深刻调整。当超越地理区隔的数字空间通过网络进行连接，并建立新认同感的时候，将产生新的权力结构。数字社会权力重构，体现为数字权力的形成和主体力量的变化。

1. 数字权力的形成

数字社会下，数据这种新生产要素的出现不但会给生产关系带来影响，同时还会对社会权力关系与权力形态产生显著作用，一种以数字化优势为基础的"数字权力"诞生。数字权力变化的背后是对网络和数据等关键资源要素的掌控能力的变化。数据作为数字社会最核心的资源要素，通过对其的生产加工、权属分配、价值利用会逐渐建立起一套全新的权力机制，相关利益者可以凭借自己所掌握的数据资源、技术优势等在数字权力体系中拥有一定的话语权，并获得相应的数据权益。与此同时，相关利益者还会通过规则体系的构建来巩固自己在数字权力体系中的地位，并以此获得更多经济利益。平台经济的发展就是数字权力机制的最直接体现。各国互联网巨头在发展到一定程度后，会通过技术规则、交易规则、惩戒规则等制定"建构起一种相对自治的权力实体和程序机制"，其中较有代表性的如滴米规则（滴滴）、规则众议院和大众评审团（淘宝）。[①]平台企业通过这种数字规则不仅可以不断地夯实巩固自有权力体系，而且还可以对竞争者形成一种"权力篱笆"。

2. 数字权力主体力量的变化

进入数字社会，每个社会成员都具有数据的收集、存储、使用、加工、传输、提供、公开等权利，每个人都是数字权力的贡献者与构建者，每个人在数字权力体系中都拥有一定的话语权，因此数字权力的来源较之传统社会变得更加宽泛，权力来源由"狭义的国家力量走向广义的社会"。虽然政府部门及平台企业等作为"大数据掌控者"在权力体系中有着较大话语权，但较之传统社会，政府权力相对有所削弱。平台企业承担提供与人们生活密切相关的公共或准公共产品和服务的责任，意味着权力有所提升。对于普通民众而言，其能够借助数字技术手段实现数字权力的自我生产，并将这种权力作用于数字社会发展及政府部门、平台企业等其他权力主体行为决策，进而成为数字社会治理的重要参与主体。

1.2.6 数字风险复杂化

数字化带来创新、高效、方便、快捷、舒适、进步和发展等诸多益处的同时，潜伏着广泛、复杂、巨大、深刻、长远的风险。与传统风险相比，数字风

① 周尚君. 数字社会对权力机制的重新构造. 华东政法大学学报，2021, 24(5):17-26.

险的复杂化呈现出三大特点。

1. 数字风险的形态复杂

对企业而言，RSA 在其 2020 年发布的《数字风险报告》中总结出了数字化时代我们必须面对的八大类风险：网络攻击风险、动态员工风险、第三方风险、云转换风险、数据和隐私风险、流程自动化风险、合规风险和业务弹性风险。对城市而言，数字化转型过程中可能会面临“数字偏差”“数字悬浮”“数字内卷”“数字幻象”“数字沙丘”等数字风险。[①]对整个社会而言，可能出现“数字茧房”“数字黑洞”“数字贫困”等数字风险。

2. 数字风险的危害复杂

数字风险可能会在极短时间内给一个人一个地区，甚至一个国家造成沉重的打击。对个人而言，随着数字技术纵向切入人类生活程度的加深，个人的生活轨迹、情感偏好等全部暴露在数字技术的视野和控制之下，可能存在不小的风险。对国家而言，数字风险有可能危害国家安全、政治稳定、市场公平竞争，甚至侵蚀传统文化，诱发伦理道德问题。2021 年 5 月，美国成品油管道运营商科洛尼尔管道运输公司（Colonial Pipeline）因受到网络攻击，引发关键燃油网络关闭、纽交所汽油期货上涨、美国政府宣布进入国家紧急状态等一系列连锁反应，造成了极大的负面影响。

3. 数字风险的治理复杂

数字风险的复杂性决定了应对风险的难度更高，对风险的管理在涉及政治、经济、社会、文化多个领域的知识和技能的同时，也会涉及法律、规范还有技术等问题。在风险治理中，还面临着诸多边界问题和两难选择，如数字技术介入人们社会生活的范围和边界在哪里？如何兼顾数字发展与不良后果之间的关系？法律该如何在数字权力人之间界定权利义务和合理分配责任份额？针对以上问题，我们该怎样作出公允的价值判断和选择，值得深入思考。

---

① 丁强，王华华. 特大城市数字化治理的风险类型及其防控策略分析. 上海行政学院学报，2021, 22(4): 72-81.

1.3 新视角下数字社会构建的基本要素

随着数字化的发展，由人与环境形成的关系总和即社会也随即发生变化。广泛存在且持续增长的数据将成为数字社会的基本要素，而且随着数据类型的不断丰富、数据规模的持续增加，社会中人与环境的关系及作用会发生巨变并且需要重新界定。数字社会下的人作为社会个体，兼具生命体与数据体两大属性，与传统社会下单一生命体属性有着本质区别。受此影响，人的生存环境也将由传统社会下的单一物质体向"物质体+数据体"形态转变。在此背景下，规范人与社会关系的规则也随之发生巨变。数字社会治理体系是以社会全面进步、构筑数字生活新图景为目标，聚焦共享数字化发展红利，以数字技术为支撑、以数据资源为关键要素，以数字身份为治理内容，形成以数字信用和数字规则为二元核心的协同治理体系。

随着网络化、数字化、智能化的交融发展和深度变革，现代性的社会治理模式必然面临深刻的数字化重塑，必将进入"数治"新时代，催生数字治理新模式。通常，对数字社会治理有两种理解，一种是"用数字治理"，即将数字技术当作一种工具开展社会治理；另一种是"对数字治理"，即将数字化转型当作我们所处的客观世界，针对处于数字化转型中的社会热点、焦点、难点问题等开展治理。本书讨论的重点在于后一种概念，即数字社会治理体系是由一系列法律、规则、方法、机构所组成的支持、辅助和保护数字社会顺利运行的系统。一方面，这个"数字治理"超越了传统以道德、法律、惯例等为主导的治理模式；另一方面，它仍离不开道德、法律、惯例等的支撑、规制和保障，但此时的道德、法律、惯例等不再是"彼规范"，而是数字社会的新生规范，体现着数字权力观、数字正义观和数字秩序观，具有清晰精准、高效便捷、智慧可视、共建共享等鲜明特征，反映着数字法治的逻辑要求和数字治理的新趋向。鉴于此，我们认为，数字社会建设与治理包括两个层次的内容：一是以市场交易人为主体的数字信用体系，二是以法律制度、国际惯例和商业习惯为主导的数字规则体系。其中，"数字信用"既是数字社会构建的重要基石，也是数字社会治理的"软规则"。"数字规则"更多从法律法规层面思考如何加快构建数字社会发展的"硬约束"。图 1-2 是数字社会要素构成的流程图。

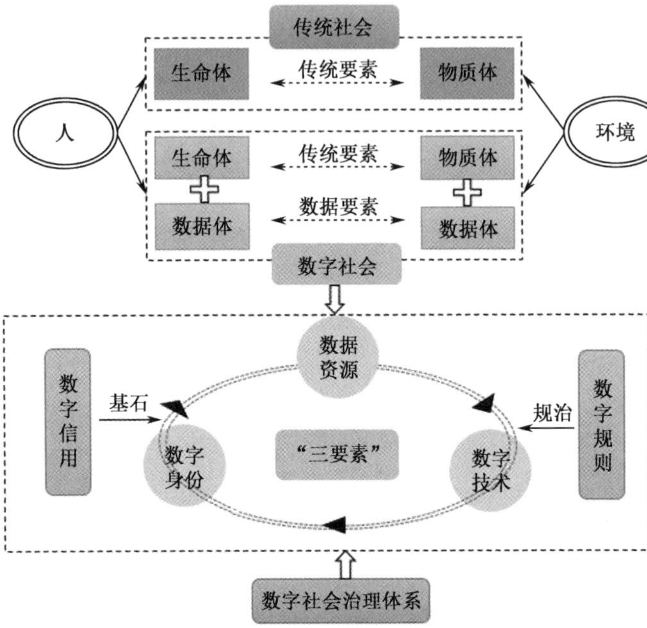

图 1-2 数字社会要素构成的流程图

1.3.1 数据要素成为数字社会的新生产要素

在不同的社会形态，生产要素的形态随着经济社会发展不断变迁，而新生产要素的形成，会驱动人类社会迈向更高发展阶段。土地、劳动力是农业时代重要的生产要素，之后资本成为工业时代重要的生产要素，还催生出技术等更多生产要素。进入数字社会后，数字化进程的不断推进，形成了海量的数据，而这些数据会向生产要素的形态演进，和其他要素一起融入经济价值创造过程，对生产力发展有广泛影响，又将成为人们工作和生活领域不可或缺的重要资源要素。也就是说，数字社会中，除在传统意义上的土地、原材料、劳动力、资本和管理才能等资源要素之外，数字化形成的数据，已经成为又一类新的生产要素。2019 年 10 月，党的十九届四中全会提出，健全劳动、资本、土地、知识、技术、管理、数据等生产要素由市场评价贡献、按贡献决定报酬的机制。

这是中央文件第一次将数据确立为一种生产要素。此外，2020 年 3 月，中共中央、国务院印发《关于构建更加完善的要素市场化配置体制机制的意见》，将数据与土地、劳动力、资本、技术等传统要素相并列。数据要素已经成为国家基础性战略资源，成为推动经济转型发展的动力源。数据流引领技术流、物质流、资金流、人才流，驱动产业生产要素的网络化共享、集约化整合、协作化开发和高效化利用，促进生产组织方式集约、发展模式转变和产业生态创新，以数据为核心要素的数字经济已经成为我国经济增长的主引擎。

1. 数据生产要素的特征

从本质上看，与土地等传统生产要素相比，数据作为一种新的生产要素具有非消耗性、非排他性、自增值性、非均质性四种独特特征，打破了自然资源有限供给对增长的制约，为可持续发展提供了基础与可能。

（1）数据生产要素具有非消耗性。即数据可无限循环利用、价值可持续。数据要素所产生的价值可能会随着时间的变化而变化，但并不会因为任何人的正常使用而消失，反而会进一步丰富数据，使数据具有新含义或新关联。一方面，数据量目前看来是接近无限开发的，尽管事实上存储数据的物理设施最终要受资源总量约束；另一方面，数据参与生产过程之后仍然存在，并不会被消耗掉，而是可以多次循环使用，并且使用中可能促进数据量的进一步增加，也没有污染、排放等问题。数据是一种可重复利用的、符合可持续发展观的要素资源。

（2）数据生产要素具有非排他性。经济学意义上的排他性是指在技术上排斥他人使用的可能性，也就是说当某人在使用一件产品时别人就不能使用。资本和劳动力这两个生产要素都具有明显的排他性，但是技术则具有较强的非排他性特征，因此需要建立知识产权制度以鼓励更多的技术产出。和技术类似，数据生产要素具有可以提供给他人而不会令其使用价值减少的特性。同一数据，可以同时支持多个个体使用，不同个体对同一数据的利用将产生不同的价值。这一特性成为数据价值挖掘的着力点，利用可共享性，将最大限度地挖掘数据资产价值。

（3）数据生产要素具有自增值性。即数据要素越挖掘，价值越大。数据要素在使用及交易过程中，立足于需求可开发和生成数据"新产品"，是实现数据资产创新利用的重要途径，有利于实现数据资产潜在价值开发，丰富数据资产生态链，推动实现数据驱动的发展目标。此外，数据对其他要素资源具有乘数作用，可以放大劳动力、资本等生产要素在社会各行业价值链流转中产生的价值。数据资产化进程将不断释放底层数据的价值，促进现代信息技术的市场化应用，推动整个数字产业形成和发展，加速数字经济新业态、新模式和新优势的诞生。

（4）数据生产要素具有非均质性。资本、劳动力等传统生产要素具有一定的均质性。例如，资本的每一元钱之间没有本质区别；劳动力之间尽管有明显差别，但是这种差别只是在一定范围内存在，均质性仍然比较明显。而数据则不同，一个比特数据跟另外一个比特数据包含的生产价值通常是完全不同的，我们几乎无法用某一企业的数据量来衡量这个企业的价值或者进行横向比较。两个同样数据量的视频，一个可能是极有用的信息，另一个则可能是垃圾信息，这种情况在大数据中普遍存在。

2. 数据要素如何产生价值

数字社会下人们对于客观世界的认知理解与控制管理发生了颠覆性变化。人类世界由一维物理现实空间向“虚拟+现实”的多维空间转移，数据要素成为一种新的生产要素，通过对数据要素的深度挖掘，人们对于客观世界的认知与控制模式从经验决策转向数据驱动。人类可以基于“数据、算力、算法”实现对客观世界的分析、洞察、决策。进入现代社会，仅仅基于单一的生产要素难以有效推动经济快速发展，数据要素的优势在于其可以与其他生产要素进行叠加以便带来更大的经济社会价值，这里所说的叠加更多表现为算法模型应用等技术手段。具体来看，数据与算法、模型相叠加实现价值的再生产、再创造主要表现在以下三个方面。

（1）价值倍增。数据作为一种新的生产要素，直接参与生产过程，改变了以往价值的产生过程。只要给定足够的计算能力，所有收集整理的信息数据都可以经过计算分析，提取出关于商品生产与消费习惯的数据，从而成为生产过程中的重要资源，反馈到生产过程，实施定制化服务型的生产。在更为复杂的市场交易中，随着数据收集的拓展与计算能力的提升，可以获得更准确匹配商品与消费偏好的能力。更进一步，大数据驱动的数据收集与分析的自动化、机器学习、人工智能必将进一步拓展协调市场的能力、提升市场匹配的效率。在这样的愿景中，数据资本将作为一种全新的价值源泉，可以与其他商品和服务一样在市场上交易，并将成为最具价值的资源。

（2）资源优化。数据要素的高价值并不在于其能够对劳动力、资本等传统要素带来一对一的倍增效应，而在于其能够对各类生产要素实现最优配置，从而使社会生产过程中各类要素资源能以最少的投入获得最高的回报。数据无法直接生产商品或服务，但数据与相关行业的融合能够以更低的成本、更高的效率生产出更优质的产品、提供更高效的服务。数据要素最核心的价值在于其能够通过与传统生产要素的叠加赋能使生产力实现倍增，通过对技术、物资、资金、人才等要素的聚合使生产组织以更加高效集约的方式开展经营活动，进而推动经济社会快速发展。

（3）投入替代。数据能够通过对其他生产要素的赋能激活释放后者的创新活力与创新价值，从而使全社会的生产效率得以有效提升。数据要素融入劳动力、资本、技术等每个单一要素，能够达到以更少投入创造更多财富收入的目的与效果，这个过程就是数据要素替代传统生产要素的过程。在现实中，这种替代效应表现得更加复杂多样，例如，移动支付作为一种新的支付方式会逐渐取代传统的 ATM 机和线下营业网点，在这个过程中金融机构在商业基础设施、柜台人员等方面的投入大幅降低，在数字化技术的作用下，数据要素以更少的投入为社会带来了更多的价值。

3. 数据在数字社会的作用

任何一种生产要素真正发挥作用都不是一蹴而就的，而是在生产实践中不断融合培育提升的。数据资源的生成、获取及分析、运用，将带来巨大的经济价值和社会价值。从宏观趋势来看，数据要素终将大规模地渗透进生产、分配、交换和消费的各个环节，数据作为新的生产要素在经济发展过程中的重要性日益凸显。同时，数据资源已经成为数字经济发展的关键要素，通过汇聚海量数据及基于其上的分析挖掘和处理，让数据实现从信息到知识再到智能的价值转换和升华，为社会提供智能的基础。具体而言，数据要素的巨大价值和潜能可分为三个层次；第一个层次，数据是"新资源"；第二个层次，数据是"新资产"；第三个层次，数据是"新资本"。"新资源""新资产""新资本"，三个层次既可以单独作用，也可以叠加在一起发挥更大作用。①

1）数据是一种"新资源"

在数字社会中，数据是构成、生成数字世界里事物和事件的基本元件。对

① 罗培，王善民. 数据作为生产要素的作用和价值. (2020-06-04)[2022-12-05]. http://www.iii.tsinghua.edu.cn/info/1059/2358.htm.

于数字空间、虚拟世界，甚至是元宇宙而言，数据不仅仅是生产资料，更是“生命”基础。没有数据，数字空间、虚拟世界、元宇宙就无从谈起。如今，数字空间、虚拟世界、元宇宙中的“经济活动”创造出了惊人的财富，并且其创造价值的能力和空间还在不断飞速发展。人们在微信、QQ、微博、抖音、快手、淘宝、天猫、京东、拼多多、美团、百度、携程、知乎、王者荣耀等上的行为动作、生成内容、交流信息等数据经过处理和加工后又成为新的资源，并推动着新业务的产生。

2）数据是一种“新资产”

如今，数据已经成为个人、企业甚至国家不可或缺的战略资源。通过加强数据资源管理，结合数据立法，加强数据资源使用权属，强化数据资产保护，有利于数据要素价值释放。对于企业而言，其在生产、经营、管理等过程中形成了大量的数据，而实现这些有价值的数据可控制、可量化、可变现、可交易的过程，就是数据资产化过程。对于个人而言，一个人在学习、工作、生活中形成的经验、知识、人脉等，乃至于在个人同意前提下的个人信息，这些数据实质上也是个人的重要“资产”，是一个人生存、发展的保障和动力。对于国家而言，数据已经逐渐渗透到国家经济社会中的每一个角落，关乎国家发展与安全，是一国的重要国家资源，未来对数据的占有和控制甚至将成为陆权、海权、空权之外的另一种国家核心资产。

3）数据是一种“新资本”

2016 年 3 月，《麻省理工科技评论》与甲骨文公司联合发布了名为《数据资本的兴起》的研究报告。该报告指出，数据已经成为一种资本，和金融资本一样，能够产生新的产品和服务。通过数据的定价、交易，数据将像商品和服务一样可度量、可流通，并创造新价值。随着数字经济的不断发展，以及数字技术对传统经济的改造和重构，海量数据给原有的市场形态和市场机制带来了重大变革，人类经济社会将会进入数据资本新时代。

1.3.2 数字身份成为数字社会的新逻辑起点

“身份”有着多重内涵与释义，不同学科视角下对于身份的理解各有侧重。但无论如何去理解身份的内涵，有一点是肯定的，身份被赋予了某些权利的同时相应的需要承担与之对应的义务，身份既是一种标识也是一种共识。在数字社会，社会个体在现实世界物理身份的基础上又具有了一个全新的数字身份，数字身份既是对现实世界物理身份的映射，也是其在虚拟世界开展各种网络行为的通行证。

1. 数字身份的内涵本质

在数字社会，不仅实体的事物（由数字符码来标识各种各样的实体物品）可以"数字化"，而且人们的身份特征、思想观点和行为活动及它们的动态变化等，也都可以经过数字化的转换，畅行于虚拟的数字网络空间。在各种数字化转换下，身份信息以碎片化的形式存在于不同的应用与产品服务中。例如，人们的社交信息来源存储在微信平台，交易购物信息来源存储在支付宝平台，这些信息作为个人数字身份的构成内容存在于不同的数字平台。数字身份是通过对不同来源、不同形态、不同属性信息的融合而逐步形成的一种能更加全面了解相关主体身份特征的身份标识。从表现形态上来看，数字身份是以一组特定的数字序列来表现的，且这个数字序列具有唯一性，通过这些数字我们可以辅之以属地、地点、照片等其他信息，进而使数字身份的信息内容更加完整充实。

所谓数字身份，是指将真实身份信息浓缩为数字标识代码，连接物理世界的自我和数字网络空间的自我。5G 时代是万物互联的时代，也是全面数字化的时代。现实世界的组织、企业、个体还有各种设备物体都会将现实的自我映射到数字网络空间的自我。最初，这个自我是物理世界的镜像和复制，但随着在数字网络空间的行为数据越来越丰富，将形成一个新的自我。新我是老我在数字网络空间的延续和演绎，也是一种重塑。数字身份在现如今的社会中覆盖已经极其广泛，从公民个人到城市物体，越来越多的物体拥有了属于自己的数字身份。从数字身份的信息构成来看，其涵盖内容十分丰富多元，个人的社交、运动、指纹等行为信息，物体的生产时间、型号代码等生产信息等都属于身份信息。

2. 数字身份的认证演化

数字社会里的信任需要基于数字身份来建立。数字身份不只是用来当唯一标识以作区分，更重要的是用于证明。物理世界到数字网络空间的映射过程就是"身份认证"，确保新我与老我之间的关联。数字身份认证的演化主要经历了中心化数字身份、联邦化数字身份和分布式数字身份（Decentralized Identity，DID）的演化。

（1）中心化数字身份。在互联网蓬勃发展的年代，每个网站都有自己独立的一套身份注册和登录系统。用户注册了一个账户（用户名），同时获得了登录网站的一份凭证（密码）。

（2）联邦化数字身份。伴随身份系统建立得越多，对用户越不友好。所以自 2005 年以来，企业合作开发了三代联合身份协议：SAML，OAuth 和 OpenIDConnect。如今，SSO（单点登录）已成为大多数公司内部网和外部网的标准功能。在消费互联网中，联邦化数字身份摇身一变成为以用户为中心的身份，且使用诸如 OpenIDConnect 之类的协议，微信、支付宝、Facebook、Google、Twitter、LinkedIn 等登录按钮现在已成为许多面向消费者的网站标准功能。

（3）分布式数字身份。分布式数字身份以区块链等分布式账本底层技术作为支撑，将标识属性逐步从人、物扩展到数据，在实现数字对象全面互联互通、隐私身份管理等方面具有重要意义，将是未来数字身份的主要存在方式。这种模型的理念是要将身份的控制权交还到用户手中。所谓控制权，实质上是现实中与身份相关的证明或凭证所具备的便携性和实用性。用户可以携带、隐藏、披露、撤销自己的证明，而依赖方始终能校验证明的真实性和有效性，就像我们使用钱包里的身份证一样。这种模式实际就是去中心化身份的形态，是一种完全自主可控的身份数据。

分布式数字身份的一个重要功能是可以在不同平台之间凭借私钥进行身份的迁移，从而整合不同平台上同一主体的不同数字化身。在分布式数字身份模型中，区块链技术凭借其去中心化、加密、难篡改等特征，为数字身份的可信验证、自主授权、隐私保护提供了一种值得探索的方向，备受政府和产业界的关注。如果将去中心化的区块链技术与现有的中心化系统相结合，或许可以使数字身份的管理更加有效，使基于区块链的数字身份管理系统有望成为未来互联网的一个基本架构组件。

3. 从政务服务到元宇宙

基于不同的应用场景，数字身份管理正在加快推进和探索，以期凭借其独有的信任建立机制，可实现数字社会的穿透式监管和信任逐级传递。

面向政务服务，《“十四五”数字经济发展规划》提出，加快数字身份统一认证和电子证照、电子签章、电子公文等互信互认，推进发票电子化改革，促进政务数据共享、流程优化和业务协同。加快数字中国建设，要推进数字政府建设和政务服务的数字化转型，实现基于居民身份证号和企业统一社会信用代

码的政务服务 "全程网办"和"一网通办"，其中，数字身份证等电子证照必不可少（见图 1-3）。现阶段国内外数字身份证制作主要采取的 eID 模式，这种技术实现方式是基于智能安全芯片与密码技术，为每位公民形成一个网络身份标识，这个网络标识与公司的身份信息严格绑定，可以经由第三方查验。

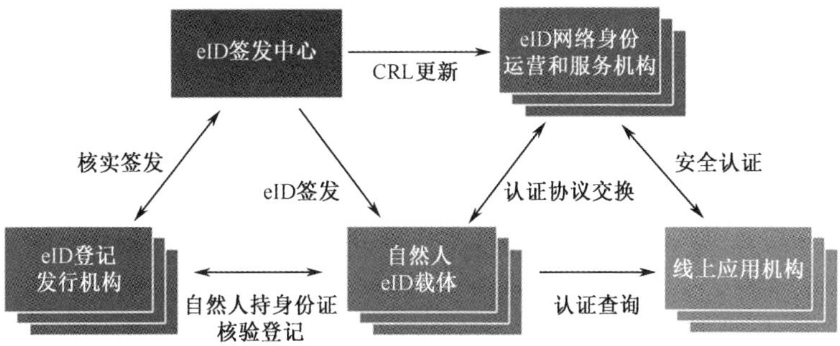

图 1-3　数字身份证模型

面向未来元宇宙应用，我们每个人还会拥有自己的数字身份，数字身份将与现实身份逐步融合。数字身份不仅是数字形象，而且是每个人在元宇宙中的标志（数字代码或区块链地址），用于记录我们在元宇宙中的社会关系、活动记录、交易历史、数字贡献、财产权利、知识创意等一切信息，是一种在数字网络空间中的通用身份。数字身份设计需要满足三个基本特点。第一，身份需要具有通用性。能够打通身份体系、数据体系、信用体系、资产体系，从而全面对接元宇宙中的各类应用。第二，身份需要具有独立性。完全由用户掌握。授权时，用户可以自主选择授权范围，并可以随时取消授权（取消后，对方无法再使用任何个人数据）。第三，身份需要具有隐私性。个人信息要实现"可验而不可得"，在授权的过程中，我们只需要告诉对方验证结果，而不需要将自己的具体信息告诉对方，在保护个人隐私的前提下更方便地使用身份和个人数据。

1.3.3　数字技术成为数字社会的新动力引擎

纵观历史，技术革命改变了社会形态，创造了新的工作形式和模式，并导致更广泛的社会变革。经济学家约瑟夫 • 熊彼特（Joseph Alois Schumpeter）将其称作“创造性破坏的风暴”，这是在产业突变过程中，它不断地从内部革新经济结构，既不断地破坏旧的，又不断地创造新的结构。人类面临的最大挑战之一及无限机会的来源之一，就在于找到合适的方法，拥抱和利用技术，释放其巨大潜力，通过普惠性增长造福所有人。在数字时代，比特（bit）弥漫、浸润着我们生活的所有空间，数字技术则几乎囊括一切信息，覆盖各个社会层面和整个社会时空。数字技术的发展趋势与网络化和智能化的发展趋势一道，共同构成人类社会当前及未来发展的根本驱动力量。

1. 数字技术的三个阶段

从 1946 年第一台电子计算机发明算起，数字技术经历了计算机、互联网和新一代信息技术三个阶段。[①]

1）计算机阶段（1946—1969 年）

从 1946 年电子计算机的发明到 1969 年，是数字技术发展的第一阶段。此阶段主要由计算机驱动，贝尔实验室、施乐帕克研究中心、IBM、仙童半导体公司、德州仪器、英特尔、通用电气是当时无可争议的风云公司。第二次世界大战中，同盟国为满足快速计算需要，在艾伦·麦席森·图灵（Alan Mathison Turing）和约翰·冯·诺依曼（John von Neumann）的指导下研发电子计算机。1943 年，英国发明了第一台可编程的电子计算机——巨人计算机（Colossus Computer），以破译德军密码；同年，美国为完成火炮弹道运算，开始研制可编程的通用计算机埃尼阿克（ENIAC）。1946 年 2 月 14 日，该机器在宾夕法尼亚大学宣布诞生，标志着数字时代的来临。

2）互联网阶段（1969—2015 年）

计算机是第二次世界大战的产物，互联网则是冷战的产物。1969 年 10 月 29 日，美国国防部高级研究计划局（ARPA）组建的阿帕网（ARPANET）第一期工程投入使用，它连接了加州大学洛杉矶分校（UCLA）、斯坦福研究院、加州大学圣巴巴拉分校和犹他大学四个节点。阿帕网的诞生，标志着数字技术进入以互联网为主的发展阶段。1973 年，高级研究计划局信息处理技术办公室（IPTO）的罗伯特·卡恩（Robert Kahn）和斯坦福大学的温特·瑟夫（Vint Cerf）

---

① 闫德利. 数字技术简史：三位奠基人、三个阶段、五大定律、十项发明.（2021-11-30）[2022-12-05]. https://www.tisi.org/22891.

开始研究下一代通信协议。1974 年，两人正式提出 TCP/IP 协议。1983 年 1 月 1 日，高级研究计划局决定淘汰 NCP 协议，TCP/IP 协议取而代之。从此，阿帕网迅速成长为一个全球互连的网络。1989 年 3 月，欧洲核子研究中心（CERN）的英国工程师蒂姆 • 伯纳斯-李（Tim Berners-Lee）提交了《信息管理：建议书》（*Information Management：A Proposal*）这是一份关于万维网（WWW）的项目开发计划，标志着互联网进入万维网时代。1993 年 4 月 30 日，欧洲核子研究中心宣布万维网对所有人免费开放，万维网迅速普及。同年，美国提出"信息高速公路"战略。1994 年 4 月 20 日，我国全功能接入国际互联网。互联网浪潮席卷全球，移动互联网已深度融入我们日常生活的方方面面，数字化生活渐行渐近。

3）新一代信息技术融合应用阶段（2016 年至今）

与前两个阶段是由重大发明创造引领不同，新一代信息技术阶段是以集成应用为主，是数字技术加速与经济社会全方位深度融合的阶段。从整个数字技术发展史来看，把 2016 年作为迈入新一代信息技术阶段的时间较具标志意义——2016 年是计算机发明 70 周年、人工智能提出 60 周年、光纤通信提出 50 周年、微处理器发明 45 周年、量子计算机提出 35 周年、电子商务提出 20 周年、云计算提出 10 周年。这个阶段的数字技术不单指某一项技术，而是强调一系列新兴技术的融合应用，包括以大数据为生产资料、人工智能为催化剂、云计算为基石，叠加物联网、5G 网络、区块链等数字技术。2016 年，我国印发《国家信息化发展战略纲要》。我国成功举办 G20 杭州峰会，大会发布了全球第一个由多国领导人共同签署的数字经济文件——《二十国集团数字经济发展与合作倡议》。一个计算无处不在、软件定义一切、网络包容万物、连接随手可及、宽带永无止境、智慧点亮未来的时代已经来临，数字革命进入了融合深化的新时代，人类站到了换代发展的新起点。

2. 数字技术的五大规律

数字技术的典型特征是指数增长。在计算（Compute）、带宽（Bandwidth）、网络（Network）、数据（Data）和能耗（Energy）等方面分别有摩尔定律、吉尔德定律、梅特卡夫定律、"大数据定律"和库梅定律。这是数字技术的五个基本定律，我们可将之合称为"CBNDE 定律"（见表 1-1）。

表 1-1　数字计划 CBNDE 定律

领域	名称	提出时间	内容
计算	摩尔定律（Moore's Law）	1965 年	最小成本前提下，集成电路上晶体管数量每 18 个月翻一番
宽带	吉尔德定律（Gilder's Law）	2000 年	在未来 25 年，主干网的宽带每 6 个月增长一倍
网络	梅特卡夫定律（Metcalfe's Law）	1993 年	网络价值等于用户节点数的平方
数据	“大数据定律”	—	全球数据量每两年翻一番
能耗	库梅定律（Koomey's Law）	2010 年	相同计算量条件下，计算设备的耗电量每 18 个月就会下降一半

摩尔定律是数字时代的核心准则，是计算机第一定律。1965 年 4 月 19 日，仙童半导体公司工程师戈登 • 摩尔（Gordon Moore）在《电子学》杂志上发表名为“让集成电路填满更多元件”的文章。文中预言，在最小成本的前提下，集成电路所含有的元件数量大约每年便能增加一倍。其后，“每年翻一番”的论断先后被修正为“每两年翻一番”“每 18 个月翻一番”，从而有了今天常见的表述——“集成电路上晶体管数量每 18 个月翻一番”，它被历史学家称为“现代世界的节拍器”。

吉尔德定律主要是预测未来网络将变得高速低廉。运算性能的增长速度主要是由摩尔定律决定的，而主干网带宽的增长速度至少是运算性能增长速度的 3 倍，所以主干网宽带的增长速度大概是每 6 个月增长一倍。这使得网络费用在未来可能降为零。该定律还提出最为成功的商业运作模式——价格最低的资源将会被尽可能地消耗，以此来保存最昂贵的资源。

梅特卡夫定律是一种网络技术发展规律，由计算机网络先驱罗伯特 • 梅特卡夫（Robert Metcalfe）提出，预测了未来网络的巨大外部效应。某消费者对某种商品的需求量随着其他人购买数量的增加而增加，此为外部正效应；反之则为外部负效应。梅特卡夫定律认为网络价值同网民数量的平方成正比，即网络外部效应随着网民数量的增加而呈现算数级增长。

“大数据定律”中“全球数据量每两年翻一番”，这是业界公认和流行的说法。例如，IDC（2011）、enFact（2016）、BrianGallagher（2020）分别发布报告提出类似预测。该指数增长规律尚未被命名，我们姑且称之为“大数据定律”。

库梅定律。数据大爆炸，给人们的直观感受是计算机耗电量随之大幅增加。而研究表明，数据中心耗电量并不会和数据规模同步增长，效率的提高使能耗占比几乎保持不变。斯坦福大学乔纳森·库梅（Jonathan Koomey）教授提出了著名的库梅定律（Koomey's Law），相同计算量条件下，计算机的能源效率大约每 18 个月翻一番，即计算设备的耗电量每 18 个月就会下降一半。

3. 数字技术的变革意义

以人工智能、大数据、云计算、区块链等数字技术为代表的新一代信息技术推广应用表现出了显著的技术驱动特征。新一代信息技术应用将逐渐从消费、金融领域广泛渗透到市政、工业、管理、服务、决策等领域，推动产业发展高端化、数字服务普惠化、社会治理精细化、政府决策科学化。

一方面，数字技术重塑数字社会生产形态。在数字社会中，云网端成为基础设施，数据成为生产资料，智能机器成为生产工具，计算成为公共服务，分工模式由线性分工演变为网络协作和在线聚合，生产形式除了规模化、标准化，进一步兼顾定制化、个性化，数字技术的运用进一步提高了物流、信息流、资金流这三大生产基本连接工具的效率，产生了时空压缩效应，不断扩大连接的广度，加深连接的深度，推动社会不断发展变化。

另一方面，由数字技术支撑的数字社会连接方式也显示出根本性变革。第一，数字技术拓展了社会连接的边界。理论上，每一个人都可以与任何一个人或所有人有机相连。第二，数字网络促进了社会连接的信息共享。因为数字信息复制与传递的便捷，人与人之间可以进行几乎零成本的海量信息交流。第三，数字信息传递提升了社会连接的时效。数字网络中的人与人之间的信息交流能够即时完成。第四，数字连接的便利带来了社会连接对于数字技术的依赖。人们在工作与生活中原有的连接方式转换成了数字网络的数字连接。

数字技术的变革意义超过了以往所有的技术革命，其原因有三：一是数字技术的采用和渗透门槛低；二是用户成本低；三是数字信息具有非竞争性，即一个人使用产品不会损害其他人的利益，反而能为所有人带来更多的利益，包括竞争对手和消费者。这些特征使得数字技术的影响更具有普惠性。一个国家的经济发展水平不再是其技术渗透速度的决定性因素，也不再是某项技术被采用后，其应用发展速度的决定性因素。

1.3.4 数字信用成为数字社会的新构建基石

信用问题的产生是传统社会向现代社会转型的产物，是从熟人社会到现代原子化社会变迁的“时代副产品”。原始社会，人们在寻找食物、躲避风雨和预防敌人的过程中互相帮助，建立了基于血缘的信任关系。随着生产技术的不断突破和改进，剩余产品的出现使物物交换的信用关系得以产生。商品经济时代，厂商以赊销形式提供的商业信用和银行以货币形态提供的银行信用逐步建立起来，信用逐渐成为整个经济活动的基础。进入数字经济时代，伴随互联网技术和金融技术的不断进步，社会连接的对象难以完成面对面的交付，信息不对称问题不断凸显，信用的价值得到了进一步提升，信用体系的建设则可以保证授信人和受信人之间遵循一定的规制达成交易，保障经济社会运行的公平和效率。

数字社会，大数据、云计算、区块链、人工智能等数字技术应用于信息的采集、存储、分析和共享过程中，改变了信用的形式和传统信用根植的社会生态环境，同时数字化虚拟性及“无边界”应用所带来的隐性社会问题日益凸显。这就要求我们在更深层的社会意义中回应数字技术带来的道德伦理问题，发展具有生命特质的数字信用体系。未来，随着数字技术渗透影响日趋深入，数字信用应用场景的不断丰富，数字信用产品的逐步多元成熟，以及数字信用治理模式的落地实践，数字信用体系将逐步形成，也将成为数字社会治理的重要方式之一。

数字信用的伦理基础由传统社会诚信演变而来（见图 1-4），并以技术伦理、社会实践、群体认知、社会情感在现代信用体系中的伦理实现为落脚点，因而现代社会数字信用体系的再构体现为多项系统性要素的整合。数字信用以传统社会诚信伦理为资源，经由契约精神再融入（互利互信的平等机制）、诚信治理（政府主导的多主体协同）、道德氛围培育（道德规范的软性约束）三重努力，从而构建起数字社会的“生命向度”，实现现代社会信用体系的再构。本书的上篇将重点考察数字信用体系的构建。

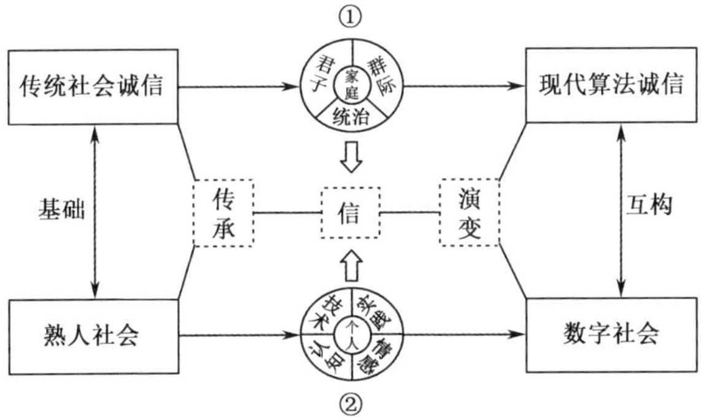

图 1-4　数字信用的伦理基础演变

1.3.5　数字规则成为数字社会的新治理基准

与基于社会诚信建立的信用体系不同，规则是一系列的硬约束，是社会运行、经济运作所遵循的法则，通过各种规章制度、法律法规等形式规定出来，供人们共同遵守。数字社会转型为人类社会发展带来机遇的同时，也因为新技术、新业态、新范式发展给社会规则、监管执法和相关规章制度等传统社会治理带来巨大挑战，客观上需要新规则体系的建立与重构，以适应新的数字化发展规律并确保整个经济社会稳定运行。针对数字社会发展中出现的新情况、新挑战，数字规则体系立规定矩，及时补短板、强弱项，有助于数字社会健康有序稳定发展。

由于数字社会的虚拟性、复杂性等特点，目前没有形成具有全球影响力和约束力的数字规则框架。不同国家和地区为了掌握数字时代规则的话语权和领导力，正积极推动数字规则的制定。2020 年习近平总书记在中央经济工作会上首次提出数字规则的概念，明确数字规则的重要战略地位，国家"十四五"规划纲要进一步指出，要坚持放管并重，促进发展与规范管理相统一，构建数字规则体系。

数字规则体系的构建，归根结底又体现为数字法律制度的设计与实施。数字社会的治理逻辑，必然会在当下的法治建设进程中获得实践性展开，推动着法治范式的时代转型。例如，欧盟对其数字社会的治理，主要就是通过打造体现欧盟价值诉求的数字规则体系而实现的。欧盟《通用数据保护条例》对于推进欧盟数字一体化市场建设，以及构建面向非欧盟国家的新壁垒的意义重大。数字规则不仅为数字本身建立规则，而且为社会重建规则，核心内容是支配人的行为和相互关系的规则的变更，以及组织与其外部环境相互关系的变化。

当前，数字社会正处于初级阶段，人们对数字社会内在规律的认识还不够深入，对于新技术、新资源的治理不能一蹴而就，与之相适应的法律、制度等规则体系也需要不断探索、不断迭代和创新。因此本文在下篇就数字规则体系进行初步探索，试图构建一个适宜于当前发展阶段的较为完整的数字社会治理框架体系。

上篇

数字信用——数字社会构建的新基石与“软规则”

本篇侧重于对数字信用内涵本质等基本内容的阐述。目前关于数字信用的理论研究相对较少，且已有研究更多是从金融视角来理解数字信用与数字经济的关系。本研究尝试从社会视角来理解数字信用与数字社会间的关系，一方面，数字信用是数字社会构建与发展的重要基石，在未来数字社会，“数据即信用”将成为可能；另一方面，数字信用也是数字社会治理的“软规则”。

——《左传》有云：“信，国之宝也，民之所庇也。”

第2章

认知：什么是数字信用

导言：数字信用是人类社会迈入数字社会的必然产物，是基于数字身份建立起的全新信用机制，可以简单理解为数字时代的信任体系。数字信用机制下的信任关系需基于技术可信（“硬信任”）和制度可信（“软信任”）相互协调、共同作用；建设数字信用机制的基本路径应该是：数字信任+传统信用，技术+制度。

信用是文明社会传承至今的核心精神。“诚”“信”在中国源远流长，中华数千年璀璨文明史中关于“诚信”“信用”等有着极为丰富的描述，但归纳起来主要有三层内涵，即《辞海》中关于“信用”的三种释义：一是对他人或物品等的信任使用；二是遵守诺言并由此获得来自他人的信任；三是以偿还为条件的价值运动的特殊形式。可以看出，“信用”是基于人与人交往、商品与商品交换而逐步形成的某种相互信任关系，这种信任关系在人类社会发展的不同阶段代表着特定的生产关系与社会关系。在农耕社会，信用作为熟人社会的产物在维系社会关系、商贸往来等方面发挥着重要作用。进入工业社会，信用作为制度契约的重要产物与具体表现，在社会财富创造和经济稳健增长中有着不可忽略的价值作用。迈入数字社会后，随着数字技术对经济生产、政府治理、城市生活等领域渗透广度与深度的不断加速，“信用”在传统人际关系、制度契约的基础上被注入了新的数字文明内涵。

2.1　信任是维系人类文明社会的基础

2.1.1　信任理论——数字信用的理论基础

信任作为一种文化、法律要素，维系着人与人、人与社会的良性互动，成为社会稳定与和谐发展的平衡器。信任理论是现代信用体系研究的逻辑起点与理论依据，信任理论与模型在不同学科中有着广泛应用且存在显著差异。在经济学视角下，信任是商业交易行为开展的基础，而信用又是信任关系形成与构建的基础，它的存在在极大程度上解决了信息不对称问题，所以很多学者将“信用信息的获取与应用”视作现代商业的本质与核心。在社会学视角下，根据人类社会发展不同历史时期人们交往方式及信用在其中所发挥的作用，对信用关系做了简单的分类，即农业社会基于熟人关系的人际信任关系、工业社会基于法律等制度的契约信任关系、数字社会基于“机器”（如数据、平台、系统等）的数字信任关系。由此可见，学科领域及研究视角的不同决定了信任形成机制、类型划分等存在较大差异。但即使如此，信任理论经过长期研究与发展还是形成一些基本共识。

（1）信任是由多元主体彼此交互形成的相互关系。行为主体的单方面行为难以形成信任关系，信任的存在与产生必然是基于多个主体间的交往与交互，是一种双向关系。这里所说的主体既包括自然人，也包括企业、政府部门等法人与非法人组织。

（2）信任的构建是一个长期交往且持续正向反馈的动态过程。不同社会形态下各类主体间的信任关系构建，是一个交往双方经过“行为预期—符合预期—正向反馈—信任形成”等一系列动态行为过程循环往复而逐渐形成的社会结果。

（3）信任关系的存在以社会依存关系与风险为约束条件。人类社会普遍存在的依存关系使得每个社会主体都无法单独存在，必须与其他主体保持联系和分工，而风险的绝对存在使得这种依存关系面临各种复杂不确定的挑战，信任的价值和意义正是为了控制和承担风险。

（4）信任关系的建立与维护需要必要的成本投入与机制保障。不管是农业社会下的人际信任还是工业时代的制度信任，任何一种信任关系的形成都需要投入必要的人力、物力等成本。与此同时，为了保证信任关系的稳定性、有效性，需要逐渐形成与之相匹配的社会机制作为基本保障。这里所说的社会机制包括社会性权威（法律、契约）、道德规范及心理情感等多种类型。

（5）信任关系带来的效益与价值表现出边际递增的特性。信任作为一种生产关系与社会关系，决定了其身上承载着重要的社会性价值。这种社会性价值既体现在经济活动中商业交易成本的降低，也表现为政府治理中政策执行力的提升。①

① 欧阳日辉. 数字经济时代新型信任体系的构建. 人民论坛，2021(19):74-77.

2.1.2 人类文明形态发展下的信任关系演变

1. 人类社会的信任关系谱系

人类社会主要经历了四种形态的信任关系，即原始社会的血缘信任、农业社会的人际信任、工业社会的制度信任和数字社会下的数字信任。这四种信任关系的相互作用共同构成了人类社会信用关系谱系（见图 2-1）。

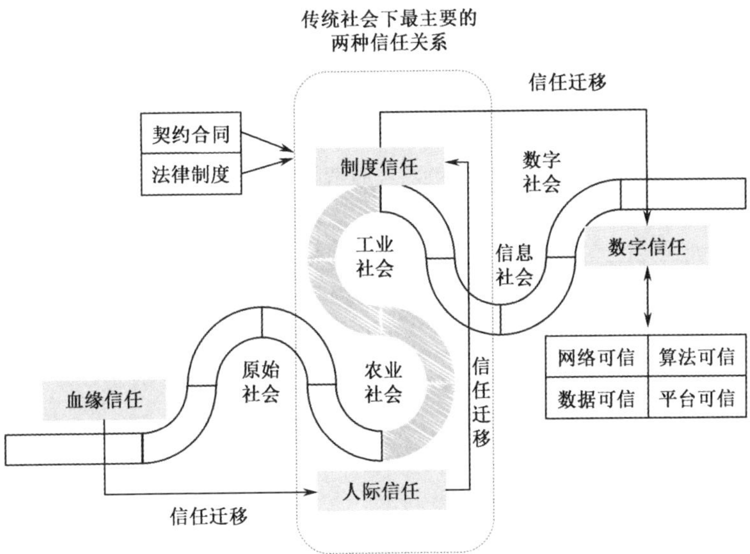

图 2-1 人类社会信用关系谱系

（1）原始社会的血缘信任。原始社会的信任关系建立在以部落为中心的血亲关系上。在原始社会，人们通常以氏族部落方式群居，并以血缘关系而聚集，这种以血亲家族为核心的宗族管理方式已经形成了部落内部的完全信任和部落间的敌视与恐惧。在部落内部，狩猎、养育分工明确，使得部落得以生存和延续。在部落之间，有时为了争夺有限的资源与土地，他们开始相互殴斗，甚至爆发大规模的战争。

（2）农业社会的人际信任。人际关系是农业社会社会关系构建与发展的基础，受生产力、生产工具等因素的制约，农业社会下社会人群流动性不强，人际交往半径较为固定且社会关系相对简单，基于血缘、地缘关系的熟人交往是最主要社会交往形态。信任依托于熟人交往形成并逐渐固化，信任范围有限且信任关系较为简单。这种基于人际关系而形成的信任机制在实际运行中主要受到来自三个方面的约束，即伦理关系、道德尊严和公序良俗。“人际信任实质上是一种在私人生活中产生且作用于私人生活的信任类型，主要依赖的是伦理关系、公序良俗，诉诸的是个人道德与名誉。”[①]

（3）工业社会的制度信任。生产工具的变革与生产力的进步驱动人类生产关系发生巨大变革。人类在由农业社会进入工业社会后，随着以铁路等为代表的交通工具的快速发展，人与人之间的交往开始打破地域限制，人际交往半径快速扩大，陌生人交往关系明显增加。信息不对称决定了人们难以对不熟悉的陌生人的道德与名誉形成充分了解。在这种情况下，原有的基于熟人关系的人际信任模式难以充分满足社会发展需求，伦理关系、公序良俗、道德尊严在陌生人社会的约束力渐弱。陌生人社会下，基于法律制度的新型契约信用关系由此诞生。制度信任的信任对象是个人背后抽象的社会角色，社会信任的产生依赖于支撑社会角色的制度。从制度信任与人际信任的关系来看，二者是相互裨益的，工业社会之初，制度信任是对人际信任的一种补充，但随着制度信任机制的不断完善，工业社会信任体系演变为制度信任为主、人际信任为辅。

（4）数字社会的数字信任。数字信任（Digital Trust）是随着人类社会形态由工业社会向数字社会变迁而出现的一种新型信任模式。行为主体、信息沟通机制、社会依存关系和社会主要风险既是信任关系构建的基本构成内容，也是影响信任关系的关键约束条件，当社会形态发生变化时，上述条件会随之变化进而影响信任关系。在进入以数据为核心生产要素、以数字技术为关键生产工具、以数字文明为内核精神的数字社会后，人类信任关系的行为主体、信息沟通机制、社会依存关系和社会主要风险全部发生了颠覆性变化，一种以“数字化”为特征的新型信任关系随之产生。数字社会下虚拟网络空间与实体物理空间、人文社会空间三者交融发展，虚拟网络空间下的隔空交往必然会加剧信任危机。数字技术虽然在一定程度上可以减少传统社会中存在的信息不对称问题，但与此同时也会出现新的信息不对称问题，而这些新问题仅仅依靠传统的人际关系、制度契约等是无法有效解决的，以技术、系统等为基石的数字信用为数字社会中涌现出的新信任危机提供了新的解决思路与路径。与传统的人际信任、

---

① 张清，郭胜男．人际信任、法律信任与数字信任：社会信任的谱系及其演进．哈尔滨工业大学学报，2021(6):44-50.

制度信任相比，数字信任表现出可积累、高技术、低成本、强关联、综合性等特征。一方面，数字信任是数字社会下基于网络可信、数据可信、算法可信和平台可信而形成的一种具有较强技术特征的特殊信任模式。数字信任需要面向机器或者技术构建人对机器、技术等的信任关系，因此可以被看作一种“技术信任”；另一方面，数字信任是以数字技术为中介的综合信任，是人际信任、系统信任、技术信任在通道内和通道间“信任转移”的结果，是人际信任、系统信任与技术信任的综合体。①

2. 数字信任的演进过程

通过对人类社会信用谱系演进过程的分析能够更深入地了解社会信任与社会信用之间的关系。整体来看，数字信任关系的形成与发展大致经历了三个阶段，见图 2-2。通过图 2-2 可以看出，数字信任是一种伴随着数字社会这种新的社会形态而出现的新的信任关系，它的出现弥补了人际信任、制度信任等传统信任关系失灵存在的不足与带来的问题。数字信任与传统信任不是非此即彼的关系，数字信任的技术优势能够赋予传统信任关系新的生命力。未来社会中，数字信任将会与人际信任、数字信任深度融合，成为数字信用体系构建的重要基础。

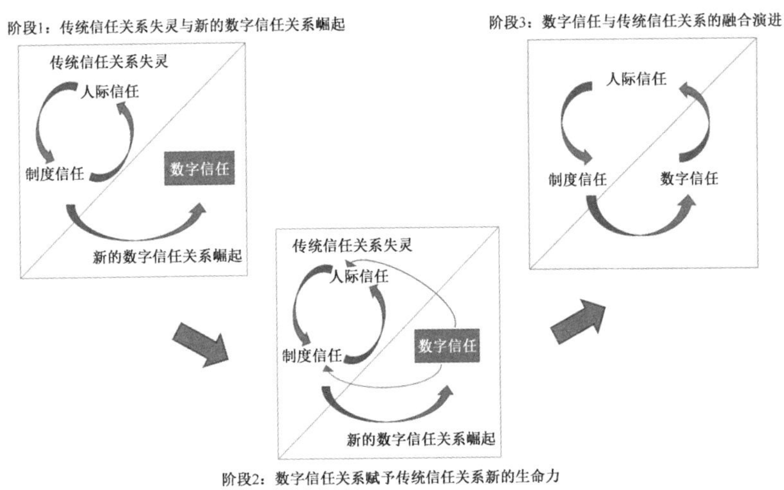

图 2-2　数字信任关系形成与发展的三个阶段

① 吴新慧. 数字信任与数字社会信任重构. 学习与实践，2020(10):87-96.

（1）传统信任关系失灵和新的数字信任关系崛起。进入数字社会，网络的虚拟性使得传统社会中的人际信任关系受到冲击，再加上相关法律制度的缺失使得基于法律制度的信任关系变得更加薄弱。这两种信任关系的失灵及数字技术的蓬勃发展，驱动着以数字信任为核心的新信任关系逐步形成。数字社会区别于传统社会的最大不同在于，其在物理和社会两维空间的基础上新增了虚拟网络空间，从“两维”空间到“三维”空间，社会信任关系形态及约束条件发生了根本性变化。在行为主体类型上，以政府、企业/其他组织和公民个体的人类网络实体，和以智能终端/设备（包括各种传感器节点）、算法程序（包括各种在线应用）和数据为代表的机器网络实体共同链接和映射在一个广泛的数字空间中，以数字代理的方式实时动态地发生数字交互关系。在信息沟通机制上，基于互联网和移动终端的海量数据传输成为最主要的信息传输、识别方式。在社会依存关系上，虚拟网络空间与实体物理空间深度融合交融，政府、企业和各类组织依托数字代理开展活动，并形成了高度相关的大规模社会化的协作和分工关系。在社会主要风险上，数据泄露和滥用问题高频爆发且日趋严重，高能复杂的网络攻击成为数字空间的常态，网络安全和数据安全上升到国家安全的高度。

（2）数字信任关系赋予传统信任关系新的生命力。在以 5G、大数据、人工智能、云计算等数字技术的驱动下，无论是生产要素还是生产关系均发生了颠覆性变化，人类社会步入了数字化驱动下的数字社会。在数字社会形态下，数字技术开始介入并影响到传统的人际信任、制度信任，随着信任主体、信任功能、信用行为等的变化，数字信任作为一种新的信任关系出现并与传统的人际信任、制度信任相互作用、相互影响，共同作用于人与人之间的交往。从数字信任的本质来看，其是数字技术驱动下的基于人们对数字技术（如算法、系统等）的信任而产形成的一种信任关系。在数字信任关系形成的早期，人们认为相对于传统的人际信任、制度信任，数字技术驱动下的数字信任更加科学、客观、绝对，“它会摆脱身份的束缚形成一种真正的不需要身份角色的绝对信任”，而这种绝对信任恰好可以弥补传统信任关系中主观因素带来的弊端与负面影响，赋予传统信任关系新的生命力。[①]

---

① 张清，郭胜男. 人际信任、法律信任与数字信任：社会信任的谱系及其演进. 哈尔滨工业大学学报（社会科学版），2021, 23(6):51-57.

（3）数字信任与传统信任关系的融合演进。从信用关系演进视角来看，数字信任是人类社会发展到数字社会形态下的必然产物，是信任关系的高级形态，以其为载体可以将人际信任、制度信任与技术信任融合为一体。在数字社会，数字信任既是社会稳定运行的秩序基础，也是社会“共建、共治和共享”的基础设施，是政府、个人、企业和机器对于数据和个人隐私保护能力和网络安全保护水平的信心，支撑了数字经济社会活动的基本要求。数字信任体系的构建并不是对传统人际信任、制度信任的完全摒弃或绝对割裂，而是要利用数字技术对传统信任关系进行融合、优化，用数字技术增强传统信任，用制度信任补充数字信任，通过制度与技术的包容互动，构建适用于数字社会发展的良好信任生态。

综上所述，人类社会信任关系的演进与社会形态的变化有着莫大关系，不同社会形态下的信用关系谱系及各类信用关系的作用地位、关系特征等存在明显差异。对应原始社会、农业社会、工业社会及数字社会，占据主导地位的社会信任关系分别是血缘信任、人际信任、制度信任和数字信任。随着社会关系演变的复杂化，信任关系往往表现出多种形态的叠加。进入数字社会，社会信任体系逐渐演变成人际信任、制度信任与数字信任交织的三元体系。通过上述三种信任关系的协同共建、融合演进，数字社会将拥有一个更加合理、更加完整的信任体系。

2.1.3 数字信任关系的形成

数字信任体系的构建，无论是从技术维度来看还是从社会属性来看，在夯实数字社会发展、构建良性数字经济发展生态和提升政府数字化治理效能等方面都有着深刻现实意义。数字信任是一个复杂庞大的系统，包含隐私、安全、身份、透明、数据完整性及治理和合规等相关领域与内容。数字信任体系的构建以数字身份为基础，涵盖以可信规则、可信制度为主的“软信任”和以可信技术为主的“硬信任”的两大体系，通过两个子信任规则体系的相互协调、共同作用，能够有效解决数字社会发展中的信任问题。本研究主要从机器共识、市场共识和治理共识三大共识机制来阐述数字“软”信任，从网络可信、数据可信、算法可信和平台可信四个方面阐述数字“硬”信任。

1. 数字信任形成的共识机制

共识机制是信任关系形成的内在逻辑。任何一种信任关系的形成与构建都需要建立在成员公认的共识机制上。无论是人类社会信任关系的形成，还是组织信任关系的形成，都需要建立在各自成员对某些价值理念、规则公约等的共同认可上，特别是对于信任关系约束条件的认可。不同信任关系对应的共识机制略有差异。伦理关系、道德尊严和公序良俗是人际信任的共识机制，各类法律制度与契约是制度信任关系的共识机制，数字信任则建立在机器共识、治理共识和市场共识三大共识机制基础上。

机器共识是基于算法、系统等数字技术的信任共识。算法规则的主要作用在于保证机器共识的可行、稳定、安全和不可抵赖。治理共识是群体性社会网络形成一致决策的社会性共识。治理共识可以理解为民主基础上的集中，即不同的利益群体在一定的议事规则下，对主观价值判断存在冲突的个体进行妥协调和，并达成有效约束的规则过程。市场共识表现为交易双方通过市场自愿交易形成的均衡价格，是市场上各类交易主体基于自身对价值的判断，进行资源置换和价值交易的一种普遍性、通识性共识。治理共识和市场共识属于“人的共识”，是传统信用共识，会受到社会个体主观影响。机器共识属于技术共识，基于其形成的信用合作关系将更加客观理性。[①]

机器共识是数字信任的基础。人们认为数据、系统是有效的、可信的。数字社会是由无数个具有数字身份的数字公民作为节点构成。当他们对数字社会运行规则认同时，会自觉自愿遵循这些规则并接受这些规则的约束与治理。这些规则就是保证群体性社会有序运行的治理规则。治理规则是不同群体成员经过协商形成并对全体成员具有约束作用，这个过程就形成了治理共识。在现实中，有些数字公民违反了其承诺遵循的规则，从“诚实节点”变为了“恶意节点”，导致原有治理规则失效，这时需要建立新的治理规则对后者进行制约。数字社会形态下，数字信任规则将是约束社会个体的重要治理规则之一。数据要素需要在流通中实现其价值，这个过程离不开市场共识机制的建立，只有交易双方建立起信任关系，对数据要素价值共同认可并在此基础上形成合理价格后，数据才能顺利流通。共识机制有助于社会群体间建立更加稳定高效的信用合作关系。机器、治理和市场三大共识相互影响、相互作用，共同支撑数字信任机

① 章建赛. 基于区块链技术的信用治理研究. 北京：北京邮电大学，2015.

制的形成与作用的发挥。

2. 数字信任形成的 4 个方面

技术可信是数字信任区别于其他信任关系的最主要特征。通过技术可信，可以在保持数据所有权及隐私性的前提下实现多方、异构数据的充分共享与高效计算，相关计算结果可以为各行业提供重要参考信息。技术可信主要表现为网络可信、数据可信、算法可信和平台可信 4 个方面，这 4 个方面也是构建数字信任关系的 4 个基本内容与要素（见图 2-3）。

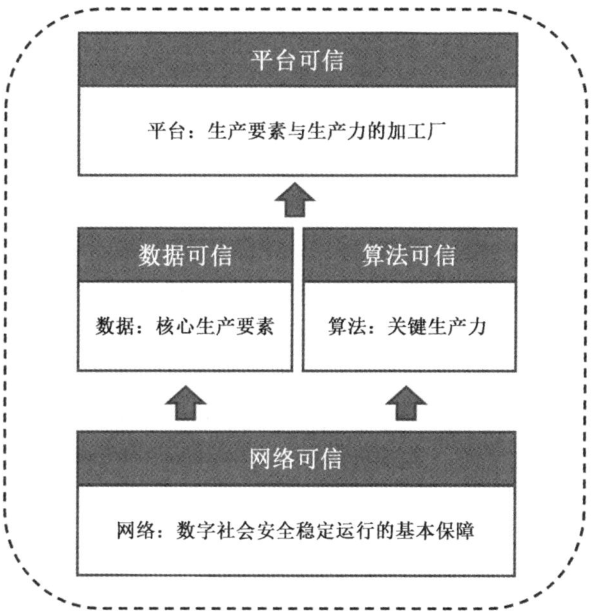

图 2-3　数字信任关系的 4 个基本内容与要素

1）网络可信

泛在的网络基础设施是数字社会安全稳定运行的基本保障。网络可信是数字信任的基本构成要素之一，也是数字信任四要素中最基础、最根本的要素。人工智能、区块链、云计算和 5G 等数字技术应用带来了网络隐私和安全问题，中国互联网络信息中心（CNNIC）第 49 次《中国互联网发展状况统计报告》相关数据显示，截至 2021 年年底，国内网民在互联网使用过程中遇到的最大安全问题是个人信息泄露问题，遭遇过该类问题的网民数量占比达到 22.1%；其次是网络诈骗和设备中病毒问题，遭遇过该类问题的网民数量占比分别为 16.6% 和 9.1%。由此可见，网络安全问题已经成为影响数字社会稳定有序发展的重要问题。信任是实现网络可信的关键所在，在网络空间建立和传递“信任”是维护网络空间秩序、保障数字经济繁荣和社会稳定的基础性、关键性环节。

基于数字信任体系构造一个符合时代特征的网络信任体系，营造出风清气正、生态良好的网络空间，是可信网络构建所要实现的目的。可信网络必然是可靠的，足够的宽带、网络零延迟且安全运行的网络、高效可靠的管理员等都是可信网络构建的基础技术要件。数字社会要求通过增强整体安全防御性来打造可信网络，以可信数字身份为逻辑起点，通过对密码技术、区块链、隐私计算等新一代数字安全技术的综合使用，构建适用于数字社会的新型数字信任体系，在夯实数字经济发展与新型智慧城市建设的数字安全底座的同时，为各类主体数字化转型提供必要的数字安全保障。

2）数据可信

数据作为数字社会的核心生产要素，已经成为数字时代各国竞争力提升的新着力点。我国高度重视数据资源要素价值的挖掘利用，明确提出要将数据作为新型生产要素进行市场化配置，要求从国家层面充分挖掘数据要素的社会经济价值。但数据作为一种全新的生产要素，在实际流通使用过程中仍然面临着诸多难题与困境，特别是权属机制、定价机制及可信流通机制等的缺失，导致数据无法充分发挥其所具有的商品属性。想要通过数据要素创造价值，数据的准确性和唯一性至关重要。但在现实中，受数据来源复杂化、数据标准不统一等因素的影响，使得数据不可信问题频繁发生，且成为影响数据要素自由流通与价值挖掘的关键因素之一。这些问题的存在也反映出数据作为一种资产的可信度有待提升。

（1）数据来源复杂化导致数据难融合。多元化的数据来源必然会导致数据的复杂化。信用大数据具有“全数据”特性，采集范围突破传统数据的局限，从银行机构的金融数据及政府部门产生的相关数据扩展到社交数据、电商数据等互联网大数据，使信用大数据的维度更加丰富、规模更加庞大。信用数据来源的多元化加剧了数据构成与形态的复杂化，例如，互联网大数据主要以图片、视频等非结构化形式存在，其验证性、关联性较强，数据处理难度比传统信用数据更大。

（2）数据标准不统一导致数据质量低。庞大的人口基数和迅速发展的市场交易为我国积累了大量的信用数据，但由于信用数据分散在不同职能部门、不同企事业单位，所以数据的标准和规范往往不统一，从而使得数据归集难度较大，一定程度上影响了数据质量。[①]与此同时，由于缺乏统一的数据标准规范和完善的数据管理法律法规，使得信用数据长期处于“割据”状态，难以打破行业、区域等“樊篱”实现自由流通，这不利于信用数据全面共享、信用系统有效对接，关键数据字段缺失、重复归集等问题长期存在，必然影响到信用数据的可信度。

3）算法可信

数字社会将产生以数学算法为基石的系统信用，进而催生新型社会信用体系。[②]随着数字时代的到来，信息鸿沟、算法黑箱、算法歧视等问题越来越突出。人们往往看重算法决策的效率性、客观性和一致性，但算法决策一旦出现内含歧视和错误，就会被系统锁定，进而将不平等和歧视机制化、常规化、自动化。算法不可信会导致“自动化的不平等”“算法决策的劳动操控”和“诱导推送的政治操控”等问题产生，进而诱发全新的“数字人权”问题。算法不可信主要体现在以下两个方面：

（1）算法模型不可信。 算法模型是未来数字稳定高效运行的内核驱动力所在。数字信用体系中信用评价、信用应用等系统功能的实现与应用场景的落地同样离不开强大算法模型的支撑，算法模型的可信度会直接影响到数字信用体系的运行。

一方面，算法模型的可信度会受到数据可信度的影响。算法模型的精准程度建立在海量数据来源与不断优化的算法规则基础上，需要根据实践需要对算法规则进行反复验证与持续更新，但在现阶段受技术性因素及制度性因素等的影响导致可信数据获取数量与质量都无法保障，数据或者样本不充分、不可信会直接影响到算法模型的有效性与准确性和有效性。以大数据征信为例，尽管数字技术的广泛使用与深入渗透使得征信数据来源更加多元化、数据规模持续扩大化，但数据共享机制的不充分导致金融机构、征信机构与政府部门等所掌握的各类信用数据长期处于“割裂”状态，有限的数据来源与规模难以真正支撑起大数据征信。

另一方面，算法模型会受到算法规则可信度的影响。算法规则设定的合理

---

① 李真. 大数据信用征信：现实应用、困境与法律完善逻辑. 海南金融，2015(1):5-9.

② 张毅. 基于区块链技术的新型社会信用体系. 人民论坛 · 学术前沿，2020(5):6-14.

性会直接影响到算法模型计算结果的有效性，大数据征信被寄予厚望的一个重要原因在于其可以依托海量数据并利用人工智能让征信领域的借贷模式、风控模型变得更加精准。但在现实中，考虑到模型指标数据的可得性、数据的连续性等因素，许多金融机构在业务开展过程中所采用的模型多是基于传统信用规则制定，信用大数据的价值与作用没有得到充分发挥。[①]

（2）算法决策不可信。进入数字时代之后，算法就成为全新的社会秩序构建力量。然而，与以往的技术不同，它并不是工业机器那种“无意识”替代和控制，而是“有意识”的算法操控，而这种操控会导致“算法决策的劳动操控”“算法决策下的诱导推送”等问题的产生。隐藏在算法模型下的“算法黑箱”是导致算法操控问题产生和影响算法决策可信度的关键。例如，国外社交媒体巨头通过抓取、分析大量用户信息，进行数据画像和个性化推送，对选民意识与行为进行有倾向的引导，以此影响选举结果，让数据算法成为操控政治的新手段。电商平台利用算法模型对用户行为数据进行多维分析，对不同消费者给予差异化优惠，有意识引导消费者进行日常消费。这些都是以算法决策操控用户行为的具体体现，“算法黑箱”不仅会影响算法决策的可信度，而且会影响消费者的日常消费习惯与行为方式。

4）平台可信

进入数字社会以来，“三元”信用关系使得信用惩戒的手段变得更加丰富多元，在传统道德、制度等约束惩戒措施的基础上，增加了数字技术驱动的技术约束、平台约束等技术化惩戒手段。这里所说的平台是指互联网平台，具体是指通过网络信息技术，使相互依赖的双边或者多边主体在特定载体提供的规则下交互，以此共同创造价值的商业组织形态，具有网络效应、规模经济等特点。平台在数字信用体系建设中扮演着十分重要的角色，它是数字信任关系的主要载体，是某些数字共识规则的制定者与推动者，例如，京东、腾讯、美团等互联网企业作为平台经济的主要参与者，分别结合自己的业务在电商经济、视频直播、本地化服务等方面推出了面向合作伙伴及广大消费者的数字信用体系。随着平台经济渗透与影响范围的不断深入，许多最初单独设计的信用标准和规则逐渐内化为平台的业务运行规则，成为稳定平台发展的共识机制。共识机制的形成不但有助于提升基于平台开展交易的各类主体间的信任，同时也大

① 李真. 大数据信用征信：现实应用、困境与法律完善逻辑. 海南金融，2015(1):5-9.

幅提升了交易主体对平台方的依赖与信任。[①]但与此同时，与传统交易行为相比，基于平台开展的交易行为，其交易时间、交易结果等信息对于交易双方是公开透明的，但交易背后所依托的算法模型却是平台独享的，对交易双方并不公开。平台经济发展中特有的“大数据杀熟”、个人隐私数据安全、“二选一”垄断等问题逐渐暴露。平台不可信主要表现在以下两个方面。

（1）平台规则不可信。互联网行业不断发展，使得平台逐渐成为去中心网络空间的再中心节点，平台经营者借助数据、算法、平台规则或者其他方式更容易实施垄断协议行为或滥用市场支配地位行为。具有技术和资源优势的平台为了在同业竞争中获得绝对竞争优势，还会选择制定“二选一”、强制必要用户信息等不合规的平台规则。这些规则短期内可以帮助平台快速盈利，以“二选一”平台规则为例，平台借助新兴技术通过价格补贴与优惠、流量资源支持等激励性方式，或是屏蔽店铺、搜索降权、流量限制等惩罚性措施，诱使或强制交易对象与其签订独家协议、选择只在其平台进行新产品的独家首发，或是不在竞争对手平台经营、不参加竞争对手平台的促销活动等。

（2）平台信息使用不合规。部分平台凭借自身数据流量优势成为数字巨头，通过平台隐私条款超范围收集个人信息、超权限调用个人信息等，导致个人信息被滥用的问题频发。平台所收集到的个人信息一方面会“留作自用”，例如，通过对这些个人信息的深度挖掘应用开展个性化精准营销，并基于这些信息在同业竞争中形成绝对支配，形成行业垄断；另一方面会“挪作他用”，例如，平台可能会打包将个人信息进行出售、交换等。但无论是哪种方式，在用户不知情的情况下对其个人信息进行随意收集加工使用，都会加大个人隐私泄露风险。这种趋势的蔓延，既会加深平台与用户之间的不信任度，又会加剧企业之间不平等竞争，不利于数字信用生态和整个数字社会的良性发展。

基于上述分析可以看出，数字信任关系的构建既涉及数据、网络等技术可信，也涉及规则、决策等制度可信。在以万物泛在互联为特征的数字社会下，既需要通过提升技术可信形成机器共识，也需要通过提升制度可信形成治理共识与市场共识。只有当技术可信与制度可信同时具备，机器共识与治理共识、市场共识相互作用且同频共振时，数字信任关系才能真正建立并在保障数字社会安全稳定运行中发挥支撑保障作用。

---

① 韩家平. 数字时代的交易模式与信用体系. 首都师范大学学报（社会科学版），2020(4):59-66.

2.1.4 从数字信任到数字信用

1. 数字信用是数字时代数字信任关系的社会化、制度化体现

数字社会作为数字技术驱动下的技术社会系统，兼具技术属性与社会属性，某种程度上技术属性特征更明显，是在数字技术全方位赋能下形成的一个“无处不在的泛在网络社会”。[①]数字社会的这一特性，决定了数字信用的构建与发展必然要由技术与社会两大维度共同作用与综合推动。数字信用的技术要素包括信用大数据和复杂数学算法，它的运行离不开技术系统构架的支撑，[②]网络可信、数据可信、算法可信和平台可信是数字信用构建及发挥作用的基本要素与内在要求。技术要素是数字信用与传统信用的主要区别之一。数字信用的社会属性主要表现为其形成基础的社会性和应用价值的社会性，既包括人与人的信任关系，也包括人与物（网络、数据等）的信任关系。

2. 从数字信任到数字信用，实现了信任由社会关系向生产关系的转变

信用是人类大规模群体协作的内在逻辑，是信任的复杂性简化，是社会化分工在一定技术条件下的产物。[③]信任是人与人、人与环境交互过程中建立起来的一种社会关系，其有助于增强社会关系网但不一定能创造出经济价值；而信用是基于不同社会形态下的信任关系所形成的一种生产关系，其运行及应用可以创造财富并带来显著经济价值，构成了当下数字环境基本成色。数字信任关系是“人—人”“人—机”与“机—机”多重数字交互关系叠加下出现的一种新型信任关系，其与人际信任、制度信任等传统信任关系共同构成数字社会形态下的信任谱系，为数字信用的形成奠定了必要基础。

---

① 吴新慧. 数字信任与数字社会信任重构. 学习与实践，2020(10):87-96.

② 张毅. 基于区块链技术的新型社会信用体系. 人民论坛·学术前沿，2020(5):6-14.

③ 章建赛. 基于区块链技术的信用治理研究. 北京：北京邮电大学，2015.

3. 从数字信任到数字信用，实现了由自发性信任关系向强制性信用制度建设的转变

信任更多时候是由社会个体自发形成的，信用机制的形成及其应用背后有着一套较为完善健全的制度。由数字信任到数字信用，实现了信任从自发的社会关系向强制性的治理工具与制度体系建设的转变。从现实情况来看，数字信用已经成为新时期中国语境下社会信用体系建设的基本构成，涉及信用数据归集、信用评级、信用监督及失信惩戒等多个方面内容。加快数字信用体系构建，既是诚信社会建设和社会信用体系建设的题中之义，也是网络空间信任体系构建的内在要求，更是数字经济高质量发展的重要支撑。未来，随着数字信用体系的不断完善，其将在道德规范、推动经济发展、加速社会数字化转型等方面有着更为广泛及深层次的应用。

4. 平台经济视角下的数字信任与数字信用转化

透过近年来我国平台经济的发展，能够更加明晰数字信任关系向数字信用制度演化的路径。“大数据杀熟”等问题的出现导致人们对以数字信任关系为基础的数字平台、平台经济等产生了极大的怀疑，人们对各大平台的数字信任开始瓦解。某种程度上而言，人们对于数字信任这种新信任关系经历了早期的绝对信任、发展过程中的相对信任，再到现在的绝对怀疑。当自发的数字信任关系不再可信时，就需要行政法律等外部力量通过强制性手段督导平台方“被动式”提升数字信任关系可信度，数字信用制度应运而生。从这个角度而言，数字信用制度建设是重树数字信任关系的过程，是为了建立数字社会“可信”数字信任关系而采取的制度化措施，其目的是提升数字信任关系的可信度。

2.2　数字信用的形成动因

数字信用是人类迈入数字社会后建立在数字信任关系基础上的新型信用机制，其信用功能、信用关系、作用机制等都与传统信用有着显著差异。数字信用的产生有着时代必然性，在对其形成原因进行分析时不但要了解数字信用产

生的直接诱因，更为关键的是要透过现象看到本质发现数字信用形成的根本动因。通过数字信用形成直接诱因与根本动因的分析，可以更有针对性地破解当前制约我国数字经济高质量发展及数字治理能力提升的信用短板与瓶颈。数字社会形态下传统信任关系失灵与新信任关系缺位叠加是推动数字信用体系构建的根本动因，而数字生产关系在经济社会发展中影响作用的持续增加导致新信任机制构建现实需求越来越迫切则是数字信用体系构建加速的直接动因。

2.2.1 根本动因：数字社会形态下传统信任关系失灵与新信任关系缺位叠加

1. 传统信任关系失灵

迈入数字社会后，以人际信任、制度信任为基础的传统信任关系失灵，基于传统信任关系建立起的传统信用机制作用有限。传统熟人社会的信任依靠血缘、亲缘、地缘等催生，但进入现代社会，伴随着人际交往半径的扩大，陌生人交互成为社会交往的主要模式，这种背景下传统信任催生因素逐渐式微。[①]工业社会中以契约、法律等为代表的制度信任是陌生人信任关系的集中体现。数字社会下以网络为媒介的“不见面”交往更是彻底打破了时空限制，使陌生人交往成为人际社会交往的常态，基于网络、数据、平台等技术要素的数字信任开始出现萌芽，并逐渐在经济发展、社会治理等方面发挥重要作用。但数字信任作为一种新的信任关系，其从萌芽到成熟需要较长周期，传统信任关系失灵与新信任关系不完善的交织必然伴随着某些社会治理困境与问题的出现。

2. 现代社会信用工具功能属性趋于多元化

信用是建立在人类信任关系基础上的一种社会制度。信任关系的变化必然伴随着信用制度的变化。例如，市场经济环境下的信用建立在契约原则基础上，区别于原始农业社会以地缘亲属关系为基础的信用。现代经济社会中，信用的工具属性与功能作用发生了极大的变化，其不再只是一种金融借贷工具，而是

① 王延川. 区块链：铺就数字社会的信任基石. 光明日报，2019-11-17(7).

在社会治理、公共服务、行政监管等场景中扮演着更加重要的作用，承担着更加多元的工具属性。日益丰富的工具属性及信用功能使得信用在经济社会发展中的作用越发凸显，这也是传统信任关系失灵与新信任关系缺位叠加背景下社会治理困境加剧的主要原因之一。数字社会作为人类社会发展的更高级社会形态，与之相适配的信用制度体系建设无论是在内涵上还是形态上都将更加复杂多元。

3. 信任失灵与缺位加剧社会治理困境

信用是一种介于道德伦理、公序良俗等柔性治理手段与法律制度刚性规治手段间的社会治理工具。近年来，随着我国社会信用体系的加速建设，信用的作用不再局限于商业领域，而是在社会、政务、司法等领域都有着更广泛的应用，在提升社会治理能力、破解社会治理困境等方面发挥着日趋重要的作用，社会信用体系制度化建设日趋完善并朝着法治化方向转变。目前全国范围内已经有十余个省市制定出台了社会信用条例，社会信用体系建设的法治基础不断夯实、制度保障日渐完善。

社会形态的进步与变迁必然伴随着信任关系、信用制度的更迭。数字社会作为一个伴随着数字技术发展而形成的全新社会形态，其发展所依赖的信任关系也将发生显著变化。数字社会下传统信任关系失灵，但新的信任关系尚未完全建立并充分发挥作用，信任失灵必然会导致以其为基础的信用制度受到影响，使得原本在社会治理中发挥作用的“信用”机制变相失灵。与此同时，由于适用于数字社会的新型数字信任关系尚未真正建立，以信任关系为基础的信用制度从形成到制度化需要较长时间。一方面，受观念认知、技术手段和制度措施等因素的影响制约，以技术可信（包括网络可信、数据可信、算法可信和平台可信）为基础的数字信任关系很难实现全面可信；另一方面，信用的形成需要较长时间的积累，形成周期长，失信成本高。旧制度的失灵与新制度的缺位叠加必然会导致治理困境“雪上加霜”，即在旧有治理问题尚未得到解决的同时叠加某些新的治理问题。

近年来，为推动数字经济健康发展国家开始强化平台治理与监管，但与之相关的法律制度从筹备到出台实施需要较长周期。在此过程中，部分行业主管部门开始尝试基于信用制度对数字经济发展中涌现出的一些新问题、新模式进行创新监管。

2.2.2 直接动因：数字社会形态下新信任机制构建需求迫切

1. 新技术加速新信任关系与机制的构建

进入万物互联、万物智能的数字文明时代，信用制度在数字技术的作用影响下也开始朝着数字化方向迈进。传统信用关系与信用制度在数字化潮流下发生了巨变。万物互联的数字社会使得人与人、人与组织、人与机器能够不受时空限制进行互联互通，人与社会交互变得更为灵活自由的同时人际交往关系也变得更加复杂多元。在数字技术赋能的作用下，人们对外部环境的控制能力与程度大幅提升，过于复杂的交互关系使得社会个体在人与人、人与社会间交互活动过程中面临的不确定性增加。借助于互联网，人们可以进行跨时空不见面交互，在这种交互形态下传统的面对面交流机制、信任机制的优势渐渐消失，虚拟化导致的信息不对称会产生身份伪造等问题，人际交往过程中面临的逆向选择与道德风险有所增加。与此同时，虚拟网络世界中人与人的交互不只受"人"的因素影响，同时还会受到"数字化"因素的影响，算法、数据、系统平台等都会对人与人、人与社会的交互产生显著影响。人们在融入数字化时代时，会对网络设施安全性、数字技术发展可能带来的隐私问题和智能技术带来的伦理问题等产生担忧，这些问题或多或少会影响人们对于数字化的不信任。在此背景下，如何构建出一个适应时代发展需要的新型数字信任体系有着深刻现实的意义，对于推动我国新型智慧城市建设、赋能数字经济及实现数字强国战略有着重要战略意义。

2. 数字社会加速新型契约关系形成

与传统社会相比，数字社会下的交易行为、交易内容、交易模式等都发生了极大变化。一方面，交易行为不再受到时空界限，这使得交易对象范围也出现前所未有的延伸，交易形态由实体向线上转变，交易载体由传统柜台向网络平台转移，交易行为呈现出数字化、平台化、智能化、整合化等特点，陌生人之间非现场现货的信用交易在整个交易体系中的地位与作用明显增强。另一方面，数字社会下的交易行为与过程呈现出典型的"去中介化""去中心化"特征，长期存在的某些中介服务行业可能会被取代或消失，其所承载的职能、提供的服务会被逐渐整合至各类综合服务平台。相关数据表明，信用交易在现代经济体系中的占比不断攀升，无论是在个人金融领域还是对外经贸领域都存在这一情况。与此同时，线上交易也呈现出向信用交易转移的趋势。

3. 数字社会下信用价值与失信成本“飙升”

数字社会在数字技术的助力下，“无形”的信用价值能够被以更直观的方式进行评估，可量化的信用价值使得信用价值得到进一步释放。与此同时，网络时代信息传递的高速度与信息分发渠道的广辐射等特性，使得失信成本明显增加，不断丰富的信用手段与日趋完善的信用监管制度“让守信者处处受益、让失信者寸步难行”正在成为一种社会共识与时代价值观，尤其是随着信用信息共享程度的不断提升及以红黑名单为抓手开展的信用联合奖惩机制的实行，使得越来越多人开始意识到失信的成本。在司法领域，为了督促部分失信被执行人执行相关法院判决，2018—2019 年先后印发《最高人民法院关于公布失信被执行人名单信息的若干规定》《关于对失信被执行人实施联合惩戒的合作备忘录》等多个政策文件，将信用作为推动执法的重要工具与手段，对于失信被执行人可以采取信用惩戒措施，通过多部门协同联动，限制失信被执行人在金融、消费出行、社会福利等多个领域的行为。

2.3 数字信用的本质内涵

2.3.1 数字信用的界定

数字信用是随着信用环境、信用关系、信用功能等的变化而出现的一种新信用形态。进入数字社会，信用关系、信用功能、信用主体、信用环境、信用载体等均发生了极大变化。**信用关系**在传统信任关系、信任契约的基础上出现了新的数字信任，新的信任关系需要新的信用制度与之相匹配；**信用环境**由单一的物理世界向虚拟世界与物理世界虚实融合转变；**信用功能**在原有人际交往媒介、商品交易媒介工具属性的基础上增加了治理属性，且治理功能呈现出多元态势，在社会治理、政府治理及行业监管等方面发挥着日益重要的作用；**信**

用主体由传统信任体系下的“人”向人、机等更为复杂的主体类型与结构转变；**信用载体**在人、契约等载体的基础上又增加了数据系统等新的载体形态。这些变化赋予了数字信用新的内涵与新的特征表现，不同信用的对比分析可见表 2-1。

表 2-1　不同信用的对比分析

信用类型	关系信用	契约信用	数字信用
社会形态	农业社会	工业社会	数字社会
信用关系	关系信任	制度信任	数字信任
信用环境	以熟人交往为主的信用环境	以陌生人交往为主的信用环境	虚拟世界与现实世界交织的全新信用环境
信用主体	人	人	人、机器（如数据、系统等）
信用载体	人	契约、制度等	人、契约制度和数据系统等
信用功能	交往媒介	交易媒介	交易媒介、治理工具等

从人类社会信用谱系的演变进程来看，数字信用制度是数字社会形态下信任关系的制度化、社会化表现，是信用制度发展到数字社会高级阶段的新形态、新升级。数字信用有狭义与广义之分，广义维度下的数字信用是指数字社会下与信用相关的各种行为活动的统称；而狭义维度下的数字信用则可以从生产关系、经济发展等多个视角进行思考与界定。从经济学视角来看，有学者将数字信用理解为信用制度形式在现代数字经济发展中的高级形式，这是一种在数字技术助力下形成的，以数据为基础，利用数字工具搭建数字化场景，作用于数字经济要素的数字化经济关系。[①]还有观点将数字信用体系限定于虚拟网络世界信用体系的构建，认为数字信用体系是以可信数据为核心开发数据要素，依托大量数字化场景推动可信数据自由流通而形成的适用于虚拟世界的信用体系。

本研究认为，应该从生产关系这一更深刻、更宏大的视角来理解数字信用的本质内涵。数字信用是以数据为核心生产要素，以数字技术为主要生产工具的新型数字生产关系，是现代生产力适应下的信用产物，是信用制度在数字技术背景下发展的必然结果。无论是传统信用还是数字信用，在这一点上二者是共通的，区别只在于各自所承载的生产关系与社会关系有着较大差异。在该视角下可以将数字信用界定为人类迈入数字社会后，以数字技术为驱动，以数字

---

① 马艳，刘泽黎，王琳. 数字技术、数字信用制度及其共生性研究. 当代经济研究，2020(9):104-113.

信任关系为基础，以信用数据为生产要素，以算法模型为生产力，以信用承诺、信用评价、信用核查、信用监管等为工具手段的一种新型生产关系。

2.3.2 数字信用的主要特性

1. 数字信用的“可积累性”

数字信用的可积累性主要体现在信用数据的可积累性和信用维度的可增加性上。信用数据维度越丰富，信用数据规模越大，那么信用画像越精准，信用档案越全面，信用应用场景越多元。在数字社会，数字化终端的日益普及和数字化应用场景的不断拓展，使得信用主体日常行为数据会持续增长与不断丰富，这些数据能够帮助信用主体积累更多的“信用度”。例如，传统模型下金融机构评价某个消费者的个人信用更多依赖的是信用卡等金融数据，但随着人们数字行为轨迹的增加、政府数字化治理能力的增强、线上公共服务水平的提升等，金融机构可以通过与相关平台、政府部门等的合作，基于消费者线上浏览点、线上消费支付等行为数据，以及政府部门公共信用数据等的分析更全面了解消费个体的信用。

2. 数字信用的“低成本性”

数字信用的低成本性主要体现在数字信用的去中介化作用和风险防控精准化。一方面，在数据技术的作用下，原有的高成本信任关系有可能会转化为低成本的信任关系，依托中介的间接信任有可能会转化为不依托中介的直接信任，这种变化使得人际交往与商贸往来的中间成本降低；另一方面，基于数字信用的风险预警防范能力显著提升，使得数字信用驱动下的业务成本大幅降低。数字信用依托的数据是实时动态的多维数据，基于这些数据信用可以精准定位信用风险防控薄弱环节，从而提高信用风险防控效率和降低信用风险带来的损失。例如，如果某个人产生违约等失信行为，会自动触发信用预警模型中的预警机制，同时失信行为还会被纳入信用主体信用档案，通过这种自动触发机制，信用风险预警能力及效率均会得到显著提升。较之传统信用，数字信用制度通过信用行为的数字化转化、信用数据的智能化处理能够显著增强信用活动的匹配性，在提升信用活动效率性的同时可以降低信用行为真实有效性的验证成本。

3. 数字信用的“高虚拟性”

数字信用是信用行为活动在数字技术背景下的发展，是信用关系对互联网技术的适应性改变，与传统信用制度的不同之处在于，数字信用制度中不仅信用活动的场所和交易载体向虚拟化转变，信用关系自身也在数字化的过程中虚拟性增强。[①]传统信用活动多是依附于货币、商品等实物信用载体，并在实际存在的信用场所开展。进入数字时代，从信用行为、信用载体到信用关系都表现出较强的虚拟性。信用数字化是信用虚拟化的前提，信用行为的数字化使信用活动、信用关系虚拟化成为可能。例如，在数字信用体系框架下，契约关系被转化为一种可以在一定限度内自由流动的数字资产，并被打包重组成新的信用产品投放市场。高度虚拟化的数字信用将摆脱传统实物信用场所、信用载体等制约，进一步扩展应用范围与应用场景。

4. 数字信用的“可计算性”

信用长期存在于人们生活中，有时以有形的契约文书形式存在，有时以无形的公约良俗形态存在，并在潜移默化中对人类生产生活产生影响。信用形态的多样化使得信用测度与量化存在较大难度，但数字社会下利用技术手段可以让信用变得更加直观、可信，能够通过多维度的数字显示好坏高低。数字信用的可计算性主要体现在数字信用的可量化与算法规则对信任的替代性。与以人际关系为基础的信用和以契约基础的信用相比，数字信用的一个主要特征在于其是基于算法、系统等技术工具而建立起来的一种信任体系，某种程度上算法可以在一定范围替代信任。较之传统信用的“抽象”化，数字信用更易量化操作。早期的信用很难进行定量描述与分析，计算机、互联网等技术的出现与普及让越来越多的信用数据开始沉淀积累，这些数据为信用量化测度提供了“原料”，在此基础上引入合理的数据模型就可以精准测度信用。人工智能技术的快速发展使得信用量化分析迈入到一个全新的阶段，相关机构利用人工智能技术对海量信用数据进行分析并提炼出更加智能有效的信用评价算法模型、信用风险预警模型等，以此精准刻画用户信用图像和进行信用风险防范。

① 马艳，刘泽黎，王琳. 数字技术、数字信用制度及其共生性研究. 当代经济研究，2020(9):104-113.

5. 数字信用的“去中心化”

数字信用的“去中心化”特征体现在信用结构、信用理念、信用关系等多个方面的变化。从信用结构来看，数字技术驱动信用结构由传统的“中心化”结构向“去中心化”的矩阵式结构转变。区块链技术在信用领域的应用使得信用结构发生了根本性改变，未来的信用将是建立在区块链数据之上，由每个消费者自己靠大数据在区块链上产生；从信用理念与功能来看，数字信用的去中心化结构决定了其较之传统信用具有更强的普惠性。互联网技术的蓬勃发展彻底改变了人们获取信息的方式，人们可以根据自己需要从网络上尽可能多地获取到信息，这使得以金融为代表的多个领域信息垄断与信息不对称问题得以改善；从信用关系来看，数字技术驱动信用由间接的、熟人化信用向共享式、智能化演变。[①]在未来数字社会中，任何人仅需向银行等金融机构提供基于区块链技术的数字公钥和数字私钥作为贷款凭证，相关机构通过数据分析能够直接了解贷款人信用情况。这种贷款模式变革的背后是数字信用的创新应用，大数据和区块链技术共同驱动下的数字信用可以打破时空、信息等的束缚使每个人拥有“全球信用”。

6. 数字信用的“多场景性”

较之传统信用，数字信用在数字社会中有着更加丰富多元的应用场景可能性，适用范围更广。金融行业领域是传统信用应用的“第一场景”，近年来随着我国社会信用体系建设的持续推进，信用在城市治理、公共服务等社会领域中的应用探索也在不断深入，这在某种程度上也伴随着数字信用的落地。事实上，深层次的数字信用建设应放在社会信用体系框架下进行，在数字技术的驱动下，数字信用未来的应用场景将不再局限于金融行业领域，而是会逐步向社会、商务、政务和司法等领域持续渗透。我国多地围绕社会信用体系建设积极探索“信用+”应用场景，依托各省市各部门建立的信用信息共享平台开展信用奖惩、信用画像、信用评价、信用报告等信用服务，积极探索将数字信用嵌入城市治理、行业监管、服务中小企业发展等应用场景中。例如，威海市积极推动信用信息在行业监管中的规范化使用，在对全市适用引入信用治理手段行政事项梳理的基础上形成《威海市级查询使用信用记录事项清单（2017 年版）》，要求全

① 马艳，刘泽黎，王琳．数字技术、数字信用制度及其共生性研究．当代经济研究，2020(9):104-113.

市相关部门在评先选优、干部任用、行政审批、财政性资金安排、公共资源交易等行政管理事项中查询使用信用记录，具体涉及 45 个部门 263 个行政管理事项。

7. 数字信用的“强关联性”

强关联性是数字信用区别于传统信用的一个典型特征。在大数据技术的加持下，人们可以通过分析信用数据发现许多潜藏在表面现象上的“蛛丝马迹”，而这些细微的信用关系单纯依靠人的观察是很难实现的。因此，数字信用的价值不但在于其可以通过打破信息不对称让信任摆脱中介的制约，更为关键的是，其可以依托数据间的关联性让“无信任变成可信任”。[①]大数据征信是数字信用强关联性的集中体现，基于大数据技术可以将与信用主体相关的诸多信用变量（如个人基础信息、消费信息、信贷信息、行为数据等）及信用数据进行智能运算，从而达到用更多维度刻画个人信用的效果，且在此基础上还能够挖掘出更多信用应用场景。

2.4 数字信用的构建逻辑（以数建信、以数增信、以数治信）

2.4.1 数字信用演进过程

数字信用是随着数字技术的广泛应用，以及社会信任体系的日趋完善和基于信用社会治理范式不断成熟而逐步出现的。整体来看，数字信用的发展大致经历了三个阶段，即以金融领域的信用数字化为特征的萌芽阶段，以特定领域的信用数字化为特征的探索阶段和以信用体系的全面数字化为特征的发展阶段。数字信用发展的三个阶段在技术与信用两个维度呈现出显著差异，具体如表 2-2 所示。

① 李礼辉，周轩千. 五大举措构建数字社会信任机制. 上海金融报，2018-12-25(A14).

表 2-2　数字信用发展三个阶段主要特征比较

	技术维度	信用维度
萌芽阶段	信用数据来源单一；行业信用数据壁垒较高，共享难度较大；信用业务系统功能简单且应用范围有限	信用功能以信贷为主，信用关系的“中心化”特征明显
探索阶段	信用数据来源更加多元；不同行业信用数据实现有限共享；信用业务系统功能不断丰富	信用功能向治理转变，信用关系的“去中心化”作用显现
发展阶段	信用数据实现充分共享；信用业务系统功能持续优化，信用数据采集、共享、分析等实现全面自动化、智能化	信用功能向全域治理转变，信用体系建设实现全面数字化

1. 萌芽阶段：金融领域的信用数字化

信用的资产属性决定了其天然适用于金融信贷领域。信用在金融领域有着较为悠久的应用历史，其信贷功能普及性和认知度较高。信用作为一种无形资产，在现代金融体系演进过程中曾扮演过无形抵押物、信贷中介等多种角色，但随之产生的信用风险也成为困扰诸多国家金融体系发展的突出问题。信息技术的发展为金融领域以技术手段破解信用风险难题提供了可能，越来越多的专业机构开始引入技术手段对长期积淀的历史信贷数据进行分析，以此评判信用主体信用状况并采取更加精准有效的风控措施，由此开启了金融领域信用数字化探索。这个阶段可以视为是数字信用的初始萌芽阶段。

从技术维度来看，信用评价的数据来源较为单一，主要集中于金融领域的信贷数据，难以系统全面反映信用主体的信用情况，不利于信用风险的精准把握与防范。数据来源的单一性使得信用所能惠及的主体范围极为有限，难以覆盖广泛的个体，这也是传统征信体系下中小微企业贷款难的一个主要原因。与此同时，金融领域长期深耕信用业务使得其在信用数据方面拥有极大话语权和较高垄断性，因此在这个阶段信用数据壁垒较高，导致信用数据共享难度较大。

从信用维度来看，信用数字化早期功能仍集中于信贷方面，信用数字化的出现是为了更好发挥金融机构信贷功能。同时，信用关系的“中心化”特征明显，金融机构作为信贷链条中的“核心”节点拥有绝对话语权，信用关系是以众多金融机构为中心节点逐步向外扩散的。

2. 探索阶段：特定领域的信用数字化

随着我国社会信用体系建设进程的加速推进，信用数字化应用不再局限于金融征信领域，而是开始向个人消费、城市治理、重点领域行业监管等方面延伸拓展。近年来，我国积极探索以信用为基础的消费模式、城市治理、行业监管、公共服务模式与机制创新。部分互联网平台企业依托于平台所产生的海量动态行为数据（如社交行为数据、消费行为数据等）对个体综合信用进行评价，并为精准营销、创新商业模式等提供有效支撑。其中较有代表性的有芝麻信用、白条信用等。相关政府部门依托于日常业务所产生的公共信用数据对各类信用主体开展公共信用评价，为提升政府监管效能、城市治理效能等提供重要参考依据。其中较有代表性的有，国家层面针对城市信用推出的全面城市信用指数监测和针对企业主体信用的企业公共信用综合评价等；地方层面针对市民信用推出的钱江分（杭州）、海河分（天津）、茉莉分（苏州）等。

从技术维度来看，信息技术的迅猛发展使得信用数据可获得性显著提升，丰富多源的信用数据为数字信用体系建设奠定了必要基础。随着信用在社会治理体系中功能作用的日益显现，信用的数据来源更加多元，覆盖人群范围也更加广泛，这使得信用应用范围与领域得到极大丰富，信用应用不再局限于金融领域而是开始向社会领域逐步拓展。近年来，从国家层面到地方省市，从政府部门到互联网企业，都越来越意识到“信用”的价值，在全社会力量的共同推动下，跨地区、跨层级、跨行业的信用平台数量及类型不断增加。各种各样信用平台的建设尽管在某种程度上实现了信用数据的互联互通共享，但受技术标准、行政壁垒等主客观因素影响，使得这些信用系统在数据标准、信用模型、评分机制等方面存在显著差异，导致相关信用系统还是“像孤岛一样自成体系地运转”。这种“数据割据”导致的信用系统“孤岛”状况必然会影响信用在社会中价值作用的发挥。

从信用维度来看，随着数字技术对信用体系渗透的日渐深入，人类社会开始利用数字技术对信用体系进行重塑，这使得信用功能发生巨大改变。信用功能不再局限于传统金融信贷领域，而是开始向社会治理领域延伸。信用由传统的信贷服务功能向城市治理、公共服务、行政治理等多元化功能拓展，其在人类经济社会发展中的价值作用日益凸显。

3. 发展阶段：信用体系的全面数字化

信用体系的全面数字化既是数字社会下信用体系转型变革的必然要求，也是现代信用体系顺应社会发展的必然选择。信用体系的全面数字化体现在信用基础的数据化、信用流程的数字化和信用应用服务的智能化等方面。

从技术维度来看，未来随着数字社会进程的加快，数字信用体系将成为人类社会发展的重要“数字底座”之一，信用成为数字社会发展的一抹新底色。信用数据来源将更加广泛，随着行业边界的模糊化，信用数据将打破行业、主体、部门界限实现互通共享，信用系统有可能实现“按需建设”。只有在全社会信用数据真正实现开放共享后，信用系统及信用数据的价值才能最大限度地释放与发挥出来。全国信用信息共享平台的建设就是近年来国家层面为推动信用数据互联互通的积极探索与关键之举，作为全国信用数据 “大通道”，目前全国信用信息共享平台横向上实现了与 46 个部委的互联互通，纵向上完成了对全国各省区市的联通，通过“接入单位主动报送、国家平台定期推送”核心数据共享机制的建立，实现信用数据共享常态化、机制化。截至 2021 年年底，平台归集的信用信息数量超过 600 亿条，涉及“双随机、一公开”、多个行业领域红黑名单等信用数据。

从信用维度来看，数字社会关系网络是由为数众多的个体所代表的“微结点”共同构成，每个个体所产生的行为数据都可以转化为信用数据，在这种情况下每个个体都是一个独立的“信用源”，共同构成数字时代的新信用关系网。在这个全新的信用关系体系中，数字信用将成为一种通用型治理工具，相关机构可根据需要选择定制化信用服务。与此同时，作为“信用源”的个体凭借信用数据所有权在信用体系中拥有一定的话语权，传统信用关系下的金融机构或某些机构凭借手中所掌握的信用数据拥有的垄断特权受到冲击，传统信用关系下的“中心化”特征开始向“去中心化”转变。

2.4.2 数字信用构建“三部曲”

数字社会背景下，现代社会信用体系由传统的熟人社会下的人际关系驱动向以数据、算法、算力等为代表的数字化要素驱动转变，并在原来社会化属性的基础上增加了更多技术属性。数字信用体系的构建涉及建信、增信和治信三个方面，从信用建设到信用提升再到信用治理形成一个完整的信用闭环（见图 2-4）。其中，“以数建信”通过增强信用数据归集能力、加快信用平台建设为数字信用体系建设提供必要的技术支撑；“以数增信”通过数字技术重塑信用关系、补齐信用短板和增强信任机制三个方面夯实社会信用体系建设，增强社会诚信；“以数治信”利用数字技术手段有效应对社会信用体系建设中面临的信用信息不对称、信用碎片化、信用监管割裂、信用治理手段有限等问题。

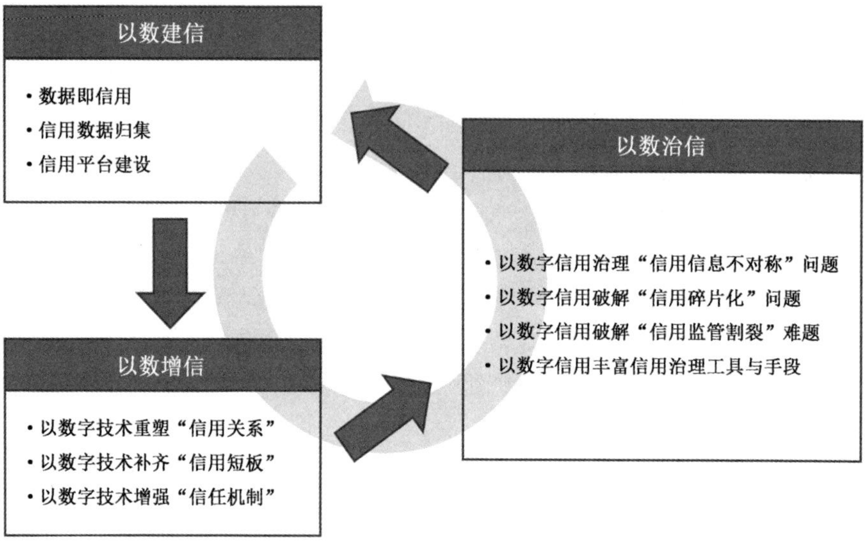

图 2-4　数字信用构建“三部曲”

1. 以数建信

以数字技术推动信用建设数字化转型是数字社会信用体系的内在要求与必然趋势。具体而言，“以数建信”可以从两个层面来理解，一是以数据为核心要素驱动现代信用体系建设，依托数字化手段重塑传统信用体系流程；二是利用数字技术手段加强信用数据归集能力，积极推动各类信用平台建设，夯实社会信用体系建设的底层技术支撑。

1）“数据即信用”

“数据即信用，信用即数据”。网络化、数字化和智能化技术的加速融合和叠加发展，使得数字化成为驱动现代社会生产方式、生活方式和治理方式变革的关键动力，人类社会开始全面进入数字化时代。数字化时代下的每个个体都会同时在实体物理空间与虚拟网络空间开展行为活动，这使得每个个体都会拥有两种身份，即“社会人”与“数字人”，二者彼此映射、相互交融影响（见图 2-5）。从信用视角来看，社会人背后主要体现的是传统信用，数字人更多表现的是数字信用。

数字成为数字社会最基础的信用元素。人们在虚拟网络空间中的行为都会留下数字化的印记，这些印记会通过一串串数据表现出来，例如，日常生活的行为数据，购物消费的消费数据，工作的业务数据等。这些数据的日积月累与持续更新迭代，会赋予每个人一个全新的“数字身份”，这个数字身份是个体在数字社会中开展各类行为活动的基础。基于数字身份的数字人，在虚拟网络空间中与他人交往时同样会产生信任关系，这种数字信任关系是数字信用的一种具体表现。

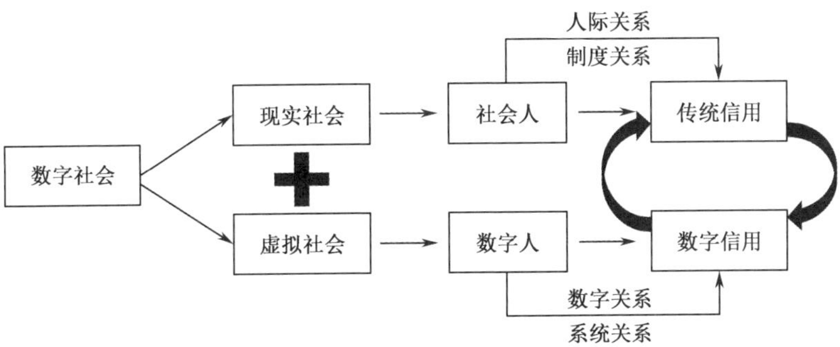

图 2-5　数字社会中信用关系与社会个体双重身份的映射关系

数字时代下一切数据皆可转化为信用数据。从人类历史发展进程中的信用形成机制来看，无论是以人际信任、制度信任为基础的传统信用制度，还是以数字信任为基础的数字信用制度，其从萌芽到正式形成往往会需要一个漫长的过程，这个过程既是信用积淀的过程也是信用制度形成的过程。“数字人”是社会个体基于数字身份及多维海量行为数据而形成的一个虚拟身份，数字人的信用是通过各种数据沉淀积累的，其信用通过数据形成同时也以数据形式表现出来。从这个角度来说，数据即信用，信用即数据，且数字时代下的一切数据都能转化为信用数据。

2）信用数据归集

信用数据是数字信用体系构建的基础，数据归集是“以数建信”的第一个环节。信用数据的归集经历了来源单一向多元化、显性数据向“显隐”结合的两大转变。中国语境下社会信用体系建设涉及的信用数据主要是指社会信用数据，从社会信用数据涵盖的范畴来看，主要包括公共信用信息和市场信用信息两大类，多个省市公布的地方性法规都遵循了这种划分方式。其中，公共信用信息是指国家机关、法律法规授权的具有管理公共事务职能的组织、群团组织及公共服务企业事业单位等公共信用信息提供单位，在依法履行职责、提供服务过程中产生或者获取的信用信息。市场信用信息是指信用服务机构、行业协会、商会及其他企业事业单位等市场信用信息提供单位，在生产经营、提供服务或者行业自律管理活动中产生、获取的信用信息。①2021 年 9 月审议通过的《征信业务管理办法》将信用信息定义为“依法采集，为金融等活动提供服务，用于识别判断企业和个人信用状况的基本信息、借贷信息、其他相关信息，以及基于前述信息形成的分析评价信息”。②从上述定义可以看出，社会信用信息主要是从数据来源界定信用信息范围，征信业务主要从数据的服务目的及内容构成界定信用信息范围。整体而言，社会信用信息所涵盖的数据范畴远大于传统征信行业领域的数据范围。

早期信用数据归集来源较为单一，在数字信用发展萌芽阶段，信用数据主要集中于金融领域，银行、保险等金融机构日常业务开展过程中产生的客户信息、借贷数据、担保数据等是最核心、最主要的信用数据来源。2014 年之后，社会信用体系建设进程的加快使我国信用体系建设，从传统的以商业金融领域为主开始转向商业、政务、社会、司法四位一体。在此背景下，由政府部门、公共事业机构等具有管理公共事务职能的各类组织机构，在行政管理、公共服务等业务开展过程中所产生的信用数据成为信用数据的重要来源，如政府部门行政执法与监管过程中产生的行政许可、行政处罚、红黑名单等数据，以及水电煤气等公共事业机构积累沉淀下的缴费信息等。平台经济的发展使得许多互联网公司掌握了大量与用户相关的行为数据，这些企业为了提升市场竞争力及经营风险抵御能力等开始挖掘自身所掌握数据中的“信用”元素，使得互联网信用成为继金融征信、公共信用之外的第三大渠道来源。图 2-6 显示了信用数据的主要来源。

除了数据产生来源的不同，信用数据还有“隐性”与“显性”之分，有的数据信用指向性较为明显，如金融信贷数据等，有的数据信用指向性不太明显，如互联网行为数据等。随着大数据、人工智能等数字技术的发展，某些含有“隐性”信用特征的数据（如互联网数据）成为信用数据的主要来源之一。发现隐

---

① 天津市社会信用条例. 信用中国（天津红桥），2021-08-23.

② 征信业务管理办法. 中华人民共和国中央人民政府，2021-09-27.

性信用数据与显性数据间的关联性，挖掘隐性信用数据潜藏价值成为数字信用体系构建的重要任务之一。

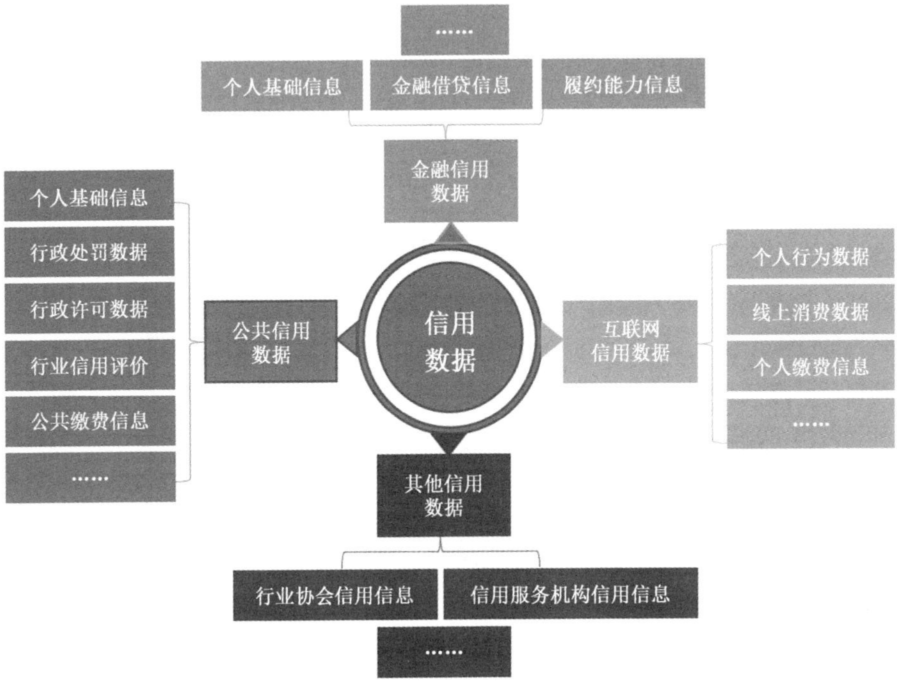

图 2-6　信用数据的主要来源

3）信用平台建设

信用信息共享平台是社会信用体系建设的基础平台，为数字信用体系与生态建设提供必要技术支撑。当前，我国正在全国范围内推行统一社会信用代码制度，通过为各类信用主体赋予兼具统一性和唯一性的身份识别码，逐步打造信用建设“全国一张网”。随着统一社会信用代码转换率的不断提升，其已经成为我国收集和记录各类信用主体信用行为数据的纵向底层架构。[①]在实施社会信用代码的基础上，目前我国已经基本形成“3+X”信用平台建设体系（见图 2-7），“3”即中国人民银行牵头推动的全国征信系统平台、国家发展改革委牵头推动

① 张欣．算法行政的架构原理、本质特征与法治化路径：兼论《个人信息保护法（草案）》．经贸法律评论，2021(1):21-35.

的全国公共信用信息平台，以及市场监管总局牵头推动的全国企业信用信息公示平台；“X”指相关行政部门聚焦本行业领域发展，根据业务需求对业务系统加以改造建立多个信用相关的平台系统，例如，海关企业进出口信用信息公示平台、网上执法平台、公共资源交易平台等。这些平台依法汇集各类信用信息，发挥信用信息互联互通的作用，实现信用信息跨部门、跨领域、跨区域的共享共用。

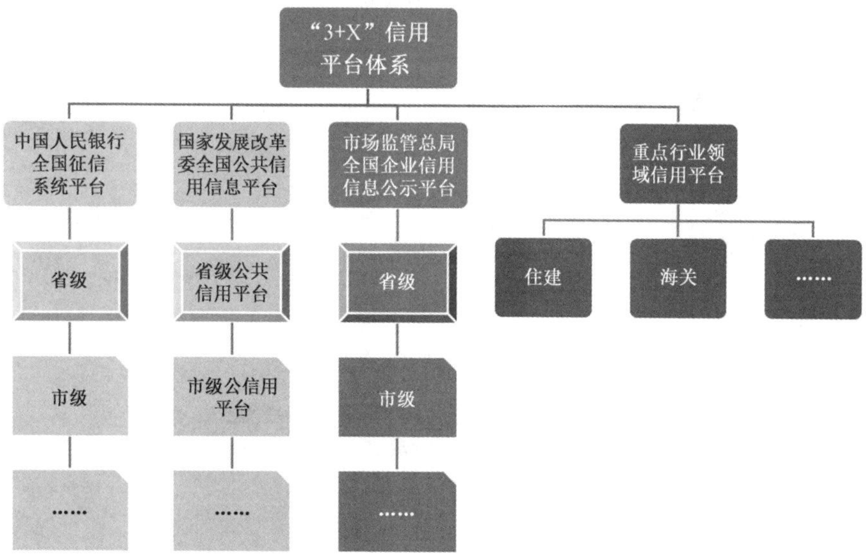

图 2-7 “3+X”信用平台建设体系

2. 以数增信

数字技术在信用领域中的广泛渗透与深度应用，有助于增强拓展信用功能、改善信用关系、拓展创新信用应用与服务，并在此基础上逐步实现对社会信任关系及信用体系的变革与重塑。数字技术作用下的信用信息开放共享程度明显提升，人与人、人与社会之间的信任关系得以增强，信用功能体系中社会功能的价值作用更加凸显。数字信用的可量化特性使得各类信用主体可以基于信用状况、信用风险等的精准评估采取有效的增信措施，以此补齐信用短板。数字技术推动信用联合奖惩机制不断完善，信用在规范社会关系、提高资源配置效率、降低制度性交易成本、防范化解风险等方面的作用越发突显。

1）以数字技术重塑“信用关系”

数字技术影响下的信用功能此消彼长。信用发展至今已经具有越来越丰富的功能，金融功能、经济功能和社会功能是信用功能的主要体现。长期以来，信用在经济生活与金融领域中发挥着资金流通、交易中介、要素与资源配置调节等积极作用，进入数字社会，在数字技术的保驾护航下，信用所具有的上述功能有的可能会增强，有的则可能会弱化，功能的变化必然会对信用关系带来影响。例如，数字社会信用信息公开透明及共享程度的提升，会使信用在资金流通、资金筹集等环节中扮演的中介功能有所弱化，尤其是在某些特定领域，随着信息不对称问题的解决，原有的信用中介功能及与之对应的职业会消失。但与此同时，信用的社会功能却体现得更加充分，且在原有社会道德规范约束的基础上新增了信用治理、信用监管等社会功能。多元化信用数据来源在扩大信用数据体量规模的同时，也大大丰富了信用数据评价维度。金融机构、政府部门等基于海量且多维信用数据的关联分析能够穿透发现更多隐性信用行为和潜在信用风险。

以数字技术开展信用联合奖惩。信用联合奖惩是以信用技术创新信用服务、拓展信用功能的具体体现。信用联合奖惩机制的不断完善将使传统信用体系下的某些“信用漏洞”无处可藏，联合惩戒将使信用主体失信成本增加，信用主体更愿意选择“守信”，当越来越多信用主体趋于自我守信时，整个社会的信用水平将明显提升且人与人之间、人与社会间的信任关系将变得更加稳固。数字技术的发展使得信用联合奖惩机制由概念性提法转向实践操作，只有当信用信息公开共享达到一定程度时，所谓的联合奖惩才能真正落地。数字技术的蓬勃发展使得信用信息可以实现跨部门、跨平台、跨系统对接推送，例如，现阶段政府部门依托全国信用信息共享平台实现跨部门、跨层级信用红黑名单共享，各级各类行政部门可以基于这些信用红黑名单对信用主体开展联合奖惩。

以数字技术量化信用状况与风险。与传统信用的“抽象化”相比，数字时代的信用更加“具象化”，信用可以量化为一串串数字。传统信用主要依赖于人们的口口相传，但进入数字社会，信用可以通过运用数字技术手段进行量化。一方面，金融机构、政府部门等可以基于不断优化的信用评价模型动态了解、精准评估各类信用主体信用状况，信用主体在了解自身信用状况的基础上通过改变自身行为活动实现增信。另一方面，金融机构、政府部门等在信贷服务及行业监管过程中不可能通过对信用风险的有效控制达到增信的目的。

2）以数字技术补齐“信用短板”

数字信用体系下，可以利用数字技术手段弥补解决传统信用服务半径短、覆盖用户范围有限等“信用短板”。传统信用模式下，为了更好控制信用风险，信用服务半径及主体相对有限，这在金融信贷方面表现尤为明显，“信用白户”、中小初创企业等长尾用户很难享受到信用产品与服务带来的红利。数字信用体系下可以利用大数据、人工智能等数字技术对潜藏在海量数据背后的信用关系做关联分析和深度挖掘，及时发现隐性线索以提升信用风险联防联控能力，为更多长尾用户提供信用服务。此外，数字信用是现实社会与数字社会下“信用”及其影响因子的叠加，较之传统社会的“信用”构成与评价维度更加复杂，既涵盖现实社会中的身份信息，也涉及虚拟世界中的数字身份信息，包括线上行为数据等。对于数字信用而言，数据维度越丰富、数据越可信越准确，信用算法模型越精准，信用评价结果越可靠。在信用可评价、可测度的基础上，一方面，金融机构及政府部门等信用服务供给者可以针对信用体系中的短板优化信用供给；另一方面，信用主体可以根据自身信用状况“短板”进行增信，通过信用供需共同发力实现全面增信。

3）以数字技术增强“信任机制”

进入数字文明时代，大数据及区块链等新一代数字技术的蓬勃发展及广泛深入应用，正在加速数字信任这一全新信任机制的构建。数字社会下，传统的诚信文化及契约规则仍将继续存在并被遵循，唯一的不同是，在人际信任、制度信任关系的基础上新增了一种以算法、系统、平台等技术手段为内核的数字信任关系，逐渐形成一个基于“人际—制度—数字”三元信任关系的全新信任机制。尽管在某些特定领域或场景中，传统的人际、制度等信用关系可能会被数字信用取代，但这并不代表传统信任机制完全失效。事实上，基于区块链等数字技术的数字信任其本质在于增强信任关系而非失去信任，通过数字信任可以建立打破时空、地域及身份等因素的限制建立起更加宽泛的信任关系，不但有助于契约关系的建立与维系，而且还可以推动诚信理念更加深入人心。①

3. 以数治信

良好信用的形成需要长时间的积累，趋利主义影响下会为了谋取短期利益最大化以牺牲自身信用为代价，这就需要进行“信用治理”。以数治信的根本目

---

① 李礼辉，周轩千. 五大举措构建数字社会信任机制. 上海金融报，2018-12-25(A14).

的是利用数字化技术手段重塑信用流程与机制，有效破解信用信息不对称、信用碎片化、信用监管割裂及信用治理工具有限等难题。

1）以数字信用治理“信用信息不对称”问题

信用信息不对称是国内外信用体系建设面临的共性问题，信用信息不对称带来的“逆向选择”和“道德风险”等问题在金融信贷、公共服务供给等过程广泛存在。进入数字社会后，新型信用治理机制缺失导致的信用失灵和信用信息不对称等问题进一步加剧了电信诈骗、P2P 非法网贷等问题的发生。数字信用体系的建设将加速以数字化为特征的新型信用治理机制的形成，依托数字技术实现对信用关系、信用流程的重塑再造，例如，通过全国信用信息平台建设打破信用孤岛真正实现全国信用一张网。随着信用信息的广泛共享及深度应用，有效“破解信任甄别机制缺失问题、信息不对称问题及交易主体的机会主义行为”。具有典型“去中心化”特征的数字信用可以较大程度缓解传统信用体系中由于信用信息不对称而导致的“信用垄断”。数字社会每个人都是数据源、信用源，数字信用生态体系的形成有赖于个人、企业、金融机构及政府部门等多元化信用主体的共同参与，不同信用主体凭借其所掌握的信用数据会成为数字信用生态体系中的节点。各信用主体可以根据自己的意愿利用区块链技术将自己所掌握的关键数据上链并形成独属于自己的私钥，区块链技术的特性决定了这些数据是不可篡改且可追溯的，“去中心化”的信用结构得以实现。

2）以数字信用破解“信用碎片化”问题

信用数字化的逻辑本质就是运用数字化技术将碎片化分布的信用数据串成线、连成面、织成网，构建跨部门、跨层级、跨领域的信用系统融合、数据共享机制，打通各类信用系统的数据烟囱和信息孤岛。当人类社会真正步入“数据即信用”的数字社会后，信用数据来源将变得更加庞大而复杂。从信用数据的分布和掌握情况来看，银行等金融征信服务机构虽然掌握了相当数量的信用数据，但这些数据以信贷业务数据为主，基础信用数据相对有限。政府部门是基础信用数据最核心的拥有者，相关研究表明，“对企业而言，56%的征信数据掌握在政府系统，对公民而言，70%的征信数据掌握在政府系统”。[①]尽管近年来我国从国家层面到各级地方都在加快推动信用信息共享，但由于信用信息分散在不同信用主体手中，导致信用碎片化问题突出。政务纵向业务应用系统互不连通，部门自建物理隔离的专网系统和数据中心难以互通，导致政府部门无

① 刘淑春. 信用数字化逻辑、路径与融合. 中国行政管理，2020(6): 65-72.

法打破行政层级、行业领域与部门业务限制实现信用信息全链条、协同式共享共用。再加上地区之间、部门之间信用建设技术路线不统一、信用数据接口标准不统一、信用数据格式不统一，出现大大小小的“业务孤岛、数据孤岛、系统孤岛、信用孤岛”。

3）以数字信用破解“信用监管割裂”难题

在实践应用中，受历史因素、观念认知及技术手段问题影响，使得以信用为基础的监管模式面临着因纵向层级割裂、横向部门割裂、时间先后割裂等带来的信用监管“条块化”“监管链”断链风险等诸多问题。横向部门信用割裂是导致当前信用监管“条块化”的主要原因，不同行政部门在信用监管过程中仍存在“一亩三分地”思想，住建、金融等重点行业领域较早开始探索基于信用评价开展信用监管，但不同行业领域评价体系存在明显差异，评价结果难以互认。纵向层级割裂是导致信用监管“断链化”的重要因素。一方面，基层政府部门信用监管认识不到位，信用信息基础平台支撑不足，信用信息归集能力薄弱等问题的存在使得信用监管在垂直上面临着断链风险。另一方面，随着信用监管应用领域及范围的不断深入拓展，使得信用监管在实际应用中面临监管负荷过重、监管资源不足等问题制约，进一步加剧信用监管断链风险。数字信用体系与生态的建设将推动信用体系建设朝着标准化、共享化、智能化转变，不同部门与层级间的信用平台与系统基于统一技术标准实现自动对接，随着信用信息共享程度的不断提升、信用评价结果互认互通范围的扩大、信用报告应用场景的丰富统一，信用监管割裂问题得到有效治理。

4）以数字信用丰富信用治理工具与手段

随着以信用为基础的新型监管机制在我国市场经济发展及社会城市治理中的深入应用，依托数字技术形成的信用智能模型、信用监管指数等已经成为当前监管模式创新的重要工具与手段，与传统治理手段相比具有动态化、智能化特征。这些信用监管与信用治理的工具手段多以大数据和人工智能技术为支撑，依托各类信用信息平台对来源广泛的信用信息进行智能化加工处理，进而形成信用指数、信用评级等信用产品与服务，基于这些产品与服务可以开展动态精准的信用分类分级监管。从现实情况来看，数字技术驱动下的新型信用治理工具与手段无论是在国家层面，还是在地方和行业监管层面都有着较广泛的应用空间，这些治理工具与手段不但具有较强的客观性、整体性，其动态化采集还具有及时性、精细性和预测性特征，而且有助于监管机关实现全周期视角的分级分类监管。

第3章

基石：基于数字信用的典型应用场景

3.1 中国语境下的现代社会信用体系

“社会信用体系”的概念是在特定时代背景下提出的，王伟等学者认为我国社会信用体系建设是在“诚信建设滞后于物质财富丰富、制度建设丰硕形成鲜明对比”背景下提出的，这使得社会信用体系建设被赋予了较强的时代性和使命感。我国社会信用体系建设最早可以追溯至2000年前后，社会信用体系作为一个区别于征信体系的新概念被提出，此后十多年的时间里开始进入探索建设期，2014年印发的《社会信用体系建设规划纲要（2014—2020年）》成为我国社会信用体系建设的关键转折点，它进一步明确了社会信用体系在我国经济社会发展中的作用地位与战略意义。社会信用体系作为社会主义市场经济体制和社会治理体制的重要组成部分，既是规范市场发展、降低制度性交易成本、提升资源配置效率的重要手段，也是构建诚信社会、提升国家现代化治理能力的有力抓手。2022年，我国将社会信用体系建设置于新发展格局这一国家整体战略布局要求之下，要求推进社会信用体系建设高质量发展，在赋予社会信用体系更高战略意义的同时也对其提出了更高要求，高质量发展将成为今后一段时期内我国社会信用体系建设的总基调与总指引。

3.1.1 社会信用体系的内涵与内容构成

信用作为人们在经济社会交往中形成的信任关系，同时存在于经济与社会两种活动中。传统西方社会所说的征信体系更侧重于经济活动中的信用建设，即以商务诚信为核心，而对于社会活动中的信用建设则重视程度不够。我国社会信用体系建设是一个包括“政务诚信、商务诚信、社会诚信和司法公信”四大重点领域，涵盖“经济交易信用体系和社会诚信体系”两个子体系的广义社会信用体系，与传统西方社会以商务诚信为核心的征信体系有着本质的区别。社会信用体系涵盖内容更为丰富、涉及领域更为全面，具有“大规模、全局性和公有化特征”。社会信用体系内容构成的丰富性赋予了社会信用体系更强的战略意义与工具属性，强化了社会信用体系在国民经济社会发展中的全新价值作用。政务诚信、商务诚信、社会诚信和司法公信四大构成内容在社会信用体系中发挥的作用各有不同。其中，政务诚信是关键，商务诚信是重点，社会诚信是基础，司法诚信是底线。

3.1.2 充分认识社会信用体系的治理属性

当前我国社会信用体系是在传统信用的资产属性基础上建立的，其作为治理工具的属性被人们所逐渐认识并形成共识，不仅为数字社会的发展和社会治理模式的创新提供了思路，而且为国家治理体系和治理能力现代化贡献了力量。社会信用体系作为治理工具的基本逻辑在于，通过信用体系建设可以增强社会个体间的互信，当信任成为一种社会共识时不但有助于维系社会的稳定，同时还可以成为推动社会实现共治的重要工具。有学者从治理视角对社会信用体系做了全新的阐释与界定，如国内学者虞青松认为，我国社会信用体系象征着一种新的数字治理形式，是一种**以信用数据为基础、由算法驱动的全新治理范式**，是利用大数据、数据分析、人工智能和机器学习的可能性，围绕算法开发数据驱动的综合管理结构，为法律、经济、社会和其他行为产生实时奖惩基准的自律化治理模式，这种治理模式与趋势具有必然性、全球性。①

信用的治理属性与其丰富的内涵有着密不可分的关系。信用的内涵具体表现为三个层面（见图 3-1)：①道德层面，信用是基础性的道德原则，是一种社会活动复杂性简化机制；②市场层面，信用指在人格偿付承诺予以信任的基础上，无须即时承付就可以实现的交换；③法律层面，信用的法律规则明确了契约必须得到兑付，违反承诺将承担相应的法律后果。信用的这三个层面的内涵与价值恰恰是其社会治理工具属性的来源。信用的道德内涵成为其作为现代政府及社会柔性治理手段与工具的重要来源，基于数字信用的社会善治、多中心治理等新型治理模式是信用道德内涵的延伸与丰富。信用的经济内涵体现为，信用是良好、成熟市场经济发展所必须具备的重要机制，对于构建优质的营商环境和稳定的市场秩序具有重大意义。数字经济的发展及数字资产的交易均

① 虞青松. 算法行政：社会信用体系治理范式及其法治化. 法学论坛，2020, 35(2):36-49.

离不开信用，特别是数字信用。信用的法律内涵体现为，信用是以契约为基础形成的强制性约束。信用监管把信用治理上升至制度性约束，使其治理功能更加明确。

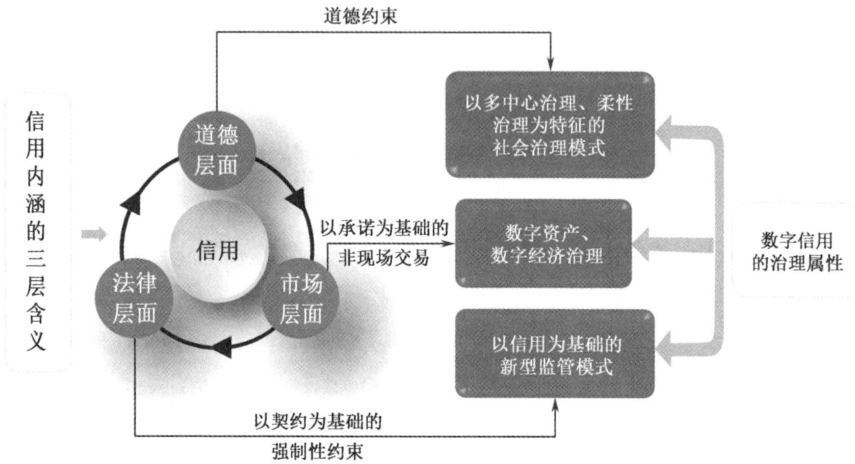

图 3-1　信用内涵的三层含义

社会信用体系的治理属性在制度上亦有迹可循，其既是我国制度优势的具体表现，也有特定的制度做支撑。《社会信用体系建设规划纲要（2014—2020 年）》提出，社会信用体系是社会主义市场经济体制和社会治理体制的重要组成部分，明确了社会信用体系同时具备“资产属性”与“治理属性”两个属性。社会信用体系丰富的内涵，既有助于继续发挥信用在经济领域降低制度性交易成本、提升市场资源配置效率的“治理”作用，也有助于将信用引入社会治理、政府监管与服务等实践中，深入挖掘其在社会治理中的功效与应用价值。

3.1.3　建立以信用为基础的新型监管机制

建立以信用为基础的新型监管机制，既是我国监管机制创新和政府职能转变的重要体现，也是社会信用体系治理工具属性的具体体现及实践应用，是监管机制创新和政府职能转变的重要体现。信用监管与传统监管机制在监管理念、监管策略、监管手段等多个方面有着区别。在监管理念方面，信用监管强调对数字技术的创新应用，信用监管通过加强信用信息共享、丰富平台功能，将信用嵌入监管全流程，实现全流程监管、精准监管、高效监管、联合监管。在监管策略与监管手段方面，信用大数据的发展进一步加速了以数据为基础的技术驱动型信用监管机制的落地，同时也满足了数字社会发展与治理对信用体系建设提出的新要求。基于信用大数据的监管具有智能化、高效化、精准化等特点，监管手段更加智能化，监管效能更高，监管风险定位更准。

3.1.4 建立健全统一的社会信用制度

统一的社会信用制度是社会信用体系建设的基础，是建立统一市场基础制度规则的重要组成部分，只有建立统一的社会信用制度才能破解信用碎片、信用割裂等问题。统一的社会信用制度建设，既涉及信用信息网络与技术标准等的统一，也涉及信用监管边界与手段等的统一。未来统一的社会信用制度必然建立在以信用信息为核心要素的数字信用生态体系基础之上，这一建设逻辑与理念在国家相关政策文件中也有具体体现。2022 年年初印发的《中共中央办公厅、国务院办公厅关于推进社会信用体系建设高质量发展促进形成新发展格局的意见》要求“编制全国统一的公共信用信息基础目录和失信惩戒措施基础清单”。2022 年 3 月印发的《中共中央国务院关于加快建设全国统一大市场的意见》明确提出“健全统一的社会信用制度”，要求在统一的社会信用制度框架下加快推动统一信用信息网络、统一信用信息目录与统一信用信息标准的建设。由此可见，信用信息的“三统一”在统一社会信用制度构建过程中起着至关重要的作用。

综上所述，自 2000 年正式提出“社会信用体系”概念以来，经过二十多年的发展，我国创造性地走出了一条具有中国特色的社会信用体系建设之路。社会信用体系的建设是个循序渐进的过程，其建设内容、建设重点等会随着时代的变化不断调整优化。进入数字社会后，社会信用体系建设中的技术基因与数字化底色不断增强。以信用信息为基础的数字信用体系，为我国社会信用体系高质量发展、统一社会信用制度建设提供了重要技术条件与支撑依托，既是加速推动我国社会信用体系数字化转型的客观要求，也是推动我国社会信用体系实现高质量发展的重要议题与有力举措，其建设要根植于我国社会信用体系建设的大框架、大背景。

3.2 数字信用精准描绘信用画像

利用数字技术手段，广泛收集信用数据，并精准绘制各类信用主体的信用画像，这是数字信用最基础也是最有价值的应用场景，其他应用场景大多由信用画像衍生而来。通过信用画像的精准刻画，可以从庞杂的信用信息中凝练出关键标签信息，使信用主体特征从隐性转为显性。目前，基于信用大数据的信用画像功能在信用监管、信用服务等方面有着诸多新的应用，其已经成为以信用手段创新我国社会治理模式、提升社会治理能力的重要抓手。在信用实践中，根据信用主体类别的不同，信用画像主要涉及自然人、市场主体和政府部门三类信用画像。

3.2.1 自然人（个人）信用画像

“信，国之宝也。”在数字化时代，信用作为无形资产的资产属性不但没有消失反而更加重要，并从现实社会拓展到了虚拟空间，无论是对于真实的社会人还是对于虚拟的数字人，信用都将是社会个体最重要的无形资产。数字社会形态下的数字环境，打破了物理空间，创造了一个全新的虚拟时空，社会个体在原有社会人身份的基础上又新增了数字身份，如同传统社会中每个公民要践诺守信，数字社会下数字信用成为每个数字公民应当具备的“基本素养”。信用画像是对每个社会个体信用状况的生动展现。数字时代，以多维海量信用信息为基础的个人信用画像，在规范社会关系、降低交易成本、推动经济发展和提升社会治理能力等方面更具现实意义。

区别于此前的社会形态，数字社会在发展中逐步形成了以个人为基本单位的社会形态，农业社会和工业社会都是以群体为基本单位的社会形态，群体成员受约束较大，数字社会下对个体信用提出了更高的要求。短短几十年中，物联网、车联网、脑机接口、元宇宙、数字孪生、平行系统（世界）等数字技术创新成果和社会现象不断涌现，生成了全时空泛在的数字环境和数字生态。人们的行为越来越多地以在线的方式实现，个人信息或数据成为大数据和人工智能应用的“原料”，人也因此获得数字人这一全新的存在形态。随着以移动支付为代表的数字生活的到来，信息收集、存储、整合、传播及处理方式不断革新，特别是大数据与人工智能的结合，使这种革新更为彻底。大数据与人工智能通过人们在数字工作、生活空间中留下的点滴痕迹，能够在短时间内临摹出诸如职业、收入、喜好、年龄段等与实际人格相类似的特征。每个人都拥有自己的数字身份和数字人格。基于数字身份的“数字公民”在数字技术的加持下，演化出更加多元复杂的“数字人格”。“数字公民”是每个公民在数字世界中的副本，通过信息技术手段代表公民在数字世界中参与各类活动、行使各项权利、承担各种义务。“数字公民”是公民在大数据时代的画像和展示。在数字技术赋能下，基于公民日常生活消费、社交、工作等行为数据，可以更加精准地绘制其信用画像，多维度全景式展现公民的信用状况。

在实际应用中，个人信用画像主要通过信用分和信用勋章两种方式进行展现和实现。信用分的基本原理是，根据信用数据梳理出个人信用评价基本维度，并利用算法模型对不同目标个体的信用状况进行打分，通过对模型结果的反复验证，给每个目标个体赋予一定的信用分，通过这个分值可以客观、综合地反映个体的信用状况。信用勋章的基本原则是，针对目标个体在某个领域或某个方面信用行为的特征化表现，为其赋予一个类似标签的勋章称号。信用分便于对社会个体信用状况的量化，并可以根据信用分值的高低对目标个体进行分层分类，对于高分值的信用个体采取一定的奖励措施，对于低分值的信用个体实施相关的惩戒措施。信用勋章更侧重于对社会个体信用特征的定性描述，且以正面激励导向为主。自然人信用画像早期主要是基于征信数据来刻画，但近年来随着我国社会信用体系建设进程的加快和数字经济的蓬勃发展，一方面，基于公共信用数据的城市个人信用分开始出现并得到推广应用，杭州、天津、厦门等数十个城市陆续推出本地城市个人信用分，并围绕城市个人信用分推出信易购、信易游、信易行、信易医等多个惠民场景；另一方面，以阿里巴巴、京东、腾讯、拼多多等为代表的电商平台纷纷基于用户注册时的基础信息、浏览消费数据等推出了个人信用分，并基于个人信用分推出“先消费后付款”的消费新模式。二者最大的区别在于，城市个人信用分是典型的公共产品，是为市民提供更优质公共服务的重要载体。

与此同时，随着我国社会信用体系建设进程的加快，以个人信用体系为基础的信用经济日趋成熟，并释放出巨大的经济价值。依托个人行为轨迹、消费信贷、公共缴费等多维信用数据绘制的数字信用画像，较之传统个人信用画像更加智能精准。智能精准的个人信用画像有助于从供给端发力，更好地服务数字经济、信用经济。从供给端来看，金融机构可以基于智能精准的个人信用画像切实提升金融服务的普惠性，让更多长尾用户成为金融服务的受众者与受益者；政府部门可以基于智能精准的个人信用画像助力政府治理效能提升和助推政府职能转变，为社会公众提供更加便捷高效的公共服务；互联网平台企业可以基于智能精准的个人信用画像对个体消费者开展精准化营销，以更少的营销投入获得更高的收益回报。

案例：杭州“钱江分”，让诚信“价值连城”

——基于钱江分的杭州市民信用评价

城市个人信用分是推进城市个人诚信建设，打造信用城市的重要组成部分，也是直观展现市民诚实守信情况的有效载体。2018 年，杭州市依托杭州市公共信用信息平台和市民卡业务系统数据资源，委托杭州市民卡公司推进杭州城市个人信用分——“钱江分”项目建设。“钱江分”是在获得用户授权后，采集政务、经济、司法、生活、公益等各个领域的城市信用变化，并通过科学的统计综合评价模型计算得出用户的城市个人信用分。城市个人信用分的评估包括基本信息（身份特质）、遵纪守法、社会用信、商业用信、亲社会行为（城市贡献）五大维度。

“钱江分”项目主要聚焦于公共服务领域和民生重点领域，以城市个人信用分为驱动，把信用惠民便企红利向城市的各个层面进行延伸，让广大市民群众能够享受到守信践诺带来的便利和获得感。在杭州工作或生活且年满 18 周岁的市民，无论户籍归属，都可以拥有自己的城市个人信用分——“钱江分”。只要个人信用足够好，“钱江分”就会足够高，它可以助你在杭州享受到更加便利的生活，体验到更加优质的服务。相较于“芝麻分”等其他信用分，以“钱江分”为代表的城市个人信用分的分数设计侧重于公共服务领域和公益普惠领域，该应用的服务载体也多以政府官方渠道为主。目前，杭州市民可通过杭州办事服务 App、杭州市民卡 App 和信用杭州 App 查看本人“钱江分”分值。

截至 2021 年 9 月，“钱江分”已有超过 400 万人授权开通，累计查询使用人次突破 6000 万人次，已上线应用场景 30 余项，共 150 余项守信激励措施，涉及医疗卫生、交通出行、住房租赁、旅游生活、商业购物等公共服务及便民生活领域，创新了“信用+互联网+场景”的惠民应用模式，累计优惠额度超过 2.7 亿元。例如，基于“钱江分”推出的“信易医”服务，杭州市级医保参保居民，可根据自己的“钱江分”分值获得一定的信用就医额度，且在该信用额度内看病无须先付费（含住院预缴金），个人支付费用先行记账并扣减相应信用额度，通过自助机、手机等方式待全部就诊结束离院时或 48 小时内（就诊结束次日零时起计算）一次性完成支付，实现患者就诊时间平均缩短 2 小时。基于“钱江分”推出的“信易行”服务，用户可根据“钱江分”分值获得一定的信用停车额度。在贴心城管 App 开通“无感停车”功能，“钱江分”分值高于 580 的用户可享受信用支付，实现停车“先离场后付费”。基于“钱江分”推出的“信易游”服务，“钱江分”信用码为蓝码、绿码的用户可通过线下亮码，享受余杭、萧山、临安、富阳、建德、淳安、桐庐等区县 23 个景区门票折扣或免费，24 家酒店及民宿、6 家餐饮店和 5 个停车场共 73 项优惠措施。

3.2.2 市场主体（企业）信用画像

无论是从供给端还是从需求端来看，企业信用画像刻画的都是目前需求最迫切的信用应用。通过精准绘制企业信用画像，可以让企业的信用数据真正“变现”。对于政府部门而言，其可以基于企业信用画像对企业采取更加精准的监管手段与措施，全力促进优化以信用为基石的营商环境，为服务高质量发展提供有力支撑。对于信用状况良好的企业，减少抽查频次、提供行政服务“绿色通道”、增强评优评先机会等；对于信用状况较差的企业，增加抽查频次的同时酌情限制其在公共资源领域的投标等。对于企业而言，“信用画像”可以成为企业降低融资成本、畅通融资渠道的重要凭证，尤其是对于部分发展前景好、潜力大但经营规模小、有形抵押物少的企业来说，通过“信用画像”科学量化其信用资产价值更有现实意义。对于金融服务机构而言，精准的企业信用画像已经成为连接有服务能力金融机构与有融资贷款需求企业的关键纽带。例如，银行等金融服务机构，通过收集企业的信用数据构建企业信用画像，由此对有贷款需求且信用良好的企业按需授贷。企业信用画像指标维度示例如图 3-2 所示。

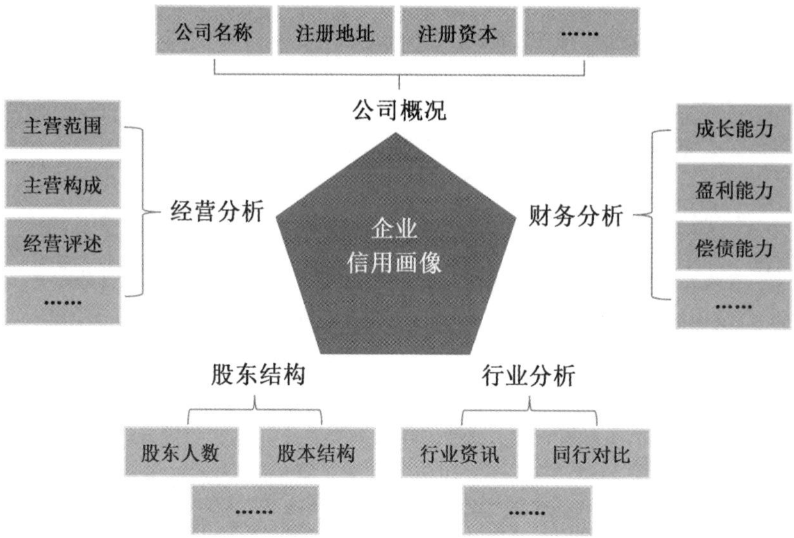

图 3-2 企业信用画像指标维度示例

企业信用画像的形成大致需要经历以下三个技术步骤：第一步是通过数据分析提取信用标签。信用标签提取创建的过程本质上是利用技术手段对庞杂多维、异构无序的信用数据进行“降维”，通过降维提炼出能够有效反映企业行为偏好、身份特征等的信用标签或标签集合。第二步是对信用状况进行量化分析。信用标签虽然可以为人们了解企业的信用状况提供参考依据，但缺乏量化的信用标签具体应用场景与应用价值均相对有限。为此，在信用标签的基础上引入量化算法模型对企业进行量化评价，成为企业信用画像刻画的关键。“新型信用评价以信用标签分类为基础，通过大数据深度挖掘等技术自动定义各标签权重，制定基于自动迭代和机器学习算法的信用标签指标权重的动态分配模型，得出基于信用标签和指标权重的企业信用评分。”[①]第三步是通过可视化技术将企业主体的信用标签、信用评价结果以更加直观有效的形式展现出来，为相关业务的开展提供决策参考。在数字信用体系下，企业信用画像精准度已经成为影响金融机构放贷意愿的关键因素，这是因为企业信用画像越精准，金融机构风控能力越强，放贷意愿越高，企业贷款越容易。

① 张毅. 基于区块链技术的新型社会信用体系. 人民论坛 · 学术前沿，2020(5):6-14.

3.2.3 政府部门信用画像

政务诚信作为我国社会信用体系建设的“牛鼻子”，既是提升政府公信力、打造“诚信政府”“高效政府”的内在要求，也是创新政企合作模式、构建新型政企互信关系的突破口，在整个社会信用体系建设中起着基础性、导向性、表率性作用。政府部门信用画像绘制是数字信用体系下政务诚信建设的重要内容，对于加速政府数字化转型、提升政府治理效能、创新政务服务模式等有着重要意义。绘制政府部门信用画像，主要是基于信用大数据，从多个维度，采用多级标签、多级分类的方法，对政府信用进行打分并绘制画像，并基于政府部门信用画像实现对政府信用状况的监测、评价和预警。

绘制政府部门信用画像，要以丰富的政务数据资源为基础，从多领域、多维度、多层级构建评价模型，综合反映出政府部门在依法行政、政务公开、勤政为民、守信践诺等方面的“信用画像”，实现对政府部门信用的数字化评价。通过对政府部门信用画像的挖掘与分析，有助于企业等市场主体了解地区和行业的诚信水平、营商环境、法治建设程度等综合情况，进而影响企业发展的空间布局，促进社会资本动起来、制度性交易成本降下来、经济社会发展活起来。例如，将政府部门的行政处罚、严重失信行为、荣誉奖励等作为评价指标，并将相关数据记录到信用档案和信用报告中，在开展招商引资、招标投标等与社会资本合作的事项中，能够让企业充分了解相关政府部门的信用状况，对于信用水平高的政府部门，能有效促进双方合作意愿的达成，对于信用水平低的政府部门，也能接受社会的监督，倒逼其不断提升工作人员的诚信素质、部门建设的综合信用水平和经济活动中的履约践诺能力。此外，相关监管部门能够以政府部门信用画像为基础，针对性地开展监督检查、抽查工作，倒逼政府部门规范履职，有效地把权力关进“数据铁笼”。①

在信用实践方面，部分省市积极推动政府诚信建设，探索政府部门信用画像在社会治理、政务服务等方面的创新应用。例如，辽宁省沈阳市在政务诚信建设中，通过建立地方评价标准促进政务诚信规范高效建设，且以基层政务诚信建设为抓手，探索开展街道（镇）政务诚信评价，指导帮助基层政府科学衡量自身诚信建设水平。2022 年 5 月，辽宁省沈阳市正式向社会公开发布《沈阳

① 刘叶婷，唐斯斯，梁明. 信用大数据的形成、应用价值与提升策略. 南方金融，2016(11):47-53.

市街道和乡镇政务诚信评价指标与规范》（DB 2101/T0047—2022），成为国内首个街道和乡镇政务诚信评价地方标准。《沈阳市街道和乡镇政务诚信评价指标与规范》构建了基本诚信素质、信用管理水平、履约践诺能力 3 个维度的政务诚信评价指标体系，下设 12 个二级指标、29 个三级指标（见图 3-3），充分反映街道和乡镇诚信素质及服务型政府建设情况、社会管理中的自身信用水平建设和信用工作执行情况、经济活动和政务活动中的履约践诺能力。

图 3-3 政府诚信评价指标体系

3.3 数字信用服务实体经济发展

在现代经济体系中，信用已经成为驱动资源实现跨主体交换和跨时空配置的内在因素。信用作为一种通过履行诺言而取得的信任，随着其在社会资源配置中发挥着越来越重要的作用，逐渐在社会信任关系的基础上附加越来越多的经济价值，进而由社会信用演化为经济信用，成为信用主体开展经济活动和获得经济利益的重要资本。信用的资本属性决定了其必须通过多种方式参与社会资源配置。数字信用体系下的信用资本属性得到进一步增强，承担着社会化金融基础设施的重任，成为破解中小型企业融资难、增强社会经济风险防范能力的重要手段。

3.3.1 数字信用是社会化的金融基础设施

习近平总书记指出，金融安全是国家安全的重要组成部分，是经济平稳健康发展的重要基础。数字信用生态体系是数字社会形态下社会化的金融基础设施，可直接影响到国家金融体系安全和社会公共利益。单个或少量信用主体产生的信用信息属于私人产品，但当信用信息规模达到一定量级时，以其为基础的信用信息平台及信用产品等将成为各级政府部门开展行政监管、社会治理、公共服务等的主要工具与手段。由此形成的数字信用生态体系具有较强的公共属性，由最初的“非公共产品”转变为“准公共产品”，其产品属性发生了根本转变。随着数字信用生态体系的不断完善，其在服务实体经济中的作用日益凸显。数字信用作为社会化金融的基础设施，其基础设施的功能作用主要表现在以下 3 个方面。

1. 数字信用夯实金融科技创新基础

金融自诞生之日起，就以为实体经济服务为根本。进入数字经济时代后，以金融科技创新服务实体经济，既是现代金融体系建设的内在要求，也是推动我国经济实现高质量发展的基本前提。金融科技本质上是一种技术驱动的金融创新活动，数字信用体系可以利用底层技术为现代金融科技创新提供技术支撑。云计算和大数据技术的应用，拓展丰富了信用数据来源与规模，区块链技术保证了信用数据的真实有效性，人工智能技术增强了信用算法模型的可信度与有效性。在大数据、区块链、人工智能等技术的驱动下，建立在网络可信、数据可信、算法可信和平台可信四个基本要素基础上的数字信用体系从技术维度上进一步夯实金融科技。

2. 数字信用稳定产业链、供应链发展

数字信用服务产业链、供应链，通过增强信用供给破解产业链、供应链中信息不对称导致的不信任问题。依托数字信用体系建立良好的行业数字生态，打通产业链之间因信息不对称带来的不信任问题。推动企业信用信息链上化，且基于信用信息丰富企业信用标签与画像，为企业提供以信用为基础的金融撮合平台与产品服务，提升企业信用贷款获得性。通过信用数据对行业或企业失信情况进行全面、细致分析，综合评估行业或企业信用风险，并根据信用评价结果，为守信企业提供丰富多元的信用担保产品与服务。数字信用凭证融资模式就是近年来“数字信用+供应链服务”业务融合创新的具体体现。较长时期以来，银行等金融机构更倾向于向供应链上的一级供应商或其他核心企业提供保理融资服务，对于产业链中端、末端的其他企业尤其是中小型企业服务意愿不强。数字信用凭证融资模式由产业链上的一级供应商作为担保人，以其开具的数字信用凭证（如应收款数字凭证等）为链上企业进行背书，金融机构根据数字信用凭证为链上其他企业提供贷款服务。数字信用在供应链体系中的应用可见图 3-4。

3. 数字信用助推普惠金融蓬勃发展

数字信用生态体系的构建能够让金融服务惠及更多群体，提升金融服务供需两端匹配精准度，助力普惠金融发展。一方面，数字技术的广泛应用可以降低长尾群体信用信息获取成本。大数据、人工智能等数字技术与金融领域的深度融合，使得金融机构信用信息可获得能力得到较大提升，且信用信息来源渠道进一步得到拓宽；另一方面，来源广泛的信用信息数据使得传统征信体系下的“信用白户”变得有信可查、有信可溯，金融机构可针对特定人群推出个性

化金融产品与服务，让金融服务真正惠及更多、更有需要的信用主体。例如，百行征信有限公司运用数字化手段探索创新征信服务的新模式，充分利用征信数据资源优势，深入挖掘支付、电商、运营商及设备等替代类数据价值，集中攻关，设计开发了“白户”征信服务平台，聚焦缺乏信贷记录的“白户”或“准白户”群体开展信用帮扶，满足其真实金融诉求。该平台集合了身份核验、反欺诈、智能标签和普惠评分等征信产品，覆盖“白户”信贷全生命周期，并可提供定制化服务。①

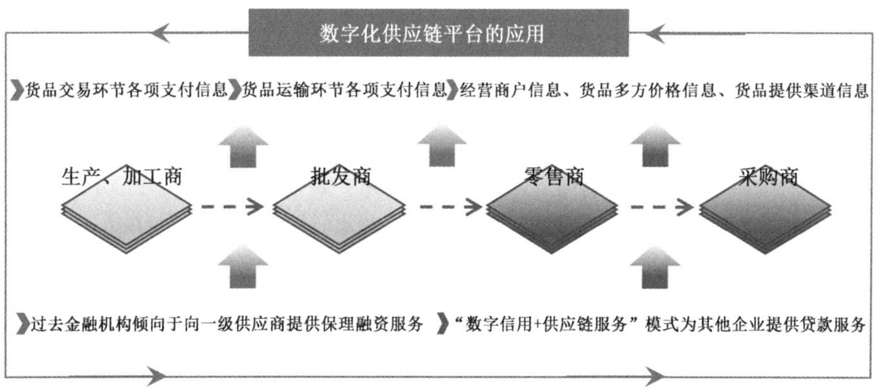

图 3-4　数字信用在供应链体系中的应用

3.3.2　数字信用破解中小企业融资难问题

中小微企业融资贷款难可谓世界性难题，全球多国都面临着如何平衡和激活中小微企业发展活力及有效防范中小微企业信贷风险关系的问题，中国也不例外。传统金融体系中，中小微企业作为国民经济发展的“毛细血管”，由于缺乏有效抵押资产等问题难以获得银行融资贷款，银企信息不对称也变相增加了企业的融资成本，成为当前制约我国中小微企业融资发展的重要因素。事实上，长时期以来困扰我国中小微企业发展的“三缺”问题没有从根源上解决，“缺信用、缺信息、缺抵押”直接影响到中小微企业获贷授信的能力。成立时间短、历史经营数据沉淀不足、业务数据管理不规范且不够公开透明等问题直接影响

① 产品调用量突破 1.7 亿笔！百行征信发布《中国信用白户调研报告》. 人民资讯，2021-05-23.

到小微企业的信用状况，再加上经营规模有限导致的实体抵押物不足，多个因素综合作用下导致中小微企业在融资方面面临门槛高、供需不匹配等发展困境。在此背景下，如何利用数字信用提升中小微企业信用评价服务供给能力、信用风险预警能力、信用产品与服务创新能力，是畅通国内大循环、扩大国内市场需求的重要议题。数字信用体系下，信用信息来源的广泛性和可获得性有效地解决了中小微企业“缺信用”“缺信息”两大问题，金融服务机构利用大数据技术可以实现对企业历史数据、关联数据等的深入分析挖掘，通过数据分析不但能充分了解企业经营现状，而且还可以对企业及其所在行业未来发展前景作出科学研判，基于此作出放贷授信决策。在这个过程中，可信的企业数据与企业信用状况在一定程度上替代了实体抵押物，“缺抵押”的问题也迎刃而解。

1. 以信用信息共享，破解中小微企业融资难问题

加快信用信息共享是数字信用体系建设的首要任务，且已经成为当下我国破解中小微企业融资难问题的重要举措。2021 年印发的《加强信用信息共享应用促进中小微企业融资实施方案》（国办发〔2021〕52 号）对于目前中小微企业融资业务最急需的信用信息共享类型与范围做了明确规定，要求各地加快推动包括纳税、社会保险费和住房公积金缴纳、进出口、水电气费等缴纳情况、不动产、知识产权、科技研发等 14 大类 37 项与企业信用状况相关的信息共享。与此同时，为打通信用信息共享通道和提供信用信息共享载体，国家应自上而下推动全国信用信息共享平台和全国中小微企业融资平台的建设，且以平台为载体、以信用信息为基础，通过加大数据共享、深化数据挖掘、创新数据应用等切实解决中小微企业缺乏有效抵押资产、银企信息不对称等突出问题。

2. 基于企业信用评价，创新中小微企业金融服务

以大数据为基础的企业信用评价是数字信用体系应用价值和技术优势的充分体现。金融机构基于企业信用评价可以推出更多金融服务与产品、拓展更多金融服务应用场景，从而为破解中小微企业融资难问题提供更加有效、更加多元的解决路径与手段。从金融服务与产品供给创新方面来看，金融服务机构通过整合自有信用数据与其他渠道企业信用数据（如公共信用数据、互联网行为数据等），对企业信用状况进行综合评价，对于信用良好的企业降低信贷门槛、简化信贷流程、提高授信额度。例如，可在没有任何抵押担保的前提下，为相

关企业提供纯信用贷款融资产品与服务。从金融服务应用场景的拓展来看，金融服务机构在将企业信用评价引入传统信贷服务、风险防控等应用场景的基础上，充分发挥数字信用特有的技术手段，拓展更多金融服务应用场景。此外，政府部门还可以通过企业信用评价实现对企业信用风险的量化评估与精准管制，提升金融机构增强服务中小微企业的信心。

3. 基于信用评价，优化企业培育扶持服务

基于信用评价为中小微企业提供更加精准化、个性化的公共服务措施，扶持特定类型市场主体、特定行业领域市场发展。政府可以在整合多个信源单位信用数据的基础上，形成更加智能精准的企业信用画像与信用评价结果，并基于企业信用画像与评价结果优化政府决策，转变政务服务模式，使政务服务模式由原来的“大水漫灌”转为“精准滴灌”，使政务服务更加聚焦。政府可对信用状况良好的企业在政策上给予倾斜，对信用状况整体不太理想的企业进行重点关注与治理，通过信用数据分析挖掘内在原因并采取有针对性的整改措施。例如，江苏昆山聚焦金融服务实体经济，发挥政府引导作用，以综合风险资金池为载体，强化信用数据挖掘利用，构建昆山市普惠金融中小微企业信用评分模型，为 10 万余家企业进行信用画像，建立 11 个评分等级，逐步解决信息不对称不充分问题，提升中小微企业增信融资能力。该评分模型打通整合昆山市超过 2 亿条信用数据，且在公共信用信息的基础上引入经营稳定性、行业景气指数、舆情分析模型等外部数据，利用大数据和人工智能技术实现企业及其法定代表人、股东、高管的数据穿透，建立多维度企业综合信用评价机制。该评分模型已在“小微贷”资金池开展试点，覆盖综合信用评价一般及以上的 4548 家小微企业。借助精准画像，昆山市“两无五有”（无抵押、无担保、有适销对路的产品及产品生产销售合同、有稳定的现金流、有健全的财务会计核算、有正常的纳税记录、有知识产权）的小微企业可完全以信用方式获得贷款。①

3.3.3 数字信用经济风险抵御能力增强

通过海量信用数据分析，可以从宏观、中观和微观多个层面洞察、预警经

① 江苏昆山：信用精准画像助力中小微企业增信融资. 搜狐网，2021-10-28.

济社会发展过程中潜在的信用风险。宏观层面，数字信用在为数字社会发展提供社会化金融基础设施的同时，其信用风险预警能力也较之传统信用有极大提升，一增一降使得数字信用经济风险抵御能力显著增强；中观层面，通过数字信用分析，可以洞察了解相关行业领域或城市发展过程中面临的信用风险、经营风险，对于高风险频发行业或易发生风险环节可进行重点监测、加强监管；微观层面，通过各类信用主体多维信用数据的综合分析，能够更加精准地预测其发生信用风险的概率，而对于存在信贷频次高、违约次数多、行政处罚频发或被列入黑名单等行为的主体应被列为重点关注对象。当微观、中观和宏观不同层次风险发生抵御能力得到系统提升后，我国经济系统性风险抵御能力将全面增强。

1. 数字信用增强系统性风险防范能力

以数字信用提升银行信贷风控能力。各级各类金融机构共同掌管着经济社会发展的“资金池”，一旦金融机构风控堤坝出现漏洞，必然会加大系统性信贷风险发生的可能性。对于金融机构而言，如何规避预防系统性信贷风险是其业务开展过程中所要考虑的重要内容，较之传统的风控模式，以数字信用为基础的风控模式能够更加精准地识别、预警、防范信用风险的发生，尤其是在多头申请监测、共债预警能力等方面有着独特优势。以数字信用为基础的风控模式依托多维海量信用数据，能够更加精准地刻画信用主体画像，并通过对风控模型进行反复验证与优化，使模型精准度显著提升。数字信用体系下信用信息共享程度大幅提升，金融机构可以通过对内外部信用数据的充分收集，整理形成范围最广、覆盖环节最全面的宽表，并根据业务发展需要在宽表下细分信用评级、系统风险、投资关系等主题，基于这些数据资源开发设计更加精细化的风险计量模型，以此实现对信用风险的精细化评估与控制。当然，普惠金融服务范围扩大的同时，银行信贷风险也有所增加。金融监管部门及银行本身需要借助信息化技术手段，发挥数字信用平台及信用大数据等技术优势，增强信贷风控能力。行业监管部门通过对数字信用技术的创新应用，可以加强对金融机构业务开展的监管，通过监管引导金融机构合规开展业务，以此降低银行信贷风险。

以数字信用化解中小微企业融资难引发的违约风险。互联网金融模式下，原本在传统金融模式下难以获得信用贷款等金融服务的中小微企业可以通过互联网金融渠道获得相关金融服务，这使得金融普惠性得到充分提升。但与此同时，也不能忽略中小微企业外部风险抵御能力差、信用意识薄弱等问题引发的违约风险。尤其是在当前全球经济整体下行的大背景下，经济社会发展面临的不确定性风险有所增加，对于原本就面临较高融资门槛的中小微企业而言，外部环境带来的不确定性风险进一步放大，有相当数量有发展前景的中小微企业由于受到外部因素的影响导致资金链断裂，从而导致企业破产难以偿还已有贷款，持续频繁发生的企业违约风险必然会传导到整个产业链，在影响整个行业健康发展的同时，还有可能带来更严重的连锁反应，诱发系统性金融风险的发生。数字信用可以在精准预防和拓宽融资渠道等方面发挥优势，以此化解中小微企业因为融资难而引起的违约风险。一方面，数字信用体系下通过精准的信用评价模型、风控模型等可以对中小微企业进行精准分类。例如，对于有经营能力且发展前景较好但短期面临资金难的企业，银行可以通过提供无息贷款等方式帮助其暂时渡过难关，但对于经营能力低下且行业前景一般的企业可适当放宽还款期限但不再追加授信额度。另一方面，部分互联网金融机构可以通过对数字信用技术的创新应用，推出更多数字普惠金融平台与产品，为中小微企业提供更加多元化的融资渠道与选择。

2. 数字信用增强贸易风险抵御能力

在当前全球商业信用体系飞速发展的背景下，贸易融资模式、结算方式也在逐渐发生转变，特别是信用贸易占比的不断增加，在对从业企业交易风险把控能力提出较大挑战、较高要求的同时，也使我国国际贸易面临的不确定风险增加。如何通过对数字信用技术、数字信用产品与服务的创新应用增强我国国际贸易风险抵御能力，是数字经济社会数字信用体系建设及推动国际贸易高质量发展需要重点关注的内容。信用贸易在全球贸易体系中占据着重要地位，随着全球一体化进程的加速及现代交易风险管理体系、商业诚信体系的不断成熟，信用贸易在全球贸易交易结算中的比例逐年增高。这种变化具体体现在以下方面：一是国际贸易结算过程中所使用的支付方式发生明显变化，信用赊销取代信用证成为最主要的支付方式；二是个人消费领域中信用支付方式的占比快速攀升。互联网技术的蓬勃发展及广泛渗透使得移动支付普及率不断提升，移动支付不受时空限制的特性使得其较之传统现金支付更加高效便捷，让其成为越来越多消费者的选择，并成为个人消费领域的主流支付方式。

在此背景下，以京东白条、蚂蚁花呗等为代表的移动信用支付工具应运而生。庞大的移动支付用户规模、丰富的支付场景等使得移动信用支付迅猛发展，并驱动中国移动信用支付系统在世界范围内处于较领先地位。[①]信用支付方式的变化离不开数字信用体系的有力支撑。数字信任为以信用为商品形态的信用贸易提供了从技术到业务的支持。在以区块链等数字技术为基础的数字信任关系下，跨国跨区域信用贸易过程中产生的交易记录与携带的信用信息能够被翔实记录且不可篡改，保证了信用支付交易信息的真实有效性。同时，数字信用关系下的信用贸易记录是可追溯的，若实际交易中出现问题能够及时定位跟踪到问题环节，有助于提高问题解决的效率。

3. 区块链提升供应链金融信用穿透力

同一产业链上的不同企业在经营规模、功能作用、产品形态等方面存在较大差异，这使得其获贷能力也存在明显区别。处于产业链上的核心企业更容易获得金融机构提供的贷款，但处于产业链上下游的一些供货商、零售商等获贷能力明显较低，部分上下游企业由于无法获得必要资金出现产品断供进而影响到整个供应链的良好运转。供应链金融是现代金融体系发展过程中为了实现供应链核心企业与上下游企业“盈利共享、风险共担”而推出的一种新型金融服务，尤其是对于某些供应链关联度较大的行业来说，供应链金融作用更加显著。从供应链金融的本质来看，它是由产业链接上的核心企业为上下游企业做担保从而让后者能够从金融机构获得相应贷款，从某种程度上而言，前者为后者的“信用”背书。这是因为处于上下游的部分中小微企业其信用状况、资产真实性核实成本高。交易真实性是供应链金融的关键所在，但如何确保交易过程、交易信息的真实性难度很大。

数字信用生态下，依托区块链等数字技术可以对整个供应链上的各级各类企业的信用状况有更加翔实、全面的了解，在对供应链金融体系实现多层级信用穿透的基础上，有效解决链上非核心企业融资难、融资本成高的问题。基于数字信用，提升供应链金融体系风险防控能力的作用集中体现在以下方面：首先是基于数字信用对核心企业信用凭证进行确权，主要是利用区块链接技术完成对企业整个票据真实有效性的核对与确认；其次是基于数字信用对核心企业出具的债权凭证流转过程进行验证，以确保凭证的真实性；最后是供应链上的非核心企业根据需要对核心企业信用进行“流转、分拆和融资”，以信用打通供应链，使供应链金融服务覆盖长尾中小企业，从根本解决供应链上非核心企业

---

① 韩家平. 数字时代的交易模式与信用体系. 首都师范大学学报（社会科学版），2020(4):59-66.

面临的融资难问题。[①]在供应链信用体系下，依托数字技术手段可以将核心企业的信用（如票据、授信额度或应付款项确权等）转化为数字权证，利用智能合约可以让信用在整个供应链中进行传递，进而实现提升数字权证履约效率及交易成功率、降低违约带来的信用风险的目的。更为关键的一点是，当数字权证能够在链上被锚定后，通过智能合约还可以实现对上下游企业资金的拆分和流转，从而极大地提高资金的转速，解决中小企业融资难、融资贵的问题。

3.4 数字信用促进数字经济升级

纵观人类社会发展进程，每一次社会变革都伴随着技术工具及手段的巨变。在某些特定的历史阶段，手段的巨变甚至是驱动社会变革的关键动力。在数字文明时代，数字技术的蓬勃发展与广泛渗透正在加速推动整个人类社会的数字化转型。数字经济作为人类社会数字化转型生态系统的核心内容，正在成为重组全球要素资源、重塑全球经济结构、改变全球竞争格局的关键力量，已经成为今后及未来较长一段时期内大国竞争博弈的焦点。我国当前正在由数字经济大国向数字经济强国转变，这个过程需要全新的信用机制做支撑，数字信用作为数字社会的重要基石和数字时代社会信用体系的重要构成内容，在推动数字经济创新发展、高质量发展方面起着至关重要的作用，缺乏信用的数字经济难以实现可持续发展。

3.4.1 以数字信用构建数字交易诚信环境

1. 数字经济本质上是一种信用经济

信用在社会财富创造和经济增长中扮演着重要角色，在网络连接的数字社会中更是如此。数字经济的发展呈现出“双高”特征，即高度信息化与高度信

① 韩家平. 数字时代的交易模式与信用体系. 首都师范大学学报（社会科学版），2020(4):59-66.

用化。信息与信用是驱动数字经济发展的双动力。在数字经济发展前期，“信息化”的作用更为显著，但随着数字经济发展机制的不断成熟完善，信用尤其是数字信用在数字经济发展中的作用与日俱增。某种程度上而言，信用经济是数字经济的本质内涵与内在要求，一旦信用机制缺失或失灵，数字经济发展将难以为继。在数字经济时代，数字信用的经济功能将继续放大，数字经济带来的机遇不会在没有信用的情况下实现。

信用在维系社会稳定、推动经济发展等方面发挥着不可忽略的作用。当下社会，信用的工具属性不断增强，特别是随着信用承诺、信用公示、信用评价等信用手段在经济建设、社会治理、行业监管等方面发挥的积极应用，信用的工具属性不再局限于经济领域，而是开始向社会、政治等多个领域进行渗透延伸。信任是信用的基础，数字信任是数字信用的基础，只有当交易参与者对彼此形成信任关系并建立起较为规范的信任机制时，数字交易才具备了基本的交易环境。数字社会下，越来越多的交易活动通过网络进行，交易商品的虚拟化、交易活动的远程化、交易对象的匿名化对信用提出了更高要求，只有当数字交易处于一个更为诚信的环境中时，交易过程才能得到充分保障。交易商品的虚拟性、交易主体的匿名性、交易过程的不可见性及交易信息的不对称性等决定了数字交易离不开数字信任机制的保障和数字信用体系的支撑。

2. 数字信用降低数字经济交易成本

数字信用通过构建可信稳定的数字交易环境、引入高效精准的信用监管措施、强化公开透明的数字交易关系等使数字经济交易成本得到显著降低。以数字信任为逻辑起点的数字信用体系是打造数字可信社会的重要基石与底座，而数字可信社会又是数字经济交易安全稳定运行的客观环境，无论是从社会关系层面还是从技术维度来看，数字信用体系的不断完善都有助于数字经济交易成本的降低。在数字交易环境方面，进入数字社会，在数据技术的加持下数字信息覆盖范围更加广泛，人们获得信用信息的渠道更加多元，这使得人们对于信用信息的接受能力、认知能力都远远高于传统信用体系，高信用认知度下建立起来的信用关系更加稳定可靠。基于数字信用的信用监管更加精准高效，技术手段驱动下的信用监管可以更加精准地定位到数字经济交易过程中的高风险点，通过提前预警、提早介入干预使数字经济运行过程中潜在风险得到有效防范。

与此同时，信用数据跨行业、跨部门、跨层级的共享协同使得联合奖惩成为可能，强有力的信用监管为数字经济交易安全高效、低成本运行“保驾护航”。在数字信用关系方面，数字信用体系下数字经济交易主体的信用画像更加多维精准，对于任何一方交易主体而言，与之进行交易的交易对象诚信都变得可查询、可衡量，数字信用使能下的数字交易过程变得更加公开透明，交易过程透明度的提升必然会减少因信息不对称所带来的道德风险、逆向选择等信用风险发生的可能性，从而使数字交易成本有所降低。[①]

3. 数字信用制度引导平台合规发展

平台经济是数字经济的重要体现与构成，其发展与信用有着天然联系，这种联系使得数字信用制度在引导平台经济合规发展中具有独特优势。从商业模式来看，平台经济是以平台为中介撮合交易双方基于三方互信而形成的一种新交易模式，本质是基于平台可信而开展的数字交易行为。平台经济在发展之初，凭借其“数字特征”受到用户的普遍信任，人们认为机器、数字是客观公正的，不能被人进行操纵，这也是平台经济发展之初利用大数据、人工智能等技术开展精准营销、个性化服务等的主要原因。出于对平台的“数字信任”，人们认为其所提供的服务是“向善”的。

但随着平台经济竞争的加剧，以及人们对平台经济了解的持续深入，有关平台方在提供商品交易与服务过程中为了谋取自身利益最大化而在平台规则、模型算法等方面“做手脚”。这些问题导致人们对数字信任关系产生怀疑，使得“数字”绝对信任分崩离析。当自发的数字信任关系不再可信，就需要外部力量采取相应措施提升数字信任关系的可信度。2021 年年底，国家发展改革委等部门联合印发《关于推动平台经济规范健康持续发展的若干意见》（发改高技〔2021〕1872 号）文件，在健全制度规范、改进提高监管技术和手段等方面明确提及要充分发挥“信用”价值作用，要求通过信用公示增强对平台经济的信用约束与信用监管，建立互联网平台信息公示制度，增强平台经营透明度，强化信用约束和社会监督，加强和改进信用监管，强化平台经济领域严重违法失信名单管理。数字信用监管成为平台经济监管的重要内容与手段。

---

① 马艳，刘泽黎，王琳. 数字技术、数字信用制度及其共生性研究. 当代经济研究，2020(9):104-113.

3.4.2 以数字信用加速数据要素交易流通

党的十九届四中全会通过的《中共中央关于坚持和完善中国特色社会主义制度、推进国家治理体系和治理能力现代化若干重大问题的决定》中，首次将数据增列为生产要素，要求建立健全由市场评价贡献、按贡献决定报酬的机制。静态的数据要素其价值是有限的，动态流通的数据其价值会持续增大。只有通过交易流通，数据才会由最原始的数字字符串变为极具经济价值的数字资产，成为驱动数字社会发展的新型生产要素。数字信用体系从技术与制度两个层面为数据要素交易流通提供了环境保障、制度保障。

1. 数字信用为数据要素交易提供“技术+制度”的保障

数字信任机制是数据要素交易的核心机制，数字信用体系构建对于促进数据要素流通及治理数据要素市场失信行为有着至关重要的作用。信任机制缺失是制约当前数据要素流通的重要原因之一。数据要素的“不可见性”决定了交易双方对于信任有着更高的要求。在传统交易信任需求的基础上，数据要素交易对网络、数据、算法等的安全可靠性提出了更为严苛的要求。传统信用可以解决数据要素交易中经济维度的问题，但对交易中技术层面的“可信”需求难以做到完全信息对称，数字信用体系的建设在较大程度上弥补了传统信用机制的不足。数字信任机制下的算法共识、系统共识等是数据要素流通的底层技术支撑，数字信用体系中的信用制度、信用规则等是促进数据要素流通的制度保障，对数据要素流通过程中存在的失信行为具有规制作用。

2. 数字信用加速数据产业链与价值链构建

数字信用作为数字时代的社会化金融基础设施，为数据要素交易流通提供了从技术安全到制度规范等多个方面的保障，在加速数据要素产业链与价值链构建方面发挥着积极作用。数据产业链的构建涉及数据要素的生产归集、分析处理、应用服务、交易流通等多个环节，数字信用既能为数据要素的生产归集提供数字信任基石，也能对数据分析处理、应用服务环节中可能出现的算法不可信、系统不可信等现象进行有效治理，同时还能作为社会化金融基础设施支撑数据要素在市场上进行交易流通和实现商业价值转化。充分发挥数字信用在数据要素价值链形成中的作用，能够加速推动数据要素向数字资本的演进。从数据要素到数字资本，数据在形态及功能作用上会发生几次重要转变，经历从原始的、无太多附加值的数字资源到具有一定经济价值的数字资产，再从数字资产到能够带来明显剩余价值的数字资本的变化。事实上，可以将数据要素形态到数据资本形态的演变过程视作数字经济发展的重要内容与核心目标，这一过程离不开数字信用价值作用的发挥。数据流已经成为与资金流、人才流等传统要素同等重要的价值载体，但数据作为一种新的生产要素，目前还面临着权属关系不清、交易规则缺失等问题。数据只有在实现确权、流通和交易后才会具有资产属性，才能够由低价值的数据资源转化为高价值的数字资产，信用在这个过程中不可或缺。

3.4.3 数字信用为数字经济稳定发展保驾护航

我国数字经济的规模增长及发展速度相对较快，但与之相配套的治理机制、风险监管机制等尚未健全，导致数字经济领域违约失信行为时有发生，不利于数字经济持续健康稳定发展。同时，数字经济活动的虚拟化、网络化和智能化，一定程度上还会放大信用风险及其所带来的负面影响。加快数字信用体系建设既能增强数字金融风险防范能力，也能切实提升数字资产的安全性，在助力数字经济稳定健康发展的同时，为其提供更为广阔的发展空间。

数字金融模式下的交易存在较强隐匿性，“不见面的虚拟交易”使得交易双方很难翔实了解彼此的信用状况。例如，资金需求者通过多个线上平台申请贷款及开展其他数字金融业务，而资金提供者对于这些信息很难充分掌握，数据信息不对称必然会影响到资金供给者的放款意愿，尤其是当他们对需求者信用状况缺乏必要及精准了解的时候，宁愿选择让资金闲置也不愿意去承担信用信息不充分带来的资金风险。信用信息不对称导致的保守投资决策必然会影响到整个经济社会发展的活力，尤其是对于数字经济而言，其在发展之初需要大量资金投入，资金投资意愿会直接影响到数字经济的发展。与此同时，数字金融在发展中面临着信用体系不健全、信用信息共享不充分、信用模型规则设置不合理等突出问题，伴随着国内数字金融的迅猛发展，这些问题的存在必然会加剧数字金融领域信用风险的积累。综合提升信用风险量化精度、深度与广度是加快构建我国数字金融信用风险防控体系的关键所在，数字信用体系的技术优势使得其在信用风险量化方面有着独特优势。数字信用体系下的信用信息归集规模将持续扩大，信用数据来源不断丰富，同时通过引入大数据、云计算与人工智能等先进技术能够解决长期以来信用数据孤立、信用风险识别困难、信用预警处置流程冗余和操作手续复杂等难题，为提升信用风险量化程度及精准度奠定了良好基础。

数字资产为组织和个人带来了史无前例的快捷和便利，但同时也带来了被窃取和盗用的高风险。数字资产的安全性和完整性依赖于隐患预防、数字存证、隐私加密、数字鉴假等技术的应用，而这些技术的核心在于“数字信任”。在制度规则方面，依赖于数字技术的数字信任机制使得数据能够在可确权、可溯源、可验证的基础上实现交易与共享，从而帮助组织与个人在充分利用数据价值的同时，更好地管理数字资产，保护核心数据安全。

3.5 数字信用赋能城市治理创新

数字信用赋能城市治理创新是社会信用体系治理属性的重要体现，是数字信用助力国家实现治理能力与治理体系现代化的重要路径。以数字信用赋能城市治理是以信用信息共享为着力点，不断夯实城市信息化基础设施与加快推动数字信用体系建设，通过对信用数据、信用平台与系统等技术手段与工具的创新应用，逐步将信用承诺、信用公示、信用评价、信用监管等信用手段嵌入城市发展治理的众多环节与领域中，使信用成为城市高效治理的重要依据。[①]

3.5.1 以数字信用优化城市公共产品供给

为切实提升城市公共资源使用率、增强城市公共产品与服务供给效能，近

---

① 刘淑春. 信用数字化逻辑、路径与融合. 中国行政管理，2020(6):65-72.

年来，我国积极推动信用报告等信用产品在公共领域中的创新应用，以信用为针串起公共资源交易全链条，将“信用”要素嵌入公共产品与服务供给诸多环节。在公共产品供给与公共资源交易过程中，应优先选择信用状况良好的企业，将企业的信用状况作为其参与投标的重要参考依据。对于信用状况良好的企业，政府应在投资项目招投标、政府采购、产权竞价等公共资源交易过程中给予加分，提高其中标可能性。反之，对于信用状况较差的企业，应限制或抬高其参与政府招投标的门槛。通过这种方式，既可以引导企业主体将诚信守法作为一种行为准则与生存法则，也可以降低公共领域信用风险的发生，以此实现公共服务供给质量与公共资源配置效率的提升。

2019 年，国家发展改革委会同中宣部、教育部等 18 个单位联合印发了《加大力度推动社会领域公共服务补短板强弱项提质量 促进形成强大国内市场的行动方案》，明确提出通过加强信用信息共享、信用信息公示和开展信用联合奖惩等措施优化公共服务供给能力与质量。文件提出要加强对公共服务机构、从业人员、服务对象信用信息的归集管理，将上述三类主体的信用状况纳入其信用档案并及时共享推送全国信用信息共享平台，要及时通过“信用中国”网站和国家企业信用信息系统对上述主体信用状况进行公示，相关政府部门要依法依规对公共服务机构、从业人员、服务对象开展联合奖惩。在国家的大力推动与引导下，各地政府将信用建设作为扩大公共服务有效供给的重要手段。例如，《四川省“十四五”公共服务规划》中明确提出，要加强公共服务领域信用建设，并将其作为创新本地公共服务供给服务模式、提高公共服务供给能力的重要手段与内容。具体来看，公共服务领域信用建设涉及专项领域诚信制度建设、公共服务领域诚信记录共享共用机制建设、公共服务领域信用监管机制建设等多个内容。在公共服务领域诚信记录共享共用机制建设方面，提出要“推动诚信记录共享共用……推动建立公共服务主体信用记录，全面记录公共服务主体全过程行为，将失信记录建档留痕并纳入全国信用信息共享平台（四川）”；在公共服务领域信用监管机制建设方面，在全流程监管的同时明确提出要“大力推进公共服务机构分级分类监管，对违法失信、风险较高的公共服务主体依法依规实行严管和惩戒，对于造成严重损失的主体及相关责任人在一定期限内实行市场和行业禁入措施”。[①]

① 四川省“十四五”公共服务规划. 四州省人民政府，2021-12-28.

3.5.2 以数字信用推动城市公共服务创新

数字信用在创新公共服务供给模式、降低公共服务成本和提升公共服务质量等方面发挥着极为重要的作用。传统模式下，政府部门对于失信市民的惩戒是有限的，但数字技术的广泛应用使得政府部门可以通过技术手段对公共服务获取过程中不履行承诺的市民进行持续动态跟踪与联合惩戒，通过降低信用等级、缩减优惠政策范围、减少信誉名誉等措施提高失信人员获取公共服务的成本甚至还会使特定失信人员无法获得某些公共服务。相关政府部门可以将多次在公共服务获取过程中存在不诚信行为的市民列入失信黑名单。一旦被纳入到黑名单，市民此后获得公共服务的门槛与成本将大大增加。政府作为公共服务的提供者，出于对公共服务获得者——市民的信任，可以让诚实守信的市民享受到“容缺受理”“绿色通道”等更加便捷高效的公共服务。在这个过程中，市民的信用就是其获得便捷公共服务的“抵押品”。

“信用+医疗”是目前信用在公共服务领域中应用效果最显著的场景之一。“信用就医”在提升医疗服务效率、改善患者就医体验等方面发挥着积极作用。为解决患者就医时“开一次单缴一次费，缴一次费排一次队”的麻烦，多地积极推动“信用+医疗”建设，积极探索将信用引入医疗体系，以提升患者就医便捷性。“信用就医”作为信用与公共服务结合的典型应用场景，已在上海、厦门、杭州等多地进行过试点，且不同城市采取的具体模式与手段各有差异。整体来看大致可以分为两类，一类是基于城市个人信用分的信用就医模式。例如，杭州以“钱江分”为基础，厦门则以“白鹭分”为基础为市民提供信用就医服务；另一类是基于商业机构（包括但不限于银行、保险公司、互联网企业等）信用评价结果的信用就医模式。例如，上海、珠海等以银行为主体，根据就医患者信用情况提供差异化“先就医，后付费”信用就医服务。与此同时，多地还积极探索以信用为基础的特色医疗服务。例如，可针对信用评价较高的诚信群体，提供诊疗绿色通道服务、出院手续容缺办理、健康查体优惠、便民医疗设施免押金等特色信用诊疗服务及便民惠民服务。

案例：以人为本推进“信用+医疗”服务 提升患者就医便利度

北京市石景山区率先上线以“先看病、后付费、信用保险风险兜底”为主要特征的“信用+医疗”应用。石景山区通过整合区内信用数据，创新信用医疗下沉、信用家庭服务、信用医疗助力急重症患者等具体应用场景，以广大患者实实在在的就医便利，彰显信用履约价值的社会获得感。

石景山区以区内三级医院（首钢医院）启动试点为原点，通过整合医疗信息、个人公共信用信息及金融信用信息，通过大数据分析技术，实现信用就医服务，让信用数据跑起来、让群众就医时间减下来。“信用+医疗”模式不但实现了对基础信用数据的充分利用，同时通过服务患者还使得信用数据来源得以拓宽。此外，还能将新生信用数据共享至市区两级信用平台，逐步延伸到二级医院（石景山医院）和社区卫生服务中心，实现了全区信用医疗网络化搭建，为开展更多信用应用打下基础。信用良好的北京医保用户在开通信用医疗服务后，可享有 2000 元预支额度，就医过程中无须先缴费，就诊完毕离院前刷医保卡进行分账操作，离院后 48 小时内手机缴费即可，实现“一次就诊一次缴费”。同时，信用医疗注册用户可享受信用家庭服务，与配偶、父母、子女或兄弟姐妹共享信用额度，用户代为预约挂号，方便家人就医。目前，“信用+医疗”系统已在首钢医院等多家医院和社区卫生服务中心投入使用并取得较好效果。

通过“信用+医疗”服务，各级各类医疗服务机构诊疗流程得以优化，长期以来患者就医看病过程中面临的挂号时间长、缴费时间长、取药时间长等问题得到切实解决。据试点医院统计，患者使用信用医疗服务最高可节省 60%的在院时间。同时，“一老一小”等缴费不便人群纳入信用医疗服务范畴，有助于拓宽全年龄段信用就医体验。患者还可根据需要选择服务，现场挂号患者可以在专属窗口挂号或者用银行信用卡、微信等预授信方式挂号，非现场挂号患者可以采用公众号的保险授信方式挂号。同时，石景山区探索扩大信用就医类别范围，可实现面向本地医保、商保、自费等多种类型患者提供服务。

3.5.3 以数字信用提升城市风险防范能力

1. 以数字信用加快城市信用风险预警体系构建

数字信用是加快推动现代城市信用风险预警体系构建的重要基础，对于城市风险防范能力的提升有着重要现实意义。数字信用以信用风险预警防范为目的，充分整合城市各类信用主体信用信息（包括公共信用信息与市场信用信息），基于海量鲜活的信用数据构建多类型、多层次的信用风险评价与预警体系，加快建立健全信用风险预警与评估机制。依托数据挖掘、试验仿真等数字技术建立更加精准的信用风险预警与评估模型，基于模型提升信用风险识别预警能力。在微观层面，对信用主体信用状况进行评价；在中宏观层面，对城市重点行业领域发展和城市发展治理面临的信用风险进行动态监测预防。例如，在城市治理中，将信用风险预警模型切入“城市大脑”“智慧交通”等应用平台，形成“治理结果进信用、信用产品进治理”的智能反馈机制，并建立起“关口前移、源头治理、预防为主”的信用风险预警体系。基于该风险预警体系，政府部门应加强对城市治理中信用状况较差的重点行业、重点人群等的监管。①

2. 以信用大数据提升金融风险防控能力

金融可谓决定着城市发展“命脉”，金融行业的健康稳定会直接影响到城市经济发展的安全稳定。信用大数据已经成为数字社会背景下提升金融领域信用风险防控能力的有效手段与工具，其既是数字信用体系构建的重要技术支撑，也是数字信用体系落地应用的重要体现。进入数字时代，网络消费规模的持续扩大及互联网金融的日益普及，使得金融领域面临的风险类别更加复杂化，在传统系统性风险、信用风险等的基础上又叠加了互联网金融风险，受此影响，信用风险的管理难度明显增加。信用大数据通过对不同来源信用数据的充分整合，在一定程度上克服了某些因信用信息不对称带来的问题，能够建立起更加丰富立体的信用画像，形成更加精准高效的信用风险评价模型和完善的风险预警机制，从而实现信用风险管理能力的全面提升。现实中，越来越多的金融机

① 刘淑春. 信用数字化逻辑、路径与融合. 中国行政管理，2020(6):65-72.

构将信用大数据作为驱动业务发展、提升风控能力的有力工具，以银行等为代表的金融机构，依托信用大数据技术对融资客户、融资产品、信贷机构及信贷人员等业务开展中存在的风险进行实时动态监测，对于业务开展中出现的信用风险苗头及时进行风险预警和管控，以此降低金融领域信息风险及系统性风险发生的可能性。

案例：以信用数据助力城市高质量发展

潍坊辅助领导决策系统以潍坊全市 30 万+微观企业数据为基础，运用大数据挖掘分析、机器学习等技术，结合宏观经济运行监测分析模型，对城市经济运行状况进行监测分析，实时洞悉潍坊市宏观、中观、微观各个层面经济运行状况；同时引入南通等对标城市数据，及时获取潍坊市排名及位次变化，为领导科学决策提供数据参考，辅助精准推进“双招双引”、营商环境优化等工作，助推潍坊市经济高质量发展。

本系统共包含领导驾驶舱、宏观预警、经济体检、发展对标、精准招商、人才雷达和企业监控七大模块。目前完成 7 大类、25 小类的分析功能建设，运用了存活路径、SSM 和产业偏好等 20 种分析模型，涉及 321 个指标和 200+的企业属性标签。系统上线一年多的时间，累计落地数据 5600 万条，推荐优质企业 9000 余家，优质人才 3 万余人，已监控企业 364 家，监控关联企业 5000 余家，推送预警信息 24 万条。

第4章

治理：基于数字信用的社会治理新探索

数字时代需要构建新的治理机制以满足国家治理的要求。信用是建立社会秩序的基础，数字信用是构建数字社会良好秩序与保障其正常运转的重要支撑。数字信用的快速构建与广泛应用映射出现实世界信用供需关系存在的问题与瓶颈，数字信用的独特优势不但可以在一定程度上弥补传统信用体系的不足，同时还可以为数字社会发展出现的某些新事物、新问题等提供基于数字信用的治理路径。未来，数字技术驱动下的数字社会治理模式将更趋向于多元化，既有以道德共识为基础的社会自治、柔性化治理模式，也有以经济共识和法律共识为基础的强制性、制度化社会治理模式。

数字社会中，信用的内涵本质并没有发生根本性变革，数字信用同样具有道德、经济和法律三个层面内涵。**在道德层面**，信任作为维系人类社会关系的基本纽带，能够从文化道德、行为准则等方面对社会成员形成约束。数字信用的强关联性较之传统信用，对社会成员具有更高的约束性，数字信用的道德内涵为社会善治与柔性治理提供道德基础。**在经济层面**，数字信用成为数字经济治理的重要载体与工具。数字信用已经由传统商品交易的信用媒介演化为社会化的金融基础设施，在现代经济体系中发挥着更为基础、更为重要的工具属性与服务价值。数字技术为信用信息的公开提供了强有力的支撑，无论是从信息公开的广度还是深度来看，数字信用信息的公开程度都得到了前所未有的加强，人们可以通过各类信用网站与平台获得更多与信用主体信用状况相关的信息（如信用主体基础信息、履约践诺信息、违约失信信息等）。基于多维的信用数据可以更加精准刻画各类信用主体的信用画像，信用画像对于市场声誉机制的形成与作用发挥起着积极作用。**在法律层面**，数字信用成为以信用为基础的新型监管范式的逻辑起点。信用数据共享程度的提升、联合惩戒机制的完善将使信用主体失信行为从小范围扩散至大范围，“一处失信，处处受限”得以实现。

4.1 新型数字信任架构助推社会善治

数字信用体系构建是我国国家现代化治理能力提升的题中之义，是构建社会治理体系新格局和推动社会治理能力提升的重要手段。数字信用体系与现代社会治理有着高度耦合性。进入数字文明社会，数字信用作为社会发展的重要基石，将推动“数字化社会的多方参与、民主监督、规则共识、契约合作和联合治理”，成为数字社会“共建、共治和共享”治理目标实现的重要载体。数字信用的去中心化、强关联性、多场景性等特征契合了现代社会多方参与协同治理的新型理念。

4.1.1 数字信任推动社会治理主体由单中心向多中心转变

日趋复杂的社会关系使得传统社会下的单中心治理模式难以适应现代社会治理需求，多方参与下的协同治理是现代社会治理的基本价值导向与主要模式，特别是进入数字社会，每个网民都可以通过网络发表自己的意见与想法，成为整个网络社会的一个个“微节点”。但在协同治理过程中，如何确保不同主体参与治理信息的真实有效性是社会协同治理新范式一直思考的问题。在传统社会下，严重的信息不对称使信息掌握者成为社会治理体系中的中心并拥有绝对的话语权。进入数字社会，以区块链为底层技术的数字信任为多方协同治理机制的构建与实现提供了信任保障。区块链技术特有的去中心化、可追溯且不可篡改等特征不但为数字信任提供了技术保障，同时也契合了数字信任机制下多方协同治理的需求。

在以区块链为底层技术支撑的数字信用体系下，所有的信用信息都可以被存储到区块链上，且信息提供者、拥有者作为利益相关者可以实时动态监控链条中的重要节点信息，在共享信息的同时保证信用信息的真实性。在这种情况下，部分重要节点凭借其较强的影响力、较高的聚合力逐渐演化为社会治理的重要中心节点。基于数字信任的多中心治理模式，可以在一定程度上打破社会治理过程中存在的信息孤岛，增强不同治理主体及治理主体与治理对象间的信息交互，以此提升社会治理效率。无论是对一个国家或地区而言，还是对全球而言，通过打造可信的数字信任体系，应对技术发展的网络安全和数据安全问题，构建各方的数字信任关系，能够确保数字服务更加便捷、平等地提供给每个社会主体，弥合数字鸿沟。

4.1.2 数字信任推动社会治理理念由刚性管制向柔性服务转变

共识机制是信任关系形成的内在逻辑，任何一种信任关系的形成与构建都需要建立在成员的共识机制上。数字信任建立在机器共识、治理共识和市场共识三大共识机制基础之上，治理共识是驱动数字信用体系运转的内在机理之一。治理规则由不同群体成员经过协商形成，并对全体成员具有约束作用，在这个过程中就形成了治理共识。在传统信用体系下，信任机制是在“中心节点”强制管制下逐步建立起来的，以此为基础的社会治理理念更侧重于管制。在数字信用体系下，在分布式、去中心化信任机制下，社会治理由为数众多的“节点”共同参与，以中心节点为核心的刚性管制模式不再适用，“柔性”化管理与服务成为社会治理的新共识。

与此同时，在数字信用体系下，随着信用信息共享程度及信用应用渗透度的不断深入，信用手段更加丰富，信用承诺、信用公示、信用评价、信用奖惩等信用手段赋予了信用治理与信用服务更多可能性，以数字技术与系统平台为技术支撑的数字信任体系将会加速推动社会治理手段的转变，以信用为基础的新型治理模式将完成由概念向实践的蜕变。社会治理虽然“重服务轻管制”，但更好的公共服务有赖于政务数据资源在更大范围、更深层次的融合共享，基于区块链等数字技术建立起的数字信任机制能够为政务服务提供可信共享的数据，为民生服务提供普惠均等的信任平台，为财政资金和资产管理提供公开透明的账本，为社会治理提供共建共治共享的信任机制，为跨区域、跨领域合作提供信任桥梁。数字信任机制下网民将成为社会治理的重要参与者。与此同时，政府监管作为开展社会治理的重要手段，开始在多个行业领域探索以信用为基础的新型监管机制。信用监管较之传统监管模式有着较大不同，它侧重于对行政对象的正向规范引导而非管制，通过全流程、精准化、分级分类等监管手段与策略引导各类信用主体诚信守法，在失信惩戒措施的执行上更加审慎，而且为信用主体提供了信用修复的救济渠道，试图让监管变得更加柔性。

4.1.3　数字信任推动社会治理空间由平面化向网络化转变

区块链等数字技术及数字平台生态驱动下的数字社会，衍生出了区别于传统社会的新型数字信任机制，分布式信任是数字信任机制的重要特征之一，这种独特的信任机制决定了数字信用的“去中心化”特征，使得基于其开展“去中心化”城市治理成为可能。“分布式”“去中心化”等特征下的数字信任体系能够使全社会各类主体以更加积极主动的姿态、更加平等互信的方式、更加协同融合的手段参与到城市与社会治理中，参与理念与方式手段的变化必然驱动社会治理体系及运行规则发生较大变化，以协同、融合、平等、互信为基本价值的全新数字社会生态与社会秩序逐渐形成与建立起来。在传统信任机制下，不管是采取社会公民自我管理模式，还是依靠法定机构强制管理，都难以克服社会底层信任架构缺失给社会治理带来的负面影响，而去中心化的数字信用作为一种新型治理工具可以有效弥补上述两种治理模式的不足。在未来城市治理中，普通民众将借助网络以更加多元的方式参与到城市治理中，并成为城市治理庞大体系中的某个“节点”，在这个过程中每个人都可以独立完成与社会的交互，而无须与其他人发生直接信任关系。例如，相关市民只要在数字城市治理平台进行注册，就可以查看、发布各类与城市治理相关的信息，同时还可以就自己感兴趣的社会事务进行跟踪监督。这种民众参与社会治理的便利机制有助于实现社会治理共同体的理想。

未来社会治理中，数字信用将成为社会治理数字化转型的重要支撑，通过将信用查询、信用评价、信用承诺、信用监管等信用手段嵌入社会治理全流程，使各级各类信用信息平台与社会治理数字化平台实现互联互通。数据信息的打通、数字应用的联动将加速推动政府“有形的手”与社会治理“无形的手”的深入融合，共同推动社会治理主体由单中心向多中心转变、治理手段由刚性管制向柔性服务转变、治理空间由平面化向网络化转变。随着社会治理模式的转变，基于数字信用体系与数字信任关系的社会治理成本将大幅降低，社会治理将朝着更公开透明、便捷高效的方向发展。

4.2 数字信用赋予数字资产新范式

——“未来，一切资产都可以数字化”

数字社会时代，数据、算法是关键要素，数字是重要资产。数字信用通过人的共识与机器的共识使数据要素在互联网上有效流通，从而形成了以数字货币、数字收藏品等为代表的虚拟数字资产。

4.2.1 数字货币的信用传承

货币与信用有着天然联系，人类社会货币发展史也是信用与货币关系变化的演进史。金属货币时代以贵金属作为商品交易的介质，信用在交易过程中的作用有限。随着商品经济的发展，货币形态也在不断变化，现代商业经济体系下信用货币成为现代货币制度最主要、最核心的货币形态。有学者认为，“货币形态的每一种发展都是严格沿着‘信用’的轨迹而进行的工具创新”[①]。进入数字文明时代，数字货币作为数字技术催生下的一种新货币形态，将在现实交易中得到应用。与金属货币、纸质货币等相比，数字货币的内生原理与外在形态均发生了根本变化，数字货币表现为一串串数字，较之其他货币形态虚拟性更强，但其作为信用工具的属性未发生根本性改变，仍然是人类社会用以进行未来信用传递的工具。

数字货币是一种通过计算机技术巨量运算，依靠密码技术和校验技术创建、分发和维持的虚拟数字信息。数字货币本质上是一套“代符+簿记”系统，这里所说的簿记系统主要是指分布式账本，其逻辑基础与技术基础分别是数字信任机制与区块链技术。只有运行在分布式账本链条上且形成规则共识的数字代符才可以称之为数字货币，否则其只是一串串数字，只有赋予其一定意义才能与现实世界中的价值体系相联系。[①]

基于信用与中心化两个维度来分析货币形态变化，有助于更深刻地理解数字货币的内涵及其与数字信用之间的关系。信用在货币演进过程中扮演着重要角色、发挥着关键作用，根据信用在货币中发挥的作用可以将信用分为内生信用与外生信用。所谓内生信用是指货币本身具有的信用价值，物物交易、贵金属交易模式下以“实物”为介质的货币具有更高的信用，其内生信用必然高于“非实物”货币（金本位制、国家信用货币等）的信用价值。外生信用是指国家主权等外部力量赋予货币的信用价值，在现代商业体系下，外生信用的作用影响越发明显。某种程度上而言，人类社会货币的演进过程是外生信用逐渐替代内生信用的过程。在物物交换时代，基本不需要外生信用发挥作用；到了金银币时代，贵金属本身具有的高价值性决定了其处于“强内生、弱外生”的信用

① 郑彧. 论数字货币的信用传承与形态变革. 财经法学，2020(5):149-160.

阶段；进入以纸币为主要货币形态的信用货币时代，国家主权成为外生信用的主要来源与绝对保证，外生信用在货币信用中占据相对优势。进入数字时代，数字货币的信用进入螺旋式上升的新阶段，这是因为具有分布式、去中心化等特征的区块链技术在一定程度上弱化了外生信用的作用，与此同时数据作为一种新的要素资源，其本身的信用价值有所增强。从货币的中心化历史进程来看，物物交换时代的货币处于绝对无中心化；进入贵金属铸币阶段，由于贵金属被掌握在某些特权阶层，因此表现出一定的中心化特征；在金本位时期，经历了从去中心化到中心化增强这两个不同阶段；到了国家主权时代，则是以信用货币为主的强中心化阶段。随着互联网的发展，数字技术驱动下的数字货币具有明显的去中心化趋势，这也是货币去中心化进程中螺旋式上升的新阶段。①

从数字货币的发行主体来看，基于开源技术的数字货币其发行主体将更加多元自由，中心化的单一发行主体不可能存在，传统货币体系下的中心化完全被打破。从数字货币的适用范围来看，其适用范围更广、应用门槛更低，基于共识机制在任意地域内的信任节点上发生关联。数字技术的蓬勃发展使得数字货币技术相对成熟，随着人们认知度与接受度的提升，数字货币作为一种新的货币形态已经开始在全球范围内流通使用，俄乌冲突下的数字捐赠是数字货币较为典型的应用。近年来国际上对数字货币的认可度越来越高，基于区块链底层技术的安全性，使得这些数字货币跨国界流动，俄乌冲突以来国际上很多组织在社区平台上进行捐赠、众筹均是以数字货币形式进行的，足见数字货币的信用度和认可度还是相对较高的。数字捐赠的核心在于其利用了区块链这种可信技术在跨境结算支付方面的独特优势，基于区块链防篡改、去中介的特点，可以大大节约成本和时间，提高跨境结算支付的效率。国际著名咨询公司麦肯锡测算，基于区块链技术开展的数字交易能够显著降低跨国交易成本，让跨国交易成本从传统交易模式下的每笔 26 美元下降至每笔 15 美元。

4.2.2 数字资产的基础设施——区块链

数字信用体系是数字信任的社会化体现。区块链作为数字化信任的技术支

---

① 祁红梅，邓琳，林茹玉. 货币形态演进新观察：基于信用和中心化两个维度. 金融理论与实践，2018(7):15-18.

撑，在数据要素流通、数字资产交易中发挥着重要作用。同时，区块链是数字社会治理能力提升的关键数字基础设施。数字信用体系的构建基于对众多数字技术的综合利用，区块链技术在整个技术体系中起着“关键阀”的作用，有着“数字信任机器”的称号。区块链接技术特有的分布式存储、交叉验证、共识机制、不可篡改和可追溯等特征，有效地解决了信用信息不对称带来的信息孤岛、信用割据等问题，有助于推动数字社会下陌生人之间信任关系的建立及巩固。

区块链作为“信任机器”的内核，主要在于其建立起了一种以技术为基础的全新信任机制。区块链作用下的信任机制以数字技术作为解决信任问题的基本手段，并以算法程序形成信任共识机制。人们如果对算法程序认可，那么就能够建立起彼此相互信任的关系。与传统信任机制相比，区块链技术可以帮助相关主体在信任缺失或信任关系不稳定的情况下，建立起新的信任关系或者巩固已有信任关系。与此同时，区块链的技术性还可以让其能够以更低的成本、更高的效率建立或巩固信任关系，是解决复杂交易条件下多个交易主体互信、实现高效协同的最佳途径。因此，经济学视角下的区块链可以理解为“可信任、可交互、可加密、可共享的价值链”。

区块链的技术特征决定了其在数字信任机制构建中发挥着关键性作用，且具备改变金融基础架构的潜力，股权、债券、票据、仓单、基金份额等各类金融资产均可以被整合到区块链账本中，成为链上的数字资产，在区块链上进行存储、转移、交易。基于区块链技术已经衍生出了数字资产账户体系、数字资产权益证明、数字资产智能合约、数字资产价值互联等数字资产产品与服务。借助区块链技术的不可篡改、可信任、可追溯和明确资产所有权及隐私保护性，使链上信息的认证、存储、流通、确权和隐私不受损害和不被篡改，由此实现链上信息价值的自由流通与交易。

图 4-1 为以区块链技术为支撑的公积金数据共享平台。目前，该平台已经覆盖全国近 500 家公积金中心，共享数据的数量超过 200 亿条。

为确保数据公开透明，基于区块链技术，趣链科技联合杭州互联网公证处研发了“区块链公证抽奖摇号平台”（见图 4-2），通过可信数字身份认证、安全智能合约执行及可信记录存证三个核心功能，实现“保证摇号人身份真实、保证摇号过程公开透明、保证摇号结果准确可信”三大摇号目标，解决传统抽奖摇号系统安全稳定性不高、摇号信息不透明、存证手段不可靠、公证流程烦琐成本高等问题。

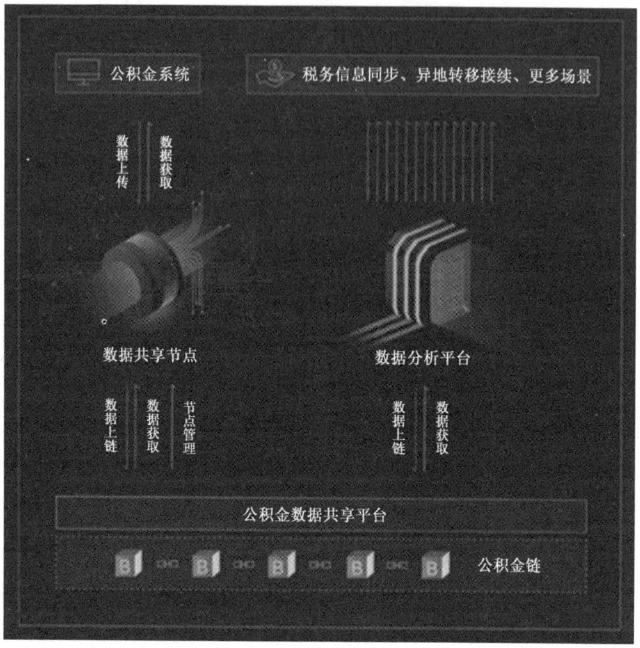

图 4-1　以区块链技术为支撑的公积金数据共享平台

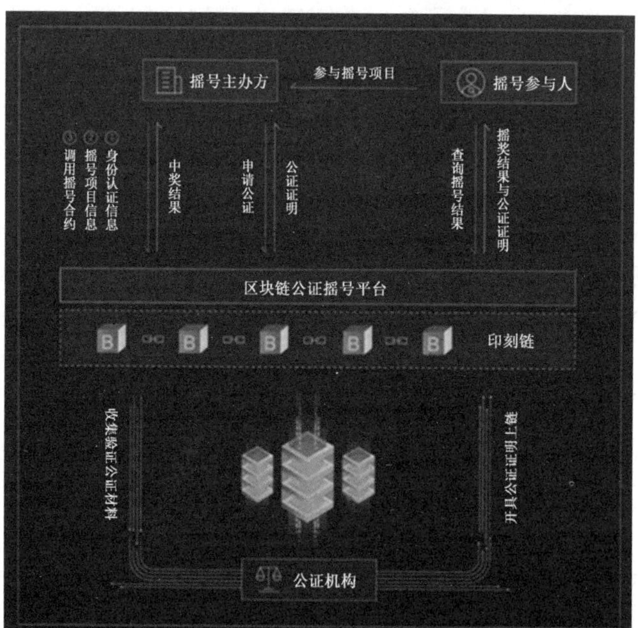

图 4-2　区块链公证抽奖摇号平台

将区块链技术与公证抽奖摇号进行结合，在公证处公信力权威的业务基础之上，提高公证抽奖摇号的公平性、透明性及可追溯性，从技术上为公证做进一步保障。通过“法律公信+技术信任”的双重背书，真正实现了“1+1>2”的双赢效果。该平台自上线以来，已为多项公证抽奖活动提供服务，服务人次超过 2 亿，受到主办方和用户的一致好评。除在线公证摇号抽奖外，生活中常见的买房摇号、车位摇号、商铺摇号、入学摇号等场景，都可采用区块链公证抽奖摇号平台全方位保障摇号的透明与公正。

4.2.3 数字资产交易的原理

数据作为数字时代的核心资源，蕴含着巨大的经济价值。但要真正实现数字经济的内涵价值，需要洞察数据交易和数据价值，挖掘其深刻关联性，完成从数字资源到数字资产和数字资本的历史性飞跃。数据资源只有通过流通和交易才能转化为数字资产，信用在其流通和交易过程中扮演着重要角色。未来的数字资产类型将更加丰富多元，既包括存款、债券、股票、票据等在内的金融资产数字化，也包括虚拟房产等从实体资产转化而来的数字资产，以及游戏、音乐、影视、著作、授课等数字文化产品，这些数字资产能够在市场得到认证和定价，并基于其使用权将在数字资产市场获得价值认定并进行交易。

数字信用对于数字资产交易有着重要作用，一方面是因为数字资产的虚拟性等决定传统信用交易机制失灵，另一方面数字信用作为商品交易媒介的本质并未发生根本改变，与此同时，数字信用的技术性、虚拟性、强关联性等特性更加契合数字交易需求与特点，成为数字资产交易不可或缺的条件与保障。传统信用作用机制与数字信用作用机制下的交易模式与原理存在显著差异。传统信用与数字信用作用机制下的交易原理差异如图 4-3 所示。

在传统信用（交易）作用机制下，交易主体基于共同的规则，通过可信任的中央节点（如金融机构或电商支付平台等）进行交易，交易过程由中央节点对交易规则执行情况及过程中产生的信息进行验证，经过多次交易行为的反复验证积累信任。这种信用机制是以中央节点为中心的小范围可信。

在数字信用（交易）作用机制下，交易主体基于共同规则在网络中进行“去中心化”的多个节点交易，交易过程中交易规则执行情况及信息验证由参与交易的各类主体进行互验，而且在机器共识、治理共识和市场共识三大共识的影响下，交易主体认为交易行为的验证过程与结果是公正的、不可篡改的。这种信用机制是以多节点互信为主的大范围可信。

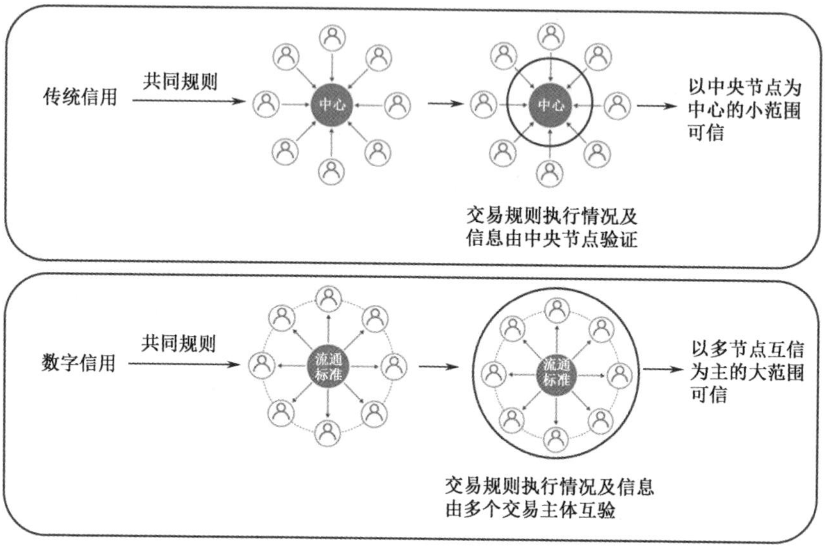

图 4-3　传统信用与数字信用作用机制下的交易原理差异

4.2.4　数字收藏品的兴起

2021 年以来，国外艺术领域掀起了一股 NFT（Non-Fungible Tokens）热潮，随着以区块链为代表的数字技术向文化领域的渗透，数字技术驱动下的数字藏品应运而生，NFT 也成为《柯林斯词典》2021 年度热词第一名。NFT 意为非同质化通证，本质是可流通的加密数字权益证明，基于区块链技术实现了用户对其生产或创作数据权益的证明，打破了传统经济范式下对产权、版权、规制等的门槛限制，有效发挥了数据、知识等要素的潜能，在一定程度上规避了互联网巨头的数据垄断，推动数据要素向数据资产转变，有利于释放数字经济的生机与活力。简单来说，如果你手里面持有一个 NFT，那这个东西有且只有你有，也就具有了一定物质的稀有性。NFT 让普通大众可以按照自己的喜好收集获取数字资产，它的本质是以数字化技术对有形或无形的资产进行确权。利用区块链技术能够保证数字资产的唯一性，而且这里所说的唯一性是一种算法共识，无须传统法律机构认可。数字资产的唯一性使得其具备了成为资产的稀缺性，再加上不可复制的特性使得数字资产具有较强的收藏价值。图 4-4 为一组 NFT 艺术品。

图 4-4　一组 NFT 艺术品

4.3　数字信用增强政府数字化治理效能

随着我国社会信用体系的不断完善及其功能作用被社会广泛认知，社会信用体系与经济社会治理的关联性越来越强，基于数字信用提升政府数字治理能力是近年来我国政府数字化转型的重要内容与方向之一。数字信用在政府数字化转型及治理创新中有着广泛应用场景，在行政审批、行业监管等方面应用不断深入，已经成为驱动政府职能转变、创新政府治理模式、提升政府行政效能、降低政府行政成本的重要手段。

4.3.1　以数字信用平台提升政府规制能力

近年来，政府主导建设的信用信息共享平台及其他与信用相关的业务系统，在新型监管机制构建与现代化治理进程中发挥的作用日趋明显。某种程度上而言，数字技术驱动下的以信用数据为基础的各级各类信用平台已经成为数字化治理体系的重要力量与载体，随着这些平台与系统应用的日益普及，信用作为一种新的治理手段开始渗透融入越来越多政府部门的日常业务，成为政府规制能力提升与拓展的新突破口，尤其是以信用为基础的联合惩戒机制的构建，为跨部门跨行业开展联合监管、协同监管奠定了强有力的治理基础。不同信用平台基于统一社会信用代码能够实现自动对接，信用数据基础目录及信用数据标准的统一加速推动信用平台横向上互联互通，随着信用数据交互共享范围的扩大，信用平台对失信行为的规制边界和范围有所延伸，进而驱动政府信用监管与规制能力显著提升。以青岛市为例，青岛市信用办的分析结果显示，2021 年青岛市被纳入联合惩戒对象名单的企业总数为 5108 家，较 2020 年同期减少 3226 家，降幅达 38.7%；被纳入联合惩戒对象名单的企业总数占运营市场主体总数的比例为 0.26%，被纳入联合惩戒对象名单的企业数量及占比连续三年下降。

4.3.2 数字信任提升政府数字治理合法化

政治学和社会学信任理论中，信任是公共治理的重要社会资本。随着政府及公共部门数字化转型的加速，基于数字技术履行政府监管职能和提供公共服务将成为未来公共治理的重要方式，数字信任的治理功能将持续凸显。数字信任是构建政府数字治理合法性的重要组成部分。政府数字治理是指政府及其公共部门利用新兴数字技术履行法定职责并提供公共服务的过程。构建“政府—企业”和“政府—公民”之间的数字信任，能够有效提高企业和公民对于政府在数字经济领域的法律、政策的理解认同，使得政府监管和执法过程变得更为顺畅和高效，让企业和公民有平等机会获得政府数字化公共服务。

4.3.3 以数字信用驱动政府业务模式创新

以信用承诺为例，多个省市在行政审批过程中引入信用元素，把信用数据嵌入行政审批全流程，探索建立以信用承诺制度为支撑的双轨审批制。在行政审批前引导各类主体签订信用承诺书，在对行政许可事项进行全面梳理的基础上形成适用于信用承诺制的事项清单，在这些行政事项办理过程中把行政服务对象的信用状况作为重要依据，对于信用良好的信用主体简化行政审批流程，以此提升行政效能与服务质量。在行政审批过程中推动行政事项查询实现信用红黑名单自动比对，对于失信主体采取相关的行政限制措施。在行政审批结束后将行政服务对象的信用承诺履行情况纳入信用信息系统，让行政审批结果与信用数据形成完整闭环。通过信用数字化与行政审批线上化的有效融合，实现登记数据、审批数据、备案数据、信用数据等相关数据在政府部门之间的动态交换和实时共享。①

4.3.4 以数字信用机制加速政府数字化转型

数字技术与信用体系的深度融合，使得信用关系、信用功能和信用组织等发生了前所未有的变革。数字技术驱动下的信用体系变革必然会影响政府业务流程、公共服务模式及行业监管等诸多方面与环节，在加速政府数字化转型的同时，倒逼政府建设模式、监管模式创新。在数据融合、系统互通、技术融合的基础上，“信用+数据”不但会成为驱动政务流程再造和推动政府数字化转型的新路径，而且还将是深化政府职能转变与行政体制改革的新内涵，这种作用机制在信用机制融合渗透较深入的金融、海关、工商、税务等领域表现尤为明显。就如同数字货币在替代传统纸质货币时，前者所具有的虚拟性、匿名性等特征会影响到传统纸质货币的交易方式与交易过程，这会将影响间接传递到金融监管环节，进而使原来“以纸币现钞为核心的反洗钱、货币发行和信贷政策的金融监管功能”发生根本性变革。②同时，数字信任机制可以有效降低由行政部门壁垒导致的高协同成本。由于政府部门在信息化建设初期的阶段性和分散性，各地数字政府建设大多都存在内部系统割裂、技术标准不统一、应用重复建设和信息沟通不畅等共性问题，导致政府内部数据资源共享、业务系统对接、网络安全保障等始终面临协调难的问题。为切实解决政府部门数字化业务开展过程中面临的协同难问题，北京市利用区块链技术构建数字信任机制并应用于政务服务领域，使传统数据共享模式下难以共享的 300 多项数据得以共享，推动 140 余个区块链应用场景落地，业务事项办理过程中所需材料减少 40%。

① 刘淑春. 信用数字化逻辑、路径与融合. 中国行政管理，2020(6):65-72.

② 郑彧. 论数字货币的信用传承与形态变革. 财经法学，2020(5):149-160.

4.4 以数字信用为核心的新型监管机制

加快构建以信用为基础的新型监管机制，是顺应满足数字社会发展新特征、提升国家现代化治理能力新要求、创新政务服务和监管模式的客观要求。在国家大力推动下，信用监管已经在疫情防控、服务中小微企业、优化营商环境和提升城市文明水平等社会治理实践中取得了显著成效。与其他监管机制相比，以信用为核心的监管强调利用技术手段创新监管方式与手段，逐步实现全链条监管、分类监管、精准监管和联合监管。

4.4.1 基于数字信用的全链条监管

以信用为核心的监管机制是在数字信息技术蓬勃发展背景下提出的，这使得信用监管机制带来极强的数字化特征，数字信用在信用监管机制中发挥着极为关键的作用。数字信息技术与信用深度融合下的新型监管机制赋予了信用监管更多的可能与选择。与传统信用相比，数据技术驱动下的信用监管能够实现对信用主体全生命周期的监管，形成对事前、事中、事后无缝链接的链条式监管。传统监管模式下相关政府部门更侧重于对事前审批环节的监管，信用监管模式下的监管重点转移至事中、事后，同时也会兼顾到事前。事前侧重于以信用公示、信用承诺等手段对信用主体进行引导，通过信用网站、信用平台等渠道对信用主体进行信用公示，引导鼓励信用主体签订信用承诺书，并将信用承诺书上传至信用平台进行分类管理；事中将信用承诺、信用评价嵌入政府审批流程，行政审批过程中实现对信用承诺、信用评价结果与评价报告的自动调取与验核，对于有违诺行为或者信用评价等级较低的信用主体加强监管；事后根据各种信用清单对失信主体进行奖惩，同时为信用主体提供信用修复救济渠道，让失信主体能够及时修复信用。

4.4.2 基于数字信用的分级分类监管

通过开展分级分类监管提升监管效能是信用监管新型机制的一个重要目的，以信用为基础的分级分类监管关键在于针对信用主体信用状况的不同采取差异化监管措施，信用评价是了解信用状况现状及差异性的主要手段。不同于传统信用体系下的小样本评价，数字信用体系下的信用评价往往以海量鲜活的多信源信用数据为基础，通过对上亿条动态更新信用数据的分析建立起科学的评价模型，并根据信用数据的变化进行自适应调整。信用评价结果通常会以量化的分值或等级进行直观展现。分级分类监管的目的是引导信用主体诚实守信，“让守信者尽享信用红利，让失信者寸步难行”。以企业信用评价为例，政府部门在行政监管中根据信用评价结果对企业信用主体采取差异化监管措施与手段。对于信用评价分值或等级较低的企业会进行重点监管并加大抽查频次，同时在招投标、评先评优等活动中受到一定限制。此外，随着信用信息共享程度的增加，信用主体评价结果会在多层级、多部门进行共享，成为联合奖惩的重要依据。

案例：嘉兴市基于信用创新产品质量安全分级分类分色数字监管新模式

嘉兴市以多源信用数据为基础，积极探索实践产品质量安全分级分类分色数字监管新模式，即开展产品分级、企业分类、区域分色三个层级的分类监管，通过产品质量安全健康码赋码、亮码、依码监管，实现嘉兴市区域内重点产品质量监管“全数据流转、全业务协同、全流程覆盖、全过程监督、全要素掌握”。智能化是嘉兴产品质量安全分级分类分色数字监管平台的最大亮点，嘉兴市所有产品质量监管事项、数据运营、移动检查均可通过平台实现，形成“监管重点摘选—监管类别判定—任务智能下达—钉钉检查反馈—复查整改落实”智能监管闭环，为企业产品质量分级分类、精准化监管提供有力支撑，助力实现对辖区企业的数字化、智能化监管。

分级分类分色“三分管理”模式的实现主要得益于以产品质量“一图一码一指数”为模型的数字动态监管系统软件的有力支撑。“一图”即产品质量安全“四色图”。对红色、黄色、蓝色、绿色等不同区域，采取不同的监管方法。“一码”即企业产品质量安全“健康码”。系统在企业信息录入后可以根据预先设置好的指标体系进行运算赋分，根据分值自动对应生成红、黄、蓝、绿四色“健康码”。对应不同风险等级，市场监管部门开展不同频次监管和相应信用奖惩。使用者只需用手机“扫一扫”就可以直观了解企业产品质量的风险等级及历年监督抽查情况等。“一指数”即产品质量安全风险指数。结合重点产品总体质量安全状况等因子测算形成，直观反映实时的产品质量安全风险状况。

4.4.3 基于数字信用的精准监管

精准监管是以信用为基础的新型监管机制优势的充分体现。精准监管致力于通过利用技术手段加强对违法违规等重点行为，以及行政管理中风险易发高发等重点环节和重点领域、重点人群等的监管。大数据技术的广泛应用使得政府部门通过海量信用数据的分析，能够更加精准定位到行业信用风险易发、频发的环节，通过对这些薄弱环节及参与主体的重点监管能够提升行业风险防范能力，减少因失信而产生的违法违规行为。近年来，随着我国社会信用体系建设的逐步完善，政府部门信用监管意识不断增强，信用信息归集能力持续提升，掌握了行政处罚、失信“黑名单”等大量失信行为数据，这些数据为开展失信专项治理提供了有力依据。此外，大数据技术驱动下的信用评价也为精准监管提供了重要抓手。目前，基于数字信用的精准监管在市场监管等领域中得到充分应用并取得较好成效。2019 年，国家市场监管总局正式在全国范围内推动“企业信用风险分类管理系统”（见图 4-5）建设，根据企业信用风险等级的不同开展更加高效精准的监管。该系统的建设以国家企业信用信息公示系统归集的全国、全量、跨部门的企业信用信息数据为基础，同时整合了互联网等非公共部门来源的涉企数据，数据来源的丰富充实使得企业主体风险评价更为精准高效。该系统基于海量鲜活的企业信用数据，构建形成涵盖企业基础属性信息、企业动态信息、监管信息、关联关系信息、社会评价信息五个基本维度八十多项指标的企业信用风险评价模型，实现企业信用风险评价自动化、动态化。市场监管部门根据企业信用风险等级对信用风险较高的行业、区域和企业主体开展重点监管，能够推动行业监管由被动监管向主动监管、由事后处置向事前预警转变。通过对企业信用风险数据全面广泛的收集，可以在充分了解企业信用风险状况的基础上精准定位主要风险点，并针对此进行主动干预，提前预警、提前介入，实现监管关口前移与监管模式转变。

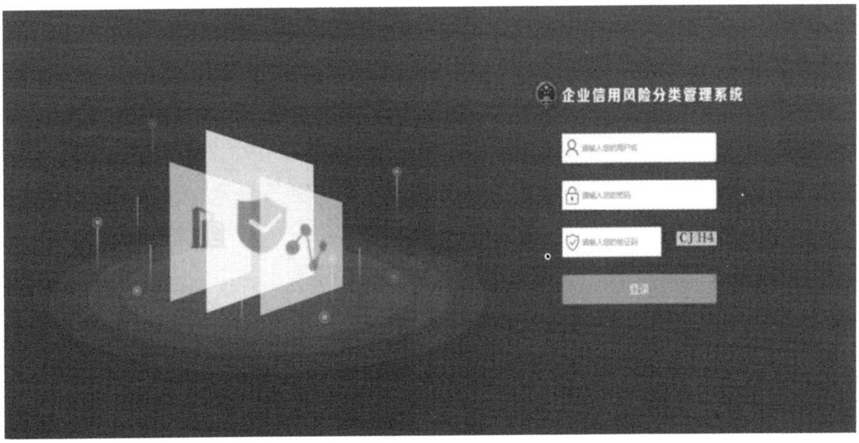

图 4-5　企业信用风险分类管理系统

4.4.4　基于数字信用的联合监管

以信用为基础的联合监管是指不同部门以信用为纽带就同一主体的同一行为开展联合监管。从信用实践来看，主要涉及以信用为基础的综合执法、守信联合激励和失信联合惩戒等方面。同时，鼓励社会力量积极参与到监管过程中，社会力量联合行政力量共同开展联合监管，一方面有助于信用信息的进一步丰富充实，另一方面可以弥补行政监管力量的不足。信用信息的充分共享是开展以数字信用为基础联合监管的关键所在。平台经济监管是基于数字信用联合监管的典型应用与有益探索。近两年，对于平台经济的监管突破了传统平台“主体责任”的边界，深入平台内部的生产要素和组织环节，平台的数据、算法、经营方式和用工模式都被纳入了监管范围。单个行政主管部门依靠自身力量很难实现对平台经济的全面、有效监管，而是需要借助数字技术手段探索数字化监管新模式。2021 年年底，国家发展改革委等九部门联合印发《关于推动平台经济规范健康持续发展的若干意见》（发改高技〔2021〕1872 号），明确要求“提升监管能力和水平，加强数字化监管支撑，加强和改进信用监管，发挥行业协会作用，引导互联网企业间加强对严重违法失信名单等相关信用评价互通、互联、互认，推动平台企业对网络经营者违法行为实施联防联控”。

例如，吉林省公共信用评价平台在建设过程中，以信用大数据驱动为主线，融合“数据—模型—场景”的设计理念，以吉林省政府部门归集的各类信用信息为基础，注重企业、协会、第三方机构等信用相关数据的接入和补充，开展基于信用大数据的多场景应用，面向各政府业务部门提供事前、事中、事后监管应用服务，助力招投标环节的企业信用审查、财政资金扶持的企业风险审核等业务场景应用，深度挖掘信用大数据价值，提升政府各相关部门的监管和服务水平。

下篇

数字规则——数字社会治理的新基准与“硬约束”

第 5 章

变革：数字规则体系构建过程中面临的问题

5.1 什么是数字规则

5.1.1 数字规则的概念

在《辞海》（第七版）中，规则有这五种解释：（1）仪范，规范；（2）规章制度。如：交通规则，借书规则等；（3）法则，规律。如：按照自然规则，人总是要死的；（4）合乎一定的方式，整齐。如：规则四边形；城市布局很不规则；（5）就某一或某些事项所制定的书面文件。国家机关颁发的规则，是法规的一种，具有法律效力。社会团体、企事业单位等根据需要制定的规则，在本团体本单位的范围内有约束力。归纳起来：规则是一种规范、是一种法律法规、是一种方式、是一种规章制度、是一种制定的书面文件，同时它在一定的范围内具有约束力。

《数字规则蓝皮报告（2021 年）》指出数字规则是指围绕数字化发展核心方向以支撑实现政府、社会与经济的数字化转型为基本要求，以推动数字化规范、有序、安全发展为基本原则，以促进数字化在经济中发挥最大价值为根本目的，解决数字化发展中“如何引”“如何转”“如何用”及“如何管”等关键问题，加速重构经济发展与布局的数字治理规则体系。

5.1.2 数字规则的特征

数字规则具有创新性。数字化发展以数据为核心生产要素，数字规则的构建离不开数据治理，而数据与土地等传统生产要素相比，具有载体多栖、非排他性、边际成本低、价值差异大权属复杂等特质，所以不能参照传统的生产要素管理理念和管理手段进行数据管理的规则设计，需要一套全新的规则体系。同时，随着数字技术在经济社会各行业领域的应用，其将对生产方式、商业模式、管理形式等带来深刻影响，引发经济监管方式、国家调节体制等经济社会最佳惯行方式的变革，经济社会治理规则体系或将重铸，数字规则将以一种新的治理方式和监管手段在经济社会治理中发挥重要作用。

数字规则具有约束性。规则是关于人的行为的约束规范，不以人的意志为转移，只要是规则，便具有约束性。同样，数字规则具有强制力，数字社会运行的各种行为需要在一定的范围内才可以得到许可，这种许可包括自然界的许可、社会的许可，以及他人的许可。

数字规则具有复杂性。数字化发展涉及经济与社会发展的方方面面，从顶层设计到具体实施都离不开规范性和标准化的规则体系。同时，作为数字化发展的制度基石，如何实现行为规制与发展促进的统一、处理好发展与安全的关系是数字规则面临的重要挑战。

数字规则具有协同性。数字治理涉及多元主体的利益诉求，是一个综合性的过程，特别是数字治理涉及不同行业领域，跨行业特征明显，时空交错，需要不同主体、不同领域的协同治理，互联网平台、行业协会、平台用户等多元主体在数字治理过程中的作用发挥越来越明显。

5.1.3 数字规则的形式

数字规则是指由具有影响力或者强制性的权威机构和部门制定或认可的行为规则。数字规则是采取一定的方式规范人们的行为模式、权利义务、行为准则的规定，体现为各种各样的规章制度。数字规则从规则形式上包括政策规划、法律法规和标准规范三类。

数字政策规划包含国家、地方出台的有关数字化发展的顶层设计、发展规划、实施方案等政策性文件，明确数字化发展的重点方向，指导实施数字化发展重大战略部署。同时，数字政策规划也会明确数字社会发展的底线原则，为数据风险规制与安全底座建设提供支撑，构建安全与发展平衡关系，夯实数字化发展安全保障。

数字法律法规是由国家的立法机关通过特定立法程序制定的数字社会的行为规则。一般而言，数字法律法规具有强烈的国家意志性，这是它区别于其他社会规则的最基本特征，也是数字人在数字社会中必须遵守的行为规则。数字法律法规会明确各个行为主体的权利义务关系，并规定各个行为主体若违反相关法律法规，则需承担一定的法律责任和制裁措施。

数字标准规范是具有权威性的组织和机构在一定范围内，通过标准化的程序和步骤，经协商一致制定，为各种数字活动或数字社会行为结果提供规则、指南或特性，供共同使用或重复使用的文件。

5.2 新发展需要与旧规则体系的冲突

5.2.1 社会数字化与个人利益的冲突

在万物互联的大数据时代，各类互联网个性化服务和精准推送都无法离开对数据的采集，伴随着数据应用行为的复杂化、多元化，人们对数据技术的应用并没有形成规范使用的态势，从而带来隐私侵犯、信息茧房、收益分配失衡等问题。社会数字化与个体利益保护的矛盾，是当前数字规则构建需要直面的难题之一。[①]

1. 敞视式监狱和隐私侵犯

数字网络为人们提供了开放自由的信息交流方式，也带来了侵犯个人隐私的可能。在数字社会，人们的所有活动都形成了数字留痕数据，数字留痕意味着个人自己暴露在全景监视中，也被称为“敞视式监狱”。例如，消费数据会被网购的电商平台采集、社交数据会被电信运营商收集分析、网络检索行为数据被搜索引擎平台采集，等等。虽然某一个数据收集商采集到的只是某一个个体在某一个时间和空间上的支离破碎的不完整数据，但经过大数据技术对这些数据进行整合，就可以精准定位到某个个体及与之相关的一系列隐私信息。[②]这种现象典型的表现为“人肉搜索”，通过对散落在互联网各个角落的数据挖掘，就可以拼凑出个人的画像信息，导致个人的生活、学习和工作遭受各种难以想象

① 王天夫. 数字时代的社会变迁与社会研究. 社会科学文摘，2022(3):94-96.

② 吴卫华. 个人隐私保护的伦理反思与体系建构. 中州学刊，2019(4):166-172.

的舆论暴力。[1]

2. 信息茧房和过滤气泡

在数字社会中，数据呈现爆发式增长会给人们带来海量的信息，但碎片化的信息给人类的信息加工能力提出了更高的挑战，在个体信息接受能力和兴趣的驱使下，人们在信息摄取过程中会形成一定的信息接受性和处理惯性，选择自己能够理解并能带来愉悦的信息，从而形成了“信息茧房”。“信息茧房”效应会使得个人接收到的信息更加单一，从而不利于学习提升，反而会固化已有的观念和认知，这种机制也被称为“过滤气泡”机制或者“回音壁”机制，让用户的搜索结果局限于他所熟悉的信息之中，而无缘于他所不熟悉的信息，数字信息形成一个内向循环，只能强化该群体已有的价值观念。

3. 数字贡献收益分配失衡

在数字社会中，数字技术让人们享受了更多便利，人们在数据网络空间的各种行为会通过数字化记录形成海量数据，可以说，是个体的行为为数字社会发展提供了大量的数据。但生产数据的个人却对自己生产的数据无能为力，更谈不上价值开发，与之对比，收集与储存数据的网络平台与数据公司成为数据加工方和利用方。在整个利益分配中，作为数据生产者的个人实际上并不能获得数字价值化带来的收益，还不得不承担个人隐私遭受侵害的风险，从而导致数字贡献收益分配失衡问题。

5.2.2 数字价值化与社会公正的冲突

数字价值化的过程也是不断提升培育核心资源优势和竞争优势的过程，各大网络平台在利用数据追求利益最大化的同时，也引发了个人信息滥用程度加重、企业数据垄断乱象频发的数据安全风险问题，从而带来不公平的问题。

1. 去中心化与数字垄断共存

数字社会的结构类似于网络，数字信息的传递通过点对点、一对多、多对

① 王天夫. 数字时代的社会变迁与社会研究. 社会科学文摘，2022(3):94-96.

一等任意方式进行，从而形成去中心化的趋势。去中心化意味着每个节点都会进行资源的集聚，当某个关系结构中产生了海量数据，结构节点的利益所得者越有可能成为控制数据的中心。当数据成为生产过程中不可或缺的要素时，独占数据就可以带来超额经济利润，从而带来垄断问题，产生“得数据者，得天下”的效应，出现“赢者通吃”“大鱼吃小鱼”等怪象。

2. 功能潜变诱发数据滥用

数据的价值化主要体现在数据的重复使用、与其他数据的融合关联和智能分析过程中，数据要素不符合传统要素的边际收益递减规律，其价值不会因为数据的使用减少而消失。当有用户在注册阶段质疑数据的过度采集，点击“不同意”信息被采集的按钮以拒绝 Cookie 的追踪后，结果往往是无法正常使用网站，并以“闪退”的方式退出。但是当数据被收集后，由于信息不对称和技术障碍等因素，数据的使用目的往往发生功能潜变。由于这种隐蔽的、不可见的形式存在，使得公众对监视的警惕性降低，从而导致系列数据滥用问题频发。

3. 竞争失序与不正当竞争

数字平台作为数字社会的基本组织形式，对其不完善的监管，可能带来不正当竞争。一方面，可能产生新旧业态摩擦问题，由于传统行业的规则相对成熟，企业经营有章可循，平台企业不受相关规则的约束，可能导致双方竞争不对等，如网约车与出租车之间产生的矛盾。另一方面，平台基于自身的垄断地位，可能产生不正当竞争行为，如强迫用户“二选一”“大数据杀熟”“算法歧视”等，还可能侵犯消费者利益，诱发各种社会问题，影响社会稳定。

5.2.3 数据流动化与数字安全的冲突

当前，数字技术的发展促使数据应用场景和参与主体日益多样化，数字社会的高连接性推动数据加速流动，这也为不法分子实施违法犯罪活动提供了技术手段，数据安全保护面临外部攻击的风险和挑战。

1. 网络攻击引发公共安全

近年来，各类黑客成为数字社会中活动日益猖獗的群体，不断通过网络盗窃、勒索、攻击破坏等方式给个人、组织甚至国家安全带来重大威胁和侵害，各类安全问题层出不穷。例如，2022 年 6 月，西北工业大学发布声明，称有来自境外的黑客组织和不法分子向学校师生发送包含木马程序的钓鱼邮件，企图窃取相关师生邮件数据和公民个人信息，给学校正常工作和生活秩序造成重大风险隐患。

其一，侵害个人隐私。例如，黑客利用互联网平台存在的安全漏洞入侵企业网站，窃取用户数据库导致个人隐私和企业机密泄露。特别是近几年“爬虫”技术的广泛应用，给予了很多不法人员对于数据窃取的可乘之机，不法分子利用获取的个人信息获取信任，并借助伪基站、网络钓鱼、植入木马等手段，通过虚假中奖、谎称退款、冒充公检法机关等方式进行诈骗。

其二，网络攻击破坏。除了为获取利益而进行的违法行为，还有一部分黑客以破坏为目的，对其他个人、组织的系统发起网络攻击，破坏其数据或使其系统陷入瘫痪，特别是对关键信息基础设施的破坏会给社会及整个国家的秩序和安全带来严重威胁和损害。

其三，窃取商业机密。随着互联网的普及，不法分子对商业机密的侵害行为变得更加频繁和猖獗。对企业来说，商业秘密直接关系到企业的经济效益、核心竞争力，以及未来的发展趋势，商业机密一旦泄露，势必会给相关企业造成巨大的经济损失。

其四，危害国家安全。当前，信息化已经融入经济生活的方方面面，我们对网络系统依赖得越深，网络安全问题就越发明显，甚至危及国家安全。例如，2010 年 6 月，爆发的“震网”事件，病毒控制并破坏了伊朗核设施的离心机设备，使其运行失控、高温自毁，伊朗不得不暂停浓缩铀进程。

2. 数字主权与国家安全挑战

当前，网络空间已经成为国际竞争的主赛场，特别是伴随“棱镜门”事件的出现，引起了各国人们的重视，各个国家开始对数字主权和数字安全予以特别重视。

其一，数字霸权问题。美国政府依托其发达的信息技术和遍布全球的数字企业，对世界各地的国民进行网络监听，获取更多情报服务国家战略，同时以隐私保护为由实施数字霸权，禁止其他国家的公司在美国运营，比如特朗普政府时期，提出的“清洁网络计划”，禁止“威胁隐私”的运营商、应用商店、应用程序、云系统在美国使用。①

其二，数字管辖权问题。互联网空间的虚拟性突破了地域限制，方便更多的数字平台企业开展跨国服务，从而出现了数字服务的总部和数据存储地、处理地分布在不同的国家或地区。由此也带来了关于数据运营管理规则适用哪个国家的法律法规，特别是面对法律空白和冲突时候如何解决的挑战，②即所谓的全球数据管辖权问题。

其三，数字控制权问题。数字时代，数据被誉为“21 世纪的石油”，围绕“数据主权”，各国也纷纷展开了博弈。数据主权范畴下的数据控制，是指在云计算的技术框架下，通过寻求跨境云服务提供者的合作或对其发出指令的方式，获取其控制的数据。例如，欧盟强势推进数字税计划等，实际都是发达国家对数据主权的争夺问题。

5.3 新规则体系构建需要直面的问题

数字社会发展中遇到的问题为数字规则的构建提出了新的挑战。个人信息保护、数据共享流通等问题的暴露是当前数字社会发展中亟待解决的问题，对相应问题的分析可以作为数字规则构建首要的切入口。

5.3.1 个人信息保护难问题

虽然全球数据保护方面已有丰富的立法实践，但法律的具体实施一直存在较大的困境，这也导致纯粹通过立法、传统式执法及个人投诉举报等方式难以有效保障个人信息安全。监管滞后也增加了个人隐私泄露的风险，如在 2020 年年初，我国不少地方政府为回应社会关切，对确诊病例的流调数据进行了公布，包括确诊病例从哪里来、去过哪里，但与此同时，有关确诊病例的隐私数据，如住址门牌号码等却也随之暴露。

---

① 张茉楠. 全球数字治理：分歧、挑战及中国对策. 开放导报，2021(6):31-37.

② 冉从敬. 数据主权治理的全球态势与中国应对. 人民论坛，2022(4):24-27.

第一，个人信息的收集及使用行为无处不在。目前，数字社会发展主要依赖于个人信息的处理，几乎没有哪一项生产、销售、消费活动不涉及个人信息。法律虽然对个人信息的处理作出了详细规定，但实际的落实取决于处理个人信息的组织和单位。政府有限的执法资源难以对各个接触、掌握个人信息的组织和单位实施有效的监督，即传统的一家监管部门面对多家监管对象的模式难以奏效。例如，GDPR 生效后，即使各成员国对其数据保护部门大幅增加了预算和人员，仍然难以满足监管需求。

第二，个人信息的收集、使用行为具有很强的隐蔽性。目前，大量的个人信息收集行为难以被个人感知，组织对个人信息的使用更是处于“黑盒子”的状态。这两个特点造成的结果是，个人（包括消费者组织）难以对处理其个人信息的组织进行有效监督，进一步导致了投诉、举报的片面或不完整，即传统的发动社会各界主动检举揭发的模式难以充分发挥作用。例如，Facebook 与剑桥分析公司共享数据的行为曝光，主要是媒体调查爆料的结果，而不是受影响用户的主动举报的原因。

第三，个人信息的收集、使用正在融入组织运营的方方面面，成为组织赖以生存和发展的命脉。当政府开展对某个具体问题的执法检查时，要摸清组织的个人信息处理行为的全貌，需要耗费大量的人力、物力和时间。而且，目前数字经济的竞争越来越依赖个人信息的积累和开发。面对政府的监管，组织自然会产生很强的抵触心理，采取各种手段掩盖和逃避。这些情况导致政府开展具体执法时需要耗费大量的资源。

5.3.2 数据交易难问题

伴随数据交易的需求增加，数据产权界定越来越成为制约交易的症结所在。根据数据显示，2019 年，我国场内数据交易规模仅占整个大数据产业的 4%，而其中超过 50%的数据交易平台年流量低于 50 笔，数据交易规模狭小。很多数据公司“无米下锅”，只能依靠场外一对一甚至桌面下“利益勾兑”的“数据黑市”获取数据。[①]由于数据很难通过单一的权属理论一刀切处理，数据确权成为困扰国内外学术界和实务界的难题，严重制约着数据要素流通与交易的发展。

---

① 童楠楠，窦悦，刘钊因. 中国特色数据要素产权制度体系构建研究. 电子政务，2022(2):12-20.

数据交易问题目前体现在“三不”——不会交易、不愿交易与不敢交易。数据商品化体系尚未建立，数据交易市场不成熟，数据交易规则不统一，导致数据主体“不会”交易；由于目前推进的关于数据交易的各项标准缺少对数据交易定价、交易权益分配等相关内容的探索，数据交易主体“不愿”交易；数据交易范围尚未厘清，加之数据交易尚未建立起追溯等信任机制，交易主体担心数据泄露等因素是“不敢”交易的主要原因。

5.3.3 数字市场失灵问题

数字经济作为新生事物，市场培育仍不完善，给一些掌握海量数据的互联网企业带来寻租机会。一些头部企业借助网络平台的流量优势，一方面进行“大数据杀熟”、变相“捆绑式消费”，严重侵犯数字消费者的权益，另一方面利用市场竞争优势打压潜在竞争者，巩固自身竞争优势，从而出现了数字经济领域的市场失灵问题。

对消费者而言，企业滥用市场支配地位侵害消费者权益。一些平台企业基于流量资源形成的网络效应，在相关市场具有较强主导权和话语权。具体表现为：一是不平等的权利义务关系。平台企业广泛使用不公平格式条款，如使用自我免责条款、限制消费者各项权利的条款、加重消费者义务或责任的条款。二是平台搭售和捆绑。一些互联网平台企业通过算法、技术门槛等实施各种隐性的搭售和捆绑行为，强迫用户使用其服务，不断侵犯消费者自由选择权。三是掠夺式定价。主要指“大数据杀熟”行为，即同样的商品或服务，平台利用算法进行推演，使得老客户看到的价格反而比新客户要贵出许多。

对相关市场竞争者，限制正当竞争。互联网平台在追求自身市场扩张的过程中，不是基于技术进步，而是通过设置各种门槛或者实施垄断行为提高市场进入壁垒，从而排斥竞争对手，扩张和延伸其市场支配力。典型表现包括：一是签署霸王条款。互联网平台领域呈现基于流量的新“卡特尔”现象，即某一平台的高用户黏性和海量流量控制使其具备联合其他竞争性平台的能力，通过资本注入或协议等方式，协同市场行为、限制市场竞争。二是算法合谋。一些具有技术优势的互联网平台企业利用算法作为工具，以达到多个平台协调一致的市场目的，达到阻止潜在平台进入市场或延伸垄断势力的目的。三是限制竞争并购。主要体现为大型平台企业通过“扼杀式”并购的手段兼并处于成长期的中小企业，从而使新技术拥有者和市场新进入者的生存空间被挤压，达到巩固自身竞争优势的目的，客观上造成市场不公平竞争，不利于整个市场创新。

5.3.4 政务数据共享难

第一，政府部门之间存在“不愿共享”“不能共享”及“不会共享”的问题。政务数据的所有权、管理权、使用权等没有明确的法律约定，部门数据共享的权责利边界模糊。《政务信息资源共享管理暂行办法》（国发〔2016〕51号）对我国政务信息共享的原则要求、主要任务和监督保障作出规定，但约束力度不足、操作实践困难，“谁提供、谁负责”的管理机制未能从根本上解决数据共享的权责利划分困境，有些部门担心政务数据共享带来数据资源泄密和失控，害怕承担相应责任，不敢把掌握的数据资源共享开放。此外，数据共享的绩效评估不明确，无法形成政务数据共享的刚性约束。

第二，数据开放与共享过程中的风险防控难度系数较高。数字社会时代，数据的快速流通和运营创造出空前的价值，伴随着出现数据黑客、网络黑客、数据倒卖猖獗，数据安全如临深渊。特别是政务数据中涉及公民隐私、国家核心数据，一旦在法律法规、技术保障水平、安全管理机制或数据主体保护意识等方面出现欠缺和疏漏，就会带来严峻的安全风险。

第三，政企数据共享范围不广、程度不深。一是政企数据对接机制不畅通，企业向政府提供数据的责任机制和激励机制缺失，不愿意把自己的数据资源向政府提供，政府作为公共服务者，缺乏相应的技术支持和平台能力承接企业数据。二是数据产权归属和利益分配机制尚不完善，目前我国关于政府数据资产化的法律规定较为滞后，政企数据对接后的权责界定和利益分配方式尚不明确，导致政府不敢不愿对接企业数据。疫情期间，健康码、行程码应用展现了企业数据共享和应用的效果，但政府使用企业数据的合规性也容易成为国外“诟病”我国政策的素材。三是企业对政府使用自有数据的范围和方式存在顾虑，担心“授人以柄”，成为被处罚的依据。

5.4 数字规则体系的建构逻辑

数字社会所创造出来的利益要通过数据信息来掌控，主要是按照数据赋权来分配。也就是说，由于个人、企业和国家在数字社会发展中不断地被虚拟化和数字化，个人生活、物质生产和国家意志逐渐体现在数据的开发利用中，因此数字社会治理规则首先体现为如何界定作为主体的人与数据之间的权利义务的规范，即从规则层面对数字权进行安排和规定。

数字社会的发展需要一定的价值导向和目标导向，“十四五”规划纲要对我国数字生态做了清晰的顶层设计，明确了我国数字生态建设的重点是“坚持放管并重，促进发展与规范管理相统一，构建数字规则体系，营造开放、健康、安全的数字生态”。

数字社会治理的核心是基于数字行为本身的规范。按照不同的视角，数字行为可分为不同的类型。从数字化发展角度看，一般分为数字产业化、产业数字化、数字价值化和治理数字化；从数据管理的角度看，数字行为是围绕数据处理的各个环节，为不同主体属性与行业属性的数据确立的规范化数据管理规则体系。本书从营造开放、健康、安全的数字生态角度，结合对数字权的认知构建数字规则体系，该数字规则体系包括数据开放共享、数据资产交易、数据跨境流动、数据竞争秩序和数据安全保护（见图 5-1）。

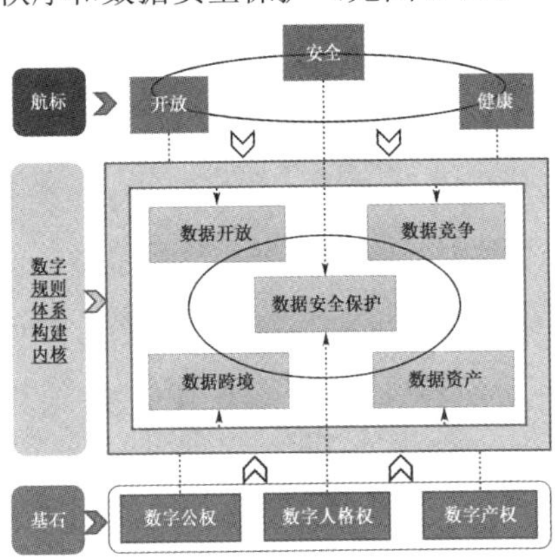

图 5-1　数字规则体系的建构逻辑

5.4.1 数字“三权”：数字规则体系构建的基石

数字权大体指向三个维度：一是国家数字公权。主要指国家作为数据资源主体可以实行的权力，其核心内容是数据管理权和数据控制权；[①]二是数字人格权。主要指向公民个体的权利，即以个人为中心构建的数据权利，包括数据知情同意权、数据隐私权、数据修改权等；[②]三是数字产权，主要指向物的权利，即资产所有权、使用权、收益权等。数字“三权”框架体系如图 5-2 所示。

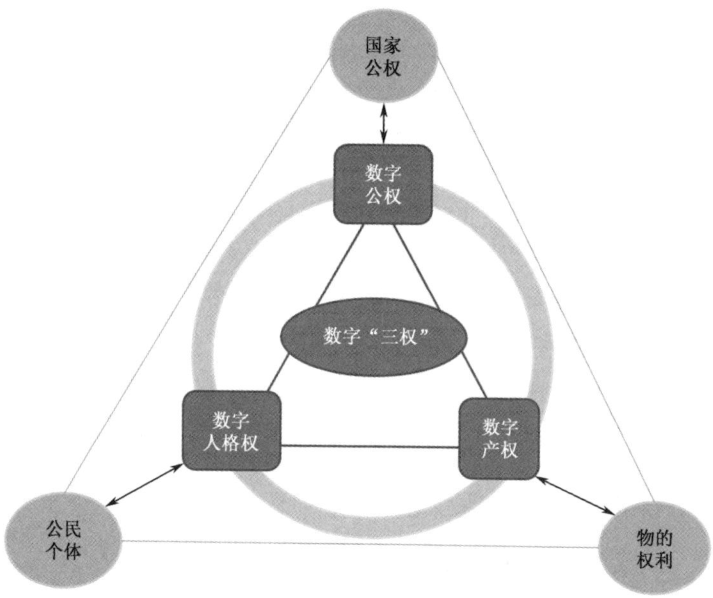

图 5-2　数字“三权”框架体系

1. 数字人格权

个体在数字社会中以数据化的形式被记录、表征、使用，通过利用个体数

① 连玉明. 认清形势，把握趋势——兼谈大数据在社会治理中的应用. 领导决策信息，2018(6):18-19.

② 呼连焦，刘彤. 大数据视域下社会治理：机遇、挑战与创新. 湖湘论坛，2018,31(4):63-70.

据，每个个体都享受到了数字化发展带来的红利。同时，每个人都是数据源的主体，如果个体数据不能得到充分的保护，容易出现非法收集、出售、使用个人数据，侵犯个人人格权等问题。个人数据的权利安排直接影响了数据的流通、共享及数据产业的发展。数字人格权的权利内容以隐私保护为主，重点关注人格权保护问题，强调的是对人格权的保护，在确权过程中应重点赋予其对自身数据的控制权，而非赋予其对相关数据的产权。

目前世界各国在界定个人数据的概念上并未达成一致。例如，美国强调“个人数据”，欧盟侧重“个人隐私”，日本则使用“个人信息”等。我国相关法律中主要使用个人信息的概念，《中华人民共和国网络安全法》第七十六条对个人信息的内涵做了明确：“个人信息是指以电子或者其他方式记录的能够单独或者与其他信息结合识别自然人个人身份的各种信息，包括但不限于自然人的姓名、出生日期、身份证件号码、个人生物识别信息、住址、电话号码等。”此外，《中华人民共和国民法典》将个人信息保护纳入人格权法的保护当中，对数字人格权进行了初步回应。

2. 数字产权

随着数字社会的飞速发展，数据资源的财产属性已经得到人们的充分认可，有人更是将数据资源类比为“新时代的石油”。完善的产权制度是实现数据资产化与数据有序流动交易的前提，产权保护有利于更好地激励数据生产、共享、利用和开放。产权包括物权、债权、股权和知识产权等各类财产权。数字产权制度源于数据交易流通的需要，个体信息只有按照特定目标、特定方法收集整理构成的数据集或数据产品，才具有明显的经济价值。完善的数据产权制度应表现为产权的归属明确、产权的内容法定和产权的保护严格。数据产权的核心是明确数据处置权和收益权的归属问题，即进一步明确谁有权收集何种类型的数据，谁有权处理和使用这些数据，企业是否有权与其他人进行数据交易或数据共享，以及处理程度如何。

欧盟在数据立法方面一直走在世界前面，但对于数据产权的法律规定仍在尝试与探索之中。《通用数据保护条例》（GDPR）与《数据法案》中规定了数据主体的访问权、可携带权等权利。美国在数据领域方面则更加偏向于促进数据流通与利用，2020 年正式实施的《加州消费者隐私法案》（CCPA）赋予了消费者访问权、选择退出权、公平交易权等权利，并提出了企业的财务激励计划，即企业可以因对个人数据的处理而向消费者提供财务激励，虽然明确了个人数据的财产属性，但并未规定个人数据所有权。我国现有法律中暂无针对数据产权问题的具体规定，并且对于数据之上的法律利益仅规定其为权益，并未将其上升为一种数据权利。有部分地方立法对于政务数据的产权问题作出了探索性的规定，如《福建省政务数据管理办法》规定，“政务数据资源属于国家所有，纳入国有资产管理”；《广东省政务数据资源共享管理办法（试行）》规定，“政务数据资源所有权归政府所有”。但相关规定仅局限于政务数据这一种数据类型，且存在立法效力层级不够、规定不一等问题。

3. 数字公权

数字公权是从更为宏观的角度审视国家对于整个数字空间的治理。数据作为国家的重要资产，是政府治理的重要内容。政府是数据的管理者，一方面，基于公共管理的需要，政府掌握着大量居民和社会组织的数据，因此在使用中需要建立合法合理的原则；另一方面，作为社会数据的管理者，需要体现国家意志，对整个数字社会发展中的数据行为进行监管。吕廷君指出，“政府代表国家行使对大数据的管理权，表现为数据获取权、数据控制权、数据发展规划权和数据使用许可权”。[①]按照行使权力的对内和对外之分，政府作为数据管理者，对内加快推动数据开放和治理，对外要维护国家数据主权。数字公权的权利客体既包括个人公共数据，也包括行业企业主体公共数据。尽管以企业为主体的业务数据不属于公共数据的范畴，但这些数据所承载或依附的权益关系则需要国家来监管或调整，其数据价值化应用承载了公共利益，因此也属于数字公权的权利客体。

从各国司法实践看，以美国、欧盟为代表的国家纷纷采取不同措施保护国家数据主权。例如，美国国防部于 2021 年 6 月公开的《美国本土外云计算战略》（OCONUS）强调，在实施中确保美国保持对在 OCONUS 环境中收集、生成或共享的美国数据的控制和主权。此外，美国还通过《澄清海外合法使用数据法》（CLOUD）获得直接访问美国企业储存在境外服务器数据的权利。在国际数据主权交锋加剧的背景下，应从国家安全和公共利益角度出发，对整体数据作为公共物品加以管理和规制，重点关注国家数据主权，避免受其他国家长

---

① 吕廷君. 数据权体系及其法治意义. 中共中央党校学报，2017,21(5):8.

臂管辖干扰。[①]

5.4.2 良好数字生态：数字规则体系构建的目标

良好数字生态是数字规则构建的价值导向和目标导向，应当满足三大要求：开放、健康、安全（见图 5-3）。这既是对良好数字生态的建构要求，也是对数字规则体系构建的方向指引。

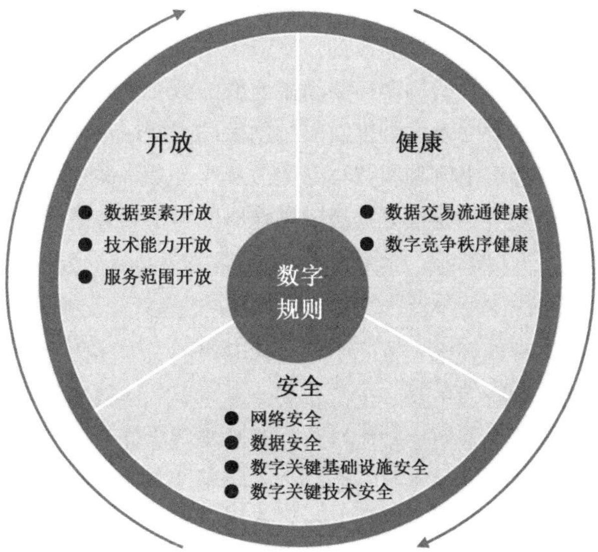

图 5-3　良好数字生态三大要求

1. 开放

从数字社会发展的角度看，开放的数字生态是数字社会内在规律的要求。数字社会的连接性体现为互联互通，数字社会朝着组织结构平台化、空间边界模糊化、互动方式开放化的方向发展，最终必然导向数据要素、技术能力、服务范围等多方面的开放。

---

① 童楠楠，窦悦，刘钊因. 中国特色数据要素产权制度体系构建研究. 电子政务，2022(2):12-20.

开放是满足个人、企业、政府等各类主体共享数字赋能的正当需求。对于企业而言，开放体现为技术能力的开放。数字技术的进步依赖于开放创新的集成，体现出合作共赢的特性，从全球主要软件企业积极推动开源社区建设，到我国“十四五”规划纲要提出“鼓励企业开放软件源代码、硬件设计和应用服务”[①]等，如何体现技术源开放成为数字规则构建中重要的考量方向。对于个人而言，数字开放体现为服务范围的开放。数字社会发展的理想结果是“数字化服务普惠应用”，从而缩小数字个体间、区域间主数字鸿沟和“数字红利”的差异，使得数字生活真正向所有主体开放和共享，其实质是数字服务的全面开放。对于政府而言，开放体现为数据要素的开放，要求推进政务数据和公共服务资源数字化开放，从而打破部门间数据孤岛，实现数据赋能。

由此，数字规则体系的构建需要满足开放的数字生态发展的需要。从国内看，要求数字规则的设立满足鼓励发展和创新的需要，进而实现数据要素、技术要素、服务要素的自由流动和共享开放。从国外看，数字规则的构建要与国际接轨，这是我国参与构建世界数字规则秩序的题中应有之义。

2. 健康

从数字社会运行的要求出发，需要构建健康的数字生态，实现数字社会发展规范有序，而不是野蛮生长、混乱无序。这主要基于数字技术的发展对数字社会运行的双重效应，即数字技术融合创新带来数字红利的同时，数字社会中出现信息孤岛、平台垄断、算法滥用、个人隐私泄露、平台劳动者权益受损等问题，侵害用户正当权益，频频引发舆论关注，也阻碍其他企业尤其是中小企业的创新与发展。

数字社会运行的无序主要源于资源独占和技术控制。数据资源的技术独占性和平台化特征，使得生产资料并不是平均化的分布，而是随着竞争运行的博弈出现“数字独占”或“数字垄断”的问题。[②]同样，算法技术的独特性和定制化特征，不可避免地导致算法黑箱、算法歧视、算法独裁、算法战争的隐忧，而基于规模性发展优势，数据资源和数字技术的演进逻辑则依托于资本趋利性，对处于弱势地位的消费者和普通劳动者带来“剥削”，从而不利于健康的数字生

① 中华人民共和国国民经济和社会发展第十四个五年规划和2035年远景目标纲要. 新华社，2021-03-13.

② 王建民. 数字社会是“监视社会”吗——数字社会的多维效应及机遇. 新视野，2022(1):108-114.

态的形成。因此，基于健康导向的数字规则的构建实际是适应人工智能、大数据、云计算、区块链等新技术新应用的制度规则，也是适应数据资源本身规律的制度规则。

健康的数字生态要求数字规则在数字价值化和数字竞争秩序方面进行规制。数字价值化规则以数据作为全新生产要素为特征，探索数据交易流通的可行模式，推动数据在经济中发挥最大价值，可涵盖数据交易与数据跨境流动等内容。数字市场竞争秩序的重点是给平台企业合规经营规定边界和范畴，通过数字竞争规范引导数字市场健康发展，实现数字社会技术创新迭代升级和数字市场不断完善。

3. 安全

从数字社会发展的底线要求出发，构建安全的数字生态是一切发展的前提，数字规则的构建必然也包括数字安全这一要求。我国“十四五”规划纲要也提出“统筹发展与安全”的任务部署，积极守护安全发展底线。没有安全，数字社会的运行将失去防火墙。安全的数字生态要求强化数字安全规则体系建设，提升数据安全保障水平，有效防范各类风险。数字安全体系是一个动态发展的体系，需要从数字安全的范畴和标准入手，明确当前阶段的重点风险和可接受的安全底线，进而建立一套切实科学、鼓励发展、守住底线的安全保障规则体系。

数字安全是指在数字时代与数字化相关的一切安全要素、行为和状态的集合。关于数字安全的界定，既包括一般意义上的“网络安全”“数据安全”，也应当包括“十四五”规划纲要提出的“数字关键基础设施/数字关键技术安全”，三者构成数字安全的重要组成部分。总体而言，数字安全以数字身份为核心，涵盖了信息安全、网络安全、数据安全、隐私保护等领域或场景。除此之外，数字安全还包括利用数字技术保障数字基础设施的物理安全。

数字规则是数字安全框架的指引，安全法规和标准规范发挥着安全保障体系基准的作用。数字时代的安全保障，可以是全天候不间断的监控，也可以是层层设限的攻防技术和加密技术，防止数据泄露的隐私计算等，但这些实施层面的防护，指导他们的是背后的安全法规和标准规范。在系统完整的数字安全规则体系的基础上，我们可以把安全管理和安全技术有机结合起来，通过对安全设施、安全保护硬件及保护软件等参数设置、操作流程标准规范，结合安全管理法律法规的制定，提升安全保障能力。

5.4.3 数字行为规范：数字规则体系构建的内核

数字社会的发展归根到底是基于数据的各种使用行为产生社会价值的过程。按照《中华人民共和国数据安全法》中对数据处理的定义，数据全生命周期包含数据收集、存储、使用、加工、传输、提供、公开等环节。在数据收集环节，应当重点强调数据收集的合法合规，防止数据过度收集、非法收集。数据存储、使用、加工与公开等环节可包含数据汇聚、共享、开放、应用等活动，应当积极探索各类数据汇聚整合、共享融合、有序开放模式，促进数据价值开发利用。同时，也要对损害公平竞争、消费者利益的行为实施监管。数据传输、提供等环节可包含数据跨境流动与数据交易等活动。在数据全生命周期管控中，还涉及数据安全等内容，需要为数据安全制定安全技术、安全管理、安全建设、安全运营等规则，从风险规制层面为数据价值释放提供安全保障。

第6章

探路：全球数字规则体系构建初探

6.1 各国围绕数字治理加快建章立制

随着整个社会的数字化转型加速推进，为了防止对传统的社会治理产生颠覆性影响，世界各国纷纷加快数字化发展布局，围绕数据资源共享开放交易、跨境数据流动、数据安全和隐私保护、平台责任与平台治理等领域，积极调整现有法规制度体系，加快构建适用于数字化发展之下的政府、社会、经济运行的全新规则体系建设。

6.1.1 从法律层面加快推进数据开放共享

政府数据开放与共享指的是政府数据资源内部生成、协同共享和开放利用的过程。标准化、规范化的数据开放与共享治理，不仅有助于充分挖掘和开发数据资源的全部价值，使其更好地服务于全球经济社会的发展，而且可以建立起科学完善的相关制度和机制，为各主权国家的数据交往提供指引，加强全球数据安全治理合作意愿。

1. 美国通过法律法规保障数据自由开放

美国是大数据诞生的策源地，也是“开放政府数据运动”（Open Government Data Movement）的主要引领者。美国关于数据开放的立法进程历经“政府信息公开”和“政府数据开放”两个阶段。

政府信息公开立法阶段：2008 年金融危机之前，美国国内已经有了多部关于政府信息公开的法律法案。例如，约翰逊时期的《信息自由法》（1966）、《阳光下的政府法》（1967），克林顿时期的《强化政府出版署电子信息获取法》（1993）、《政府信息安全改革法》（2002）和小布什时期的《电子政府法案》（2002）等。

政府数据开放立法阶段：2009 年，奥巴马政府先后发布《透明和开放政府备忘录》《开放政府指令》和《开放数据声明》，确定了政府数据公开的三大原则：透明、参与、合作。2016 年，奥巴马政府又发布了《开放政府数据法案》，在总结过去政府数据开放经验的同时对未来工作提出了明确要求，为制定《开放政府数据法》提供准备。[①]

2018 年年底，美国正式通过《开放政府数据法案》（OGDA），为规范美国的政府数据公开提供了法律保障。《开放政府数据法案》作出了新的开放性规定，要求公开联邦政府数据目录、开放在线存储库等。《开放政府数据法案》是美国政府数据开放立法发展进程中的里程碑，对世界各国开放数据立法实践具有重要的借鉴作用。

其开创性突出表现在如下方面。[①]

（1）通过立法确定了政府数据开放的基本原则。

（2）明确了政府数据开放领域基本术语的定义。例如，数据、数据资产、机器可读、综合数据清单、开放许可等。

（3）确立“例行审查”和“公共利益数据优先”两项重要制度。《开放政府数据法案》规定，联邦政府机构要对政府数据开放开展例行审查，除涉及国家安全、知识产权、个人信息和商业机密的内容外，政府数据原则上应当全面开放；对涉及公共利益的政府数据，要优先开放。

（4）建立首席数据官（CDO）及委员会制度。联邦政府各相关机构设立一名首席数据官，负责管理政府数据开放工作。此外，由首席数据官、首席信息官（CIO）及电子政府办公室负责人等组成首席数据官委员会，协调数据的开放、传播、利用与维护，维护用户的合法权益。

（5）设立政府数据开放报告与评估制度。规定首席数据官及委员会定期向美国国土安全委员会、参议院政务部、众议院监督委员会提交正式报告说明；四年内，联邦审计长还需将首席数据官及委员会履职情况进行检查评估，并向国会报告。

（6）公开联邦政府数据目录，开发与维护数据清单。规定应当公开的政府数据目录，建立在线开放数据存储库；开发与维护政府开放数据清单，在联邦政府数据目录上公布公共数据资产的介绍和链接。

---

① 东方，邓灵斌：政府数据开放的法律规制：美国立法与中国路径——基于美国《开放政府数据法》（OGDA）的思考. 情报资料工作，2021, 42(5):50-57.

此外，美国通过有效执行机制和管理体系确保数据开放落实。为了保障数据开放政策的落实，美国政府在人力、顶层设计、技术标准、预算管理、数据战略等方面制定了相应的配套机制，为政府数据的共享开放提供支持，是一套从数据发布、采集、管理到应用的全流程管理体系，保证了 www.data.gov 的良性运行和不断发展。2019 年年底，为响应人工智能（AI）的发展，美国发布《联邦数据战略和 2020 年行动计划》，将人工智能列入开放数据计划，进一步完善开放政府数据清单。按照该文件要求，建立联邦首席数据官委员会和联邦数据政策委员会，并设立专门负责人完成对数据全生命周期的监控和管理。图 6-1 为美国政府开放数据规则体系。

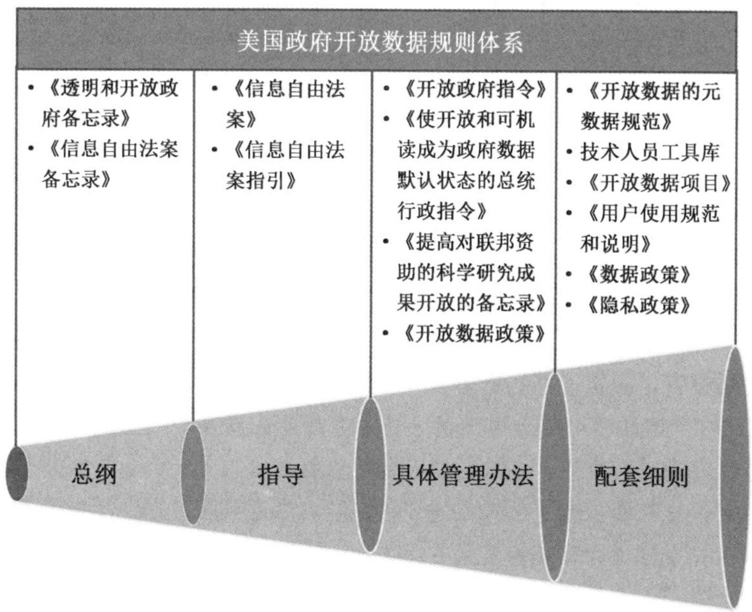

图 6-1　美国政府开放数据规则体系

2. 英国通过系列政策法规完善开放规则

英国是全球政府数据开放的领导者和先行者，曾经连续五年（2013—2017 年）居于万维网基金会的“开放数据晴雨表”（Open Data Barometer，ODB）全球评估的榜首。英国政府的数据开放之所以成功，在于其构建了完善的数据开放政策体系。自 2009 年以来，英国政府颁布大量的数据开放政策，主要针对政府数据、公共数据的开放共享，将透明度作为政府议程的核心，提升公共服务质量，并且进一步推动公共数据的开发利用，释放公共数据潜能，实现开放数据的经济和社会价值。表 6-1 为英国发布的政府数据开放相关政策。

表 6-1　英国发布的政府数据开放相关政策

政策类型	名称
行动计划、战略计划、白皮书	《迈向第一线：更聪明的政府》《联合政府：我们的政府计划》《英国政府许可框架》《开放政府伙伴关系英国国家行动计划 2011—2013》《2011 秋季声明》《促进增长的创新与研究战略》《开放数据白皮书：释放潜能》《开放政府伙伴关系英国国家行动计划 2013—2015》《抓住数据机遇：英国数据能力战略》《G8 开放数据宪章英国行动计划 2013》《英国开放数据路线图 2015》及《英国开放政府国家行动计划 2016—2018》《政府转型战略（2017—2020）》
法案/法令（Act）及条例/规章（Regulation）	《信息自由法》（2000）、《公共信息再利用条例》（2005）、《地方政府透明准则》（2014）、《地方政府透明行为准则》（2015）、《自由保护法》（2012）、《公共部门信息再利用指令》（2013）、《公共部门信息再利用条例》（2015）、《环境信息条例》（2004）、《数据保护法案》（1998）、《公共部门透明委员会：公共数据原则》（2009）、《开放标准原则》《身份管理与隐私原则》

英国的政府数据开放规则体系特别注重实践指导作用：

（1）内容覆盖面广。这些政策对本国政府数据开放的内容、所遵循的原则、数据开放的范围及所采用的标准、许可协议、组织机构等具体要求都进行了规定，以使其能够更好地指导和规范政府数据开放实践。这些政策以行动计划、战略计划、白皮书等政府文件为主，包括标准政策、许可政策、规划政策等多种类型。政策主体既包括内阁办公室等中央政府机构，也包括财政府、商业、创新和技能等多个机构，形成了多维、多方协同治理的格局。

（2）注重连贯性和效率。英国政府会基于之前的政策实施效果进行修改完善，循序渐进地制定延续政策。英国特别注重及时将国际组织的倡议转化为本国的法律法规，[①]见表 6-2。同时，不同于美国对政府数据开放进行专

① 秦岭. 英国政府数据的开放与监管：政策法规、组织机制及对我国的启示. 广东通信技术，2017, 37(10):22-25.

门立法，英国没有为政府数据开放专门制定一系列独立的法律法规，而是通过不断修改现有法律对政府数据开放提出要求，如《信息自由法》（2000）增加了关于数据集的内容。此立法模式的优势在于立法效率高、针对性强，大大压缩了政策时滞。

表 6-2　英国根据国际组织政策发布的相关政策[①]

国际组织政策	英国对应政策
2003 年，欧盟发布了《公共部门的信息再利用指令》，明确提出公共部门的数据信息是信息服务的重要原始材料，公共部门要为这些信息的再利用构建一个总体框架，从而形成公平均衡的数据使用环境	2005 年，英国政府便相应颁布了《公共部门信息再利用条例》，把公共部门信息再利用上升到法律的高度
2013 年，欧盟发布修订版的《公共部门信息再利用指令》	英国政府在 2014—2015 年度的立法中将其转变为本国法律
2013 年 6 月，八国集团首脑峰会签署了《G8 开放数据宪章》	英国第一时间响应，并提出了国家行动计划《G8 开放数据宪章英国行动计划 2013》
2011 年 9 月 20 日，巴西、印度尼西亚、墨西哥、挪威、菲律宾、南非、英国、美国等八个国家联合签署《开放数据声明》，成立开放政府合作伙伴	英国作为倡导国，很快提出了《开放政府合作伙伴英国国家行动计划 2013—2015》。为加强对数据使用的监管，保护个人和企业隐私权，2011 年 2 月，英国众议院发布《自由保护法》（2012），以减少政府侵犯个人隐私的可能性，捍卫公民权益

（3）在数据开放中强调公民权利。一方面要求政府主动公开数据并授权让公众使用，另一方面以法律的形式确保公众的数据获取权和利用权。此外，重视个人隐私保护。几乎所有与政府数据开放相关的法律法规中都有关于个人隐私保护的内容，对个人数据的获取和使用进行了详细规定。

（4）建立专门机构促进数据开放。政府数字服务局（GDS）作为政府部门与民间机构的协调和执行部门，负责编制《公共数据原则》，要求各部门参照制定“开放数据战略”并发布数据集；内阁办公室领衔的公共部门透明委员会（PSTB）作为政府数据公开的监督部门，负责制定数据开放的标准；在数据战略委员会下设了公共数据组（PDG），该组包括英国工商局、地震局、气象局和地形测量局 4 个部门，专门负责收集、管理和分配重要的数据集，协调各公共部门之间的信息存取，从而确保公众能免费使用数据；开放数据用户小组（ODUG），小组由政府、企业、学术界、市民等各方面的代表构成，发挥着数据供给双方之间联系桥梁的作用。用户通过 ODUG 提出信息诉求，ODGU 将这些诉求向数据战略委员会传达，从而确定优先开发的数据。商业、创新与技能部（BIS）负责建立“开放数据突破基金（ODBF）”，负责解决政府数据开放中的资金问题。由商业创新技能部（BEIS，原商业、创新与技能部演化而来）下的数据战略委员会负责组建开放数据研究所（ODI），为公共部门、学术机构和创业企业使用开放数据提供“孵化环境”。2020 年 4 月，英国政府在政府数字服务局下设立“数据标准局”（DSA），负责数据标准的建设，以提升不同部门之间的数据共享能力及保障数据质量。2020 年 8 月，DSA 公布第一批成果——共享和开放数据的元数据系列标准及实施指南，具有开放性和系统性的鲜明特征，代表着国际上元数据标准建设的发展方向。其间相关组织机构关系及主要职责见图 6-2。

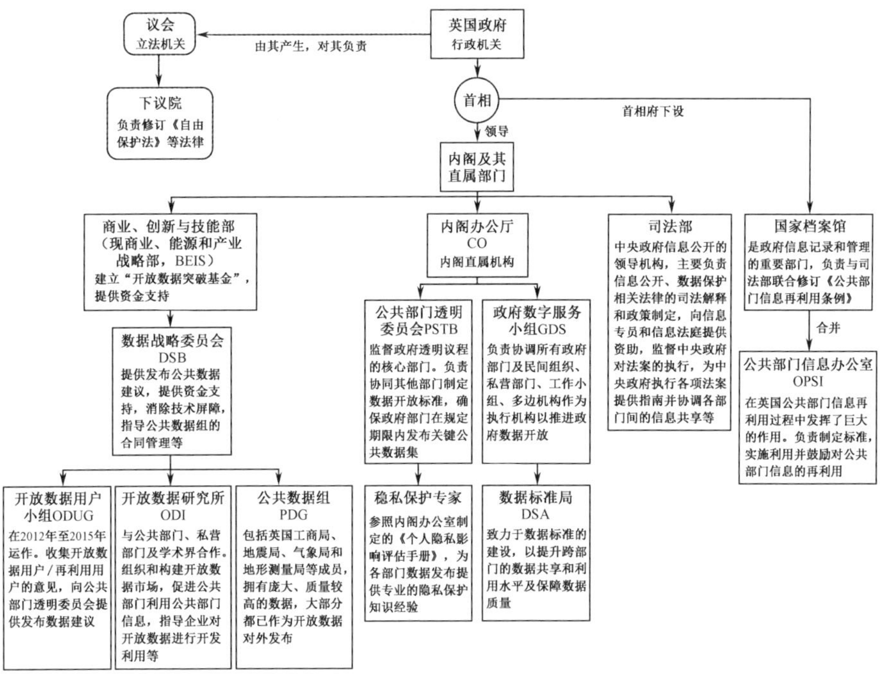

图 6-2　英国公共数据开放利用的组织结构图[①]

① 杨琪、马军杰. 英国关于公共数据的认识与开放利用经验.（2022-03-11）.

3. 欧盟从制度层面促进成员国数据开放

由于政府数据开放主要集中于政府公共数据领域，所以欧盟的数据开放分享主要由各成员国各自主导，欧盟主要从制度层面寻求欧盟范围内的统一，促进欧盟成员国之间数据的自由流通。

2011 年 12 月，欧盟委员会发布了报告《开放数据：创新、增长和透明治理的引擎》，明确提出了欧盟的开放数据战略。2019 年 1 月 22 日，欧洲议会、欧盟理事会和欧委会关于修改《开放数据和公共部门信息指令》（PSI）达成一致意见。新指令将有利于推动欧盟公共部门数据的可获取和再利用。

2020 年，欧盟发布《欧盟数据战略》，旨在加强数据流通，促进公共数据的开放共享，在数据开放领域建立真正的欧洲统一市场。一是加强欧盟层面在数据公共空间使用数据的治理机制，优先通过标准化活动，形成数据集、数据对象和标识符的统一描述，促进各领域的数据流动。二是以公共利益为目的个人数据使用将更加便利。三是致力于实现更多高质量公共数据的再利用，使数据集在欧盟内部可以通过机器可读的格式利用 API 方式免费提供。

2020 年年底，欧盟发布《数据治理法案》（DGA），并于 2022 年 4 月审议通过，该法案着力于促进公共数据为社会和企业所用。一是旨在建立对数据共享的信任。通过一系列工具，包括匿名化等技术解决方案，以二次使用的名义为数据建立具有法律约束力的协议，使数据共享更安全、更容易，并确保数据共享符合数据保护相关法律。二是创建欧洲共同数据空间。允许在健康、环境、能源、农业、流动性、金融、制造业、公共行政和技能等一些重要领域，创建欧洲共同数据空间，并分别进行立法、制定互通标准、发展数据中介。

4. 数据开放国际公约不断推出

随着开放政府理念的流行，国际合作日渐频繁，国际约定成为各国政府数据开放建设的重要形式。在 2011 年 9 月的联合国大会上，菲律宾、南非、英国、美国等八个国家签署了《开放政府宣言》（*Open Government Declaration*），成立了开放政府联盟（Open Government Partnership，OGP）。2013 年，美国、英国、俄罗斯等八国集团首脑在北爱尔兰峰会上签署《开放数据宪章》；2015 年，智利、韩国等 17 个国家签署《国际开放数据宪章》，该宪章确立了开放数据的六大准则：“默认开放”“及时全面”“可获取和可使用”“互操作性”“统一标准性”及“包容性发展和创新”。2020 年 12 月，经济合作与发展组织协助各国政府健全组织体系、完善数据共享开放平台等措施，加快规则制定和实施数据共享，提高数据开放与共享的公开性、透明性及协作性。

6.1.2 数据流通交易监管尚处于探索阶段

数据价值链建立在不同形式的数据活动之上，数据只有在流动中才能够产生相应的价值。世界范围内并没有对数据进行权利化的明文立法规范。美国、欧盟根据自身不同的交易模式和数据保护思路形成了不同的监管规则。

1. 美国是以数据经纪人交易为代表的监管探索

在美国数据交易模式中，已经形成了以数据经纪人为代表的典型数据交易模式。数据经纪人，通常是通过收集消费者数据，创建消费者个人数据文档，并随后向他人出售或者分享这些数据的公司。数据经纪人有些时候也被称为信息零售商、数据经销商，或者信息经纪人。

在实际市场运作中，数据经纪人可以是数据产品/服务提供商，也可以是撮合买卖双方交易的数据交易平台，还可以是提供数据共享功能的数据管理系统。根据与数据经纪人发生交易关系的卖方与买方身份的不同，可将数据经纪人分为以下三类：（1）消费者对企业（Customer to Business，C2B）分销模式。用户将个人数据提供给数据经纪人（通常是数据产品提供者），数据经纪人向用户支付一定的商品、货币、服务等价物或其他对价利益，并将汇总的个人信息出售给买方；（2）企业对企业（Business to Business，B2B）集中销售模式。此种模式下的数据经纪人通常发挥数据交易平台的功能：支持查询相关数据集，以中间人身份为数据提供方和数据购买方提供数据交易撮合服务。例如，美国微软Azure、DataMarket 等数据平台可供研发企业等机构对目标客户进行查找、预览、购买和管理数据订阅，并代理数据提供方和购买方进行数据买卖活动；（3）B2B2C 分销集销混合模式。数据平台以数据经纪商的身份，收集用户个人数据并将其转让、共享于他人，如 Acxiom、IDAnalytics 等公司。

数据经纪人行业在美国较为成熟，但作为新兴行业，仍存在消费者数据权利缺位、行业透明性低、潜在的消费者歧视等风险和问题，因此为了保障数据交易，美国主要从政府监管和行业自律两个方面采取了相应的措施。

在政府监管方面：美国从 2014 年至今，相继发布了《数据经纪人责任制与透明法案》《数据经纪商法案》等法律，通过立法赋予个人数据知情权和决定权，确立了年度登记注册等旨在提高数据经纪业的行业透明度制度。对于在数据经纪业务中时有发生的数据泄露事件（总部位于旧金山的数据经纪商 LimeLeads 数据泄露），美国证券交易委员会于 2021 年提出要求，上市公司必须上报数据泄露等网络安全事故，否则将对其进行传讯调查。

在行业自律方面：首先，通过行业内部措施的自我完善来确保数据准确可靠，美国大多数据经纪商与数据来源企业签署书面合同，以保证数据来源于各级政府、公开网络等正规合法渠道，最大限度地保障数据质量。同时在日常系统维护中，很多经纪商也会注重安全管理，通过加强身份验证、加密等安全技术运用，以此来强化数据安全性。例如，Acxiom 规定，使用多层安全系统，控制访问权限及安全性，未经授权的个人或企业不得访问相关信息等。

2. 欧盟注重数据权利义务的交易监管

欧洲 B2B 数据交易流通主要包括数据货币化、数据交易市场、工业数据平台三种策略。数据货币化就是公司从数据的共享和提供中直接获得收益。例如，Geo 就是一个能源监测设备供应商，它的作用是将设备收集到的数据经过匿名化后提供给第三方公司。数据交易市场类似于中国的大数据交易所，数据供给方和需求方在此进行交易。Dawex 就是这样一个全球性交易平台，它设立了在线的交易平台，撮合数据交易，并对平台上的每一笔数据交易收取佣金。工业数据平台是数家公司自愿合作形成的一个封闭平台，目的是供成员单位之间通过数据交换获利。

欧盟关于数据交易的法律重点是强调数据安全，并试图构建数据交易的合规体系。例如，2018 年 11 月发布的《非个人数据自由流动条例》和 2022 年 2 月发布的《数据法案》（DA）〔草案〕，均重点针对非个人数据，旨在为非个人数据的使用提供公平的访问和共享框架，推动数据市场更加开放，充分发挥数字经济价值。例如，保护中小企业、要求数据互操作性，倡导物联网数据开放等。

针对数据持有者和接收者需要履行的权利和义务，《数据法案》也作出了明确规范，主要包含以下两个方面。

（1）就数据持有者对用户的权利与义务而言，《数据法案》规定了产品或服务的用户有权访问、使用和向第三方分享其因使用产品或服务所产生的数据，保障了用户对其数据所享有的权益。首先，数据持有者必须根据要求向用户提供生成的数据，不得无故延迟或收费，条件允许时还应连续、实时地提供，并保证数据质量与数据持有者本身可获得的质量相同。其次，数据持有者使用数据时，必须与其用户签订合同，数据持有者不得以可能损害用户在市场上商业地位的方式来使用数据。该法案也为数据服务提供商设置了严格的时限，即需要在 30 日的最长过渡期内协助用户完成迁移，确有困难的，则需要在 7 日内通知用户，详细告知技术方面不可行的原因，并在不超过 6 个月的时间内提供替代方案。最后，数据持有者还必须根据用户（可能是竞争企业）的要求向第三方提供数据。例如，通过数据共享让用户有权寻求第三方来修复链接的产品，从而支持售后市场。接收的第三方需受到多种限制，如目的限制、继续共享限制、数据删除、竞业禁止/排他性要求和数据保护合规等。鉴于欧盟近期有其他主要立法发展目标的考虑，如果第三方或其集团成员构成欧盟《数字市场法案》的守门人，则该第三方没有资格接收此类信息。

（2）就数据持有者对数据接收者的权利与义务而言，根据 2017 年针对欧洲数据交易市场的调查研究报告，欧盟委员会意识到企业间数据流通的一大障碍在于具有更强谈判能力的数据持有者可能会单方面施加不公平的交易条件，因而可能导致数据流通的磋商困难、成本极高，也可能使具有竞争优势的企业利用数据壁垒阻止新参与者进入市场。故《数据法案》规定数据持有者必须在公平、合理、非歧视的条件下，以透明的方式完成数据的分享。数据持有者可以采取适当的技术保护措施，包括智能合约，以防止未经授权访问数据，并确保遵守《数据法案》第 5、6、9、10 条规定及商定的提供数据的合同条款。数据接收者提供不准确或虚假信息，使用欺骗或胁迫手段或滥用数据持有者技术基础设施中的明显漏洞，或将数据用于未经授权的目的或未经授权将数据披露给另一方，则必须销毁数据持有人所提供的资料及所有副本。该法案遏制了不公平条款的使用，进一步保护了中小企业。不公平合同条款，涉及规范数据访问和使用、违反或终止数据相关义务的责任和补救措施的，当单方面强加给微型、小型或中型企业时，对它们不产生约束力。该法案还规定了认定和推定不公平条款的不同情形。例如，合同条款的目的或效果涉及以下三种情形，则会被认为是不公平的条款：一是排除或限制单方强加条款的缔约方的故意行为或重大过失的责任；二是排除在不履行合同义务的情况下被强加条款方可获得的补救措施或单方强加条款的缔约方违反义务的责任；三是赋予单方加强条款的缔约方专有权利，以确定所提供的数据是否符合合同或合同解释。

6.1.3 致力于构建与本国产业战略相应的数据跨境政策

自新冠疫情暴发以来，数据跨境流动对全球经济的作用越发凸显。数据流动不仅有利于新冠疫情的经济应对（如医疗研究数据共享、疫苗生产设施的监测和自动化控制，以及采用数字服务实现业务连续性等），也有利于新冠疫情的社会应对（如家庭视频通话、用于娱乐和在线购物的流媒体内容等）。随着更多国家和地区开始数字化转型，数据流通需求进一步增大，各国数据跨境流动规则路径的选择极大地受到本国产业能力影响，目前主要形成了四种典型的规则：以美国为代表的主张自由流动策略，以欧盟为代表的规制性策略，以俄罗斯为代表的限制性策略，以日本为代表的平衡性策略。

1. 美国以维护产业竞争为主旨，构建数据跨境流动政策

美国关于跨境流动的政策主张如下。

（1）主动推动个人数据自由流动，利用本国产业优势主导数据跨境流动。例如，《美墨加协定》《美日数字贸易协定》，以及美国主导建立的《亚太经济合作组织跨境隐私规则》。《美墨加协议》及《美日数字贸易协定》围绕跨境数据流动率先设定了超越“公共政策”“公共安全”底线的数据自由流动条款，为本国产业的全球发展和保持优势开辟道路。

（2）严格控制技术出口和数据领域对外投资，遏制竞争对手发展，确保美国领先地位。例如，特朗普政府时期签署的《美国出口管制改革法案》就特别规定，出口管制不仅限于“硬件”出口，还包括“软件”，对于关键技术数据的出口，必须得到商务部的许可。外国投资审查方面，改革后的《外国投资风险审查现代化法》将美国企业进行的关键技术的非控制性投资也纳入了审查范围。

（3）针对联邦政府数据，制定受控非密信息（CUI）清单。CUI 详细列出了被美国政府视为“重要数据”的农业、金融、外国政府信息、移民等 23 个门类的数据信息，美国政府对此采取较为严格的管理措施。

（4）通过“长臂管辖”将国内法扩展至域外，以满足其跨境调取执法数据的需要。2018 年，美国议会通过《澄清境外数据的合法使用法案》（CLOUD），扩大了美国执法机关调取海外数据的权力。其他国家需要调取美国的数据，则必须通过美国政府的审查，满足美国的数据流动要求。2019 年 10 月 3 日，美

英两国根据 CLOUD 签署了世界上第一份双边数据共享协议。该协议将允许美英两国的执法机构在适当授权下，直接从其他科技企业中获取有关严重犯罪的电子数据，包括恐怖主义犯罪、儿童性虐待犯罪和网络犯罪等的电子数据。

2. 欧盟采取主权内化于私权的方式，保护跨境流动

欧盟在进行跨境数据流动治理时，采取了将主权内化于私权的方式间接保护个人数据安全，已通过的《通用数据保护条例》（GDPR）构建了严格的个人数据保护法律框架，并在此框架下力图推进数据的跨境流动，达成二者之间的平衡。

（1）消除数据在欧盟内部的流动障碍，建设欧盟单一数字市场。2015 年 6 月，欧盟提出《数字化单一市场战略》，旨在消除内部壁垒，将 28 个成员国建设成一个单一的大市场。为了这一目标的实现，欧盟先后通过《通用数据保护条例》和《非个人数据在欧盟境内自由流动框架条例》。这两条条例分别对欧盟内部个人数据和非个人数据在各成员国之间的地域限制进行规范和削减，推动数据资源在欧盟范围内的自由流动。

（2）制定“白名单”制度，增强欧盟数据保护立法的影响力。综合考虑政治因素、法治因素、数据保护立法情况等因素，欧盟认定了包括美国、以色列、瑞士、日本、韩国等 14 个国家和地区作为数据跨境流动“白名单”对象。

值得一提的是，《欧美隐私盾牌》协定被欧盟法院判定无效。2016 年 2 月，欧盟委员会和美国商务部通过了《欧美隐私盾牌》协定，以支持跨大西洋商业目的的个人数据流动。欧盟希望通过《欧美隐私盾牌》协定保护欧盟公民个人数据传输至美国后的基本权利，要求美国企业承担更多义务保护个人数据，并要求美国商务部和联邦贸易委员会承担更多的监督和执法责任。然而，2020 年 7 月，欧盟法院作出判决，认定《欧美隐私盾牌》协定无效。法院认为，美国的数据监视制度不尊重欧盟公民权利，并将美国国家利益置于公民个人利益之上。目前，美国已与欧盟开启新一轮讨论，筹备出台新制度以取代目前的《欧美隐私盾牌》协定。鉴于欧盟法院立场，新协定很可能对相关权利义务规定进行重大调整。

（3）提供多样化的个人数据跨境流动方式。在缺乏充分性认定的情况下，欧盟还为企业提供了数据跨境转移机制，这些机制为在欧盟收集处理个人数据的企业提供了可选择的数据跨境流动机制。

（4）积极推进犯罪数据的境外调取。2018 年 4 月，欧盟委员会通过了《电

子证据跨境调取提案》，根据该提案，数据存储位置不会被作为确定管辖权的决定因素，只要满足一定条件，欧盟成员国可直接要求服务提供商提交电子证据。

3. 俄罗斯强调数据本地存储、处理与严控出境

（1）立法确定了数据本地化存储规则。基于执法动机和经济动机，俄罗斯发布的《关于信息、信息技术和信息保护法》和《俄罗斯联邦个人数据法》确立了数据本地化政策。俄罗斯对个人数据流动管控极为严格，在执法层面，俄罗斯希望通过数据本地化政策加强政府对数据流动的控制力，这一点也体现在其反恐法修正案“Yarovaya's Law”上。

（2）划定数据自由流动范围，允许自由流向“108 号公约”缔约国和白名单国家。俄罗斯同样存在与欧盟相似的“白名单”制度，要求数据接收国必须符合同等保护要求才可进行跨境数据传输，否则，只有在个人数据主体已书面同意其个人数据出境、个人数据主体作为合同当事人履行合同等前提条件下，才可传输数据出境。

4. 日本谋求成为全球跨境数据流动制度的推动者

日本综合了美欧跨境数据流动监管的特点，政策灵活而富有弹性。日本一方面在亚太经合组织、二十国集团、全面与进步跨太平洋伙伴关系协定中积极配合美国，助力“美式模板”扩大影响力；另一方面又积极融入欧盟《通用数据保护条例》(GDPR)，以求达成双边数字贸易关系。

（1）国内立法上采取更为弹性化的政策。日本在跨境数据流动方面，限制性条件相对较少，只对涉及国家安全的敏感或关键数据进行监管；在数据本地化方面，日本政府要求涉及国家安全的数据必须实现本地化储存，但对其他数据不做格外限制。

（2）积极参与多边和双边数据跨境协定谈判，推动数据跨境自由流动规则的构建。一方面，日本积极跟随美国数据跨境自由流动的政策主张，积极参与跨太平洋伙伴关系协定（TPP）和亚太经合组织（APEC）确立的跨境隐私规则（CBPR）体系；另一方面，日本积极对接欧盟的数据保护规则，主动制定规则弥合欧盟和日本在数据保护规则上的差异，对源自欧盟的个人数据加强保护。

5. 全球数据跨境治理规则进入关键博弈期

当前，以数据跨境流动监管为核心的全球数字流动博弈已成为各国争夺数

字经济竞争优势和维护国家数字主权的主要手段。

1）数据主权意识不断觉醒

数据基于网络媒介在各个主权国家之间进行跨境流动与存储已经成为常态，然而数据的跨境自由流动也孕育着各类数据安全潜在风险。首先，数据的跨国界流动造成了数据来源地与储存地的割裂、数据控制者与所有者的分离及数据管辖权与治理权的模糊，进而引发各国在数据管辖权及确认目标数据所在地方面的矛盾。例如，“微软海外邮件数据授权案”的争议焦点就在于，一国政府对本国企业在域外的数据是否享有控制权或管辖权。其次，从各国数据隐私保护的视角看，由于各国数据安全和隐私保护水平不一致，当用户数据从保护水平较高的地区流向保护水平较低的地区时，可能会因为立法不足、保护技术或管理能力有限，导致存在数据泄露的风险。

基于以上考虑，各国的数据主权意识不断增强。2013 年斯诺登“棱镜门”事件后，各国的数据主权意识不断增强，并成为国家主权的重要组成部分。数据主权是指以符合数据所在国法律、惯例和习俗的方式管理数据，也指国家采取一系列方法控制在本国互联网基础设施中生成或通过本国互联网基础设施生成的数据，并将数据流置于国家管辖范围内。[①]国家数据包括土地、水、人口、健康、金融和犯罪等方面信息。数据主权要求国家对本国的数据信息进行监管控制，否则极有可能导致一些数据信息强国的霸权入侵，甚至威胁到国家安全，通过数据泄露干涉别国内政。

2）扩张性的数据主权战略将加剧管辖权冲突

数据作为国家重要战略资源，对数据的治理成为国家主权的重要因素。互联网与数据资源是全球性的，然而对数据和网络的立法与监管却是分国别的。长期以来，互联网的地域管辖问题一直未得到解决。

美国的数据主权战略主要表现在通过“长臂管辖”扩张其跨境数据执法权。根据美国法律，美国执法机关对美国企业“控制”的数据，不论在境内还是在境外都享有主权，这种“长臂管辖”，使美国的数据主权扩张到全球市场。与美国不同，欧盟的数据主权战略以“守”为主，采取严格型数据安全战略，为了制衡数据强国对自身数据主权的损害，往往以相对独立的战略认知和价值体系等形成一套自我模式，并强调在尊重和保障数据相关主体权益的情况下加以实施。相比之下，中国、俄罗斯等国的数据主权战略较为被动，更倾向于通过数

① 冉从敬. 数据主权治理的全球态势与中国应对. 人民论坛网，2022-03-09.

据本地化解决法律适用和本地执法问题。

3）大国战略互信成为跨境数据流动的双边/多边合作体系建立的基础

首先，双边谈判是目前确保数字贸易开展的主要选择。双边谈判主要有两种形式。第一，国家地区的监管机构之间达成数据保护充分性认定，这以欧盟数据保护白名单最为典型。随着 GDPR 的实施，越来越多的国家通过制定或修订个人数据保护法，试图与欧盟开展谈判，以进入欧盟市场。第二，在双边经济贸易协定中加入“数据自由流动”相关条款。[①]例如，新加坡与 32 个贸易伙伴签署了 21 个自由贸易协定，以不同方式处理数据保护问题。

其次，有约束力的数据跨境流动多边协议较难达成一致，CBPR 可能成为主流。APEC 隐私框架是亚太地区第一个数据保护协同框架，并建立了一整套的落实措施，2011 年建立的跨境隐私规则体系（CBPR 体系）是当前多边监管合作中较为成熟的机制。

总体来看，当前数据跨境流动主要围绕美欧日等发达国家来划定，大国战略互信，是数据跨境流动有序实现的必要前提，缺乏互信则会倾向于互相采取限制性的行动。

4）分类分级监管、多种监管机制并行是主流做法

尽管各国在数据本地化要求、具体的数据跨境流动管制方面存在差异，但区分数据类型，分类分级管控，并灵活适用多种监管机制，是比较共性的做法。首先，不同类型的数据价值、承载的利益及所面临的风险有所不同，所以需要根据数据类型进行分类分级管控。个人数据跨境流动监管主要以数据安全为出发点，主要以企业自律为基础，政府在认证第三方认证机构、制定数据出境合同范本等方面施加监管。其次，在数据跨境流动机制上，不“一刀切”，而是一边设置通用的数据跨境流动机制，一边根据不同领域的特殊性制定细化措施。例如，欧盟 GDPR 在决定机制基础上，又设计了包括标准合同条款、约束性公司规则（BCRs）、行业准则机制、认证机制等多种替代措施。

---

① 据世界贸易研究所一项关于“双边贸易协定中的数据相关条款”的研究显示，自 2000 年起，全球共有 99 项双边经贸协议中包含了至少一条关于电子商务和数据跨境流动的条款，其中有 72 项双边协议包含了电子商务和数据跨境流动的章节，美国、新加坡、澳大利亚、加拿大和欧盟是主要的规则制定者。

6.1.4 加快重塑数字竞争秩序

近年来，数字平台企业之间屡屡出现恶性竞争行为，这不仅使用户权益沦为利益扩张的牺牲品，而且也引发了一系列数据安全问题，消耗了互联网行业在维护网络生态安全中的治理动能。从危害表现形式来看，一方面，数字平台企业特殊的市场行为产生的“大数据杀熟”“数字化卡特尔”“掠夺性定价”等现象，成为平台形成数据垄断的重要手段，或导致市场支配地位滥用，引发一系列诸如破坏行业生态、扰乱市场竞争秩序、压制创新、侵犯个人隐私等数据安全问题；另一方面，数据自身具备的多重属性及复杂权利责任关系，使得难以统一数据权属层面的标准，进而导致数字企业平台之间产生数据权属界定不清晰、配套规则缺失及数据类型划分难等问题，加剧了数据安全治理的难度。当前，随着数字平台企业的日益扩大，其所带来的数据安全问题愈加严重，主权国家相继通过加大反垄断力度、提高罚金等方式来抑制数字企业的恶性竞争。

1. 美国加强数字市场调查和立法探索

从数字平台领域看，美国数字市场高度集中状态尤为突出，谷歌占据全球92.5%的市场份额，亚马逊、Facebook 在电商和社交领域也是绝对主导，在美国市场几乎没有竞争对手。2019 年以来，美国开始发起大规模反垄断调查，特别是对大公司以维持市场支配地位为目标的并购和滥用等行为加强调查力度。

美国参议院 2022 年通过的《美国在线创新与选择法案》侧重于保护中小型科技企业发展，维护整个数字市场竞争的生态平衡，其影响范围不仅涉及亚马逊、Meta 等美国本地科技企业，甚至字节跳动旗下的 TikTok 和腾讯旗下的海外版微信也都被纳入管辖之内。同时，另一部法案《开放应用市场法案》也在讨论之中。与前者不同的是，《开放应用市场法案》规制对象主要限于谷歌和苹果等在美用户超 5000 万的运营应用商店的公司，侧重于鼓励应用分发市场竞争，限制大企业的垄断行为，要求允许用户直接从应用商店之外下载应用程序。

此外，人工智能政策的侧重点从伦理规范向监管规制逐步转变。2020 年以来，美国联邦政府发布首份《人工智能应用监管指南》，美国食品和药物管理局和美国交通部一直致力于将人工智能监管纳入其监管框架；美国联邦贸易委员会（FTC）于近期启动了对于人工智能歧视、欺诈和数据滥用等问题的监管规则制定；住房和城市发展部正着手推翻原先制定的一项规则，允许人们对与住房分配有关的算法决策不公提起歧视诉讼和索赔；平等就业机会委员会发起了一项在人员雇佣和办公场所管理等方面需合理优先采用人工智能系统的倡议；五大金融监管部门也已开始调查美国金融机构中存在的影响风险管理、公平借贷和信用额度的人工智能应用及相关做法。

2. 欧盟强化数字市场竞争监管

欧盟是全球重要的数字市场之一，但与中美都由本国数字平台企业主导不同，欧盟的数字市场主要被美国巨头主导，导致其本土数字企业长期处于弱势地位。为实现数字欧洲的雄心，欧盟一直致力于通过严格的反垄断监管约束大型数字平台的市场权力，防止其通过大规模并购或滥用市场支配地位等反竞争手段打压欧盟本地数字企业，为本土企业营造公平的发展环境。欧盟出台《数字市场法案》与《数字服务法案》，以保护本土中小企业为出发点，进一步重塑数字平台竞争秩序，强化算法透明和中立，推动数据共享和转移自由，欧盟致力于构建一个公平和安全的数据市场竞争环境。

“《数字服务法案》旨在为用户提供一个更安全、更开放的网络数字空间，及为企业未来几年更公平的竞争环境设定标准，同时发布非法内容的科技巨头也将面临巨大额罚款。该法案提供和完善了一套统一的数字规则，以降低企业遵守欧盟规定的成本。相比其他法案来说，更为强调社会义务，包括促使在线平台打击非法内容，保护用户隐私安全，规范在线广告。通过确认平台的尽职调查义务和超大型平台的更强义务，进一步建立完善的监督结构。该法案的一大特色是平台责任分层与监管体系，规定了分层责任框架：在线平台具体的义务划分与它们在数字生态中的角色、规模和影响相匹配，小型企业只需承担与其能力和规模相称的义务。建立了明确的事前监管机制，根据“通知-行动”原则使数字平台对标记为非法的内容迅速采取行动。对违法行为进行了明确、严厉的威慑和处罚：在线平台和搜索引擎可被处以高达其全球营业额6%的罚款。明确算法问责制，规定欧盟委员会及成员国将有权访问大型在线平台的算法，同时大型平台的风险管理需要接受定期的监督、评估和独立审计。该部法案也重点关注了消费者权利，由于平台和商业用户之间的谈判能力不平衡，存在结构性差距，法案提出内容审核决策的透明度要求，使得用户和消费者能够通过审计报告和独立研究更好地了解大型在线平台对社会的影响，并享有言论和信息自由，用户和消费者可以对在线平台作出的删除决定提出异议，选择直接向平台投诉、庭外纠纷解决机构或向法院寻求赔偿等方式。”①

“《数字市场法案》是欧盟实施严厉保护人们在线数据最全面的数字政策，该法旨在阻止大型的科技平台利用其连锁服务和资源锁定用户压制新兴对手，为新进入者创造空间。侧重数字市场经济，反垄断、反对不公平竞争，促进公平的市场竞争环境，为数字市场的创新、中小企业的发展提供空间。”①

3. 全球数字市场竞争监管聚焦三大重点方向

2019 年以来，美国、欧盟、日本等国家和地区纷纷开展与数字市场竞争相关的监管行动，并加快制定和出台相关竞争立法，打造竞争新优势。各国家和地区的竞争监管规则虽然不尽相同，但仍然表现出一些趋同趋势，具体如下。

（1）针对中小企业的滥用行为成为监管焦点和难点。此类行为涉及多个相邻市场，无法纳入传统反垄断法类型框架，产生了大量缺乏明确规定的纵向非价格协议、轴辐协议、传导型滥用等新型行为。在 2019 年 10 月美国众议院召开的听证会上，欧盟委员会副主席兼竞争专员维斯塔格（Vestager）在提交声明中表示，欧盟近年来审查的数字案例之中，存在的普遍因素是在相邻市场中存在着较小、专业的公司或初创企业。美国于 2019 年 6 月启动的反垄断调查案中，有多起聚焦于平台可以在何种程度上实施资源倾斜。例如，Amazon 对自营和第三方中小商家实施差别待遇，Apple 商店对不同应用差异化收取佣金等。值得一提的是，2019 年 6 月，欧盟理事会批准了《关于提高在线平台服务的公平性和透明度规则》，要求在线平台中介和搜索引擎必须告知企业，与第三方企业相比，如何对待自身及其控制下的企业提供的商品和服务。该法案将有助于进一步解决平台与中小企业之间不对称的竞争关系。

（2）初创公司并购审查再提反垄断日程。大企业将最具竞争威胁或潜质的企业，在萌芽阶段即进行并购，已成为数字市场常见的竞争策略。但是，以营业额为标准的并购审查，无法将以提供免费产品和服务的数字企业纳入审查，早期并购对市场竞争的影响始终未得到充分估计。2019 年美国开启的针对数字平台的反垄断审查中，早期并购是否遏制竞争、减少创新被重新提上日程，并将对 Google 收购 YouTube，Android 和 DoubleClick、Facebook 收购 Instagram、WhatsApp 等案件重新评估。

① 欧盟系列数据法案的启示：数据共享、利用与监管的未来是什么？. 全球技术地图，2022-06-20.

（3）消费者隐私保护纳入反垄断目标引发多方争议。隐私竞争属于质量竞争的一种类型，涉及数字市场产品和服务时，隐私作为重要的质量标准能够驱动市场创新、提升动态效率。随着数字经济的发展，特别是数据驱动型业务的不断出现，隐私保护受到了反垄断执法部门高度重视。2019 年年初，德国针对 Facebook 的重要判例提供了将隐私纳入反垄断监管的案例，随后日本宣布将会效仿德国将非法收集个人数据适用反垄断法。关于如何从竞争角度衡量质量属性影响的理论讨论正日渐活跃。但是，目前来看，隐私保护是否应纳入反垄断框架仍存很多争议，隐私无法量化、反垄断法不应超越经济法宗旨，降低执法确定性等成为反对者的主要理由。①

6.1.5　全球个人信息保护制度与执法实践不断丰富

全球个人信息保护的立法实践，大体可以分为两类，一类是以欧盟为代表的大陆法系国家和地区，建立关于个人信息“保护”的立法，另一类是以美国为代表的英美法系国家，建立个人信息“公平实践”的立法。②二者的区别在于，欧盟更多地依赖政府监管，美国则更强调业界自律和市场机制。

1. 美国采用分散立法方式进行个人隐私保护

美国目前还没有一部综合性的个人信息保护法，主要依靠联邦和州政府制定的各种类型的隐私和安全条例，以及一些行业自律规范，立法呈现分散化、碎片化特征。

联邦层面，最初，为保护隐私不受来自公权力的危害，美国联邦最高法院于 20 世纪初认定隐私权是基本权利，在防止对个人信息非法入侵和防止个人信息的有害泄露方面，逐步确立了个人信息“公平信息实践原则（FIPs）”。之后，伴随着“水门事件”的曝光，为了规范和约束美国政府采集和传播个人信息，于 1974 年诞生了《隐私法案》。该法案通过联邦立法予以相应的规制和单独立法，并逐步形成了不同商业领域的分门别类的个人信息“公平实践”法律

① 中国信通院. 数字经济治理白皮书（2019）. 中国信息通信研究院，2019-12-26.

② 李振华，王同益. 数据治理. 北京：中共中央党校出版社，2021:55.

规范[①]（见表 6-3），涉及金融服务、医疗保健、电信和教育等关键部门。

在州层面，加利福尼亚州、弗吉尼亚州、科罗拉多州都出台了各自州的个人隐私保护类法律。加利福尼亚州在隐私立法方面有着悠久的历史，2018 年，该州颁布了《加州消费者隐私法案》（CCPA），该法案于 2020 年 1 月 1 日生效。该法案被认为是美国史上最严的隐私保护法规，也被视为美国在隐私保护立法方面的风向标，在全球范围内具有较强的范例式影响。该法为所涵盖的企业引入了新的义务，包括要求披露企业收集的关于消费者的个人信息类别，企业收集的关于消费者的具体个人信息，收集个人信息的来源类别，收集或出售个人信息的商业或商业目的，及企业与之分享个人信息的第三方类别。它还为加利福尼亚州居民引入了新的权利，包括要求访问和删除个人信息的权利及选择不将个人信息出售给第三方的权利。

美国在联邦层面上没有全面的数据保护监管机构，目前主要由联邦贸易委员会开展联邦隐私和数据安全保护，其消费者保护局承担保护个人数据的职责，大多数涉及网络隐私权的诉讼主要由《联邦贸易委员会法》第 5 节“商业欺诈”的规则来裁决。此外，其他各种机构通过部门法律对数据保护进行监管，包括货币监理署（OCC）、卫生与公众服务部（HHS）、联邦通信委员会（FCC）、证券交易委员会、消费者金融保护局（CFPB）和商业部。在州一级，最近颁布的《加州消费者隐私法案》创建了美国第一个专注于数据保护的机构——加州隐私保护局（CPPA）。表 6-3 为美国个人信息保护相关法律。

表 6-3　美国个人信息保护相关法律

保护领域	名称	主要规范内容
公共领域	《隐私法案》（1974 年）	美国行政法中保护公民隐私权和了解权的重要法律，就行政机关对个人信息的采集、使用、公开和保密问题作出了详细规定，以此规范联邦政府处理个人信息的行为
通信领域	《有线电视通信政策法案》（1984 年）	专门保护用户隐私的条款
	《电子通讯隐私法案》（1986 年）	目前有关保护网络上的个人信息较为全面的一部数据保护立法，涵盖了声音通讯、文本和数字化形象的传输等所有形式

① 李振华，王同益. 数据治理. 北京：中共中央党校出版社，2021:57.

续表

保护领域	名称	主要规范内容
通信领域	《计算机欺诈和滥用法》（1986 年）	旨在惩处计算机欺诈和与计算机有关的犯罪行为，被称为惩治计算机黑客犯罪的里程碑
	《电话消费者保护法》（1991 年）	对拨打移动电话和短信进行了规定，并对出于营销目的或使用自动拨号系统或预先录制的信息拨打住宅电话进行了规定
	《电讯法》（1996 年）	规定电讯运营者有保护客户财产信息秘密的义务
	《有效保护隐私权的自律规范》（1998 年）	要求美国网站从业者必须制定保护网络上个人资料与隐私权的自律规约
	《儿童网上隐私保护法》（2000 年）	要求商业网络的经营者在收集 13 岁以下儿童的个人信息时，必须事先征得可确认的家长或监护人的同意
	《应用隐私、保护和安全 2020 法案》	对 App 个人信息保护的程序等各个方面进行了规范
金融领域	《公平信用报告法》（1970 年）	禁止信用报告机构滥用其掌握的个人信息
	《金融隐私法案》（1978 年）	对联邦立法机构获得个人金融记录的方式作出了限制，禁止金融机构在未通知客户并获得客户允许的情况下随意想联邦政府披露客户的金融记录
	《金融服务现代化法案》（1999 年）	规定了金融机构处理个人私密信息的方式，还要求金融机构给各户一个书面协议
健康领域	《健康保险携带和责任法》（1996 年）	通过建立电子传输健康信息的标准和要求鼓励健康信息系统的发展，保障个人的健康隐私信息的完整性和机密性，防止任何来自可预见的威胁、未经授权的使用和泄露
教育领域	《家庭教育权利与隐私权法》（1974 年）	任何教育机构如果未经学生家长的书面同意或 18 岁以上学生本人的同意而披露学生的教育记录，将不能获得联邦资金的资助
其他领域	《联邦贸易委员会法》（1914 年）	第五条可用于提供笼统、兜底式保护，该法案被业界广泛应用于信息隐私、数据安全、网络广告、行动跟踪和其他数据密集型商业行为的立法监管中
	《防止身份盗窃及假冒法》（1998 年）	对美国法典中关于个人信息犯罪内容进行了修正，将身份盗窃犯罪纳入刑法中。法案从个人信息的非法获取开始刑法介入，将侵犯身份信息犯罪归纳为八种方式

2. 欧盟以统一数据立法加强数据保护

从历史进程看，欧盟关于个人信息保护的立法呈现阶段性特点。

第一阶段：20 世纪 70 年代，以各成员国独立立法为特征。欧盟成员国如瑞典、德国等在各自国家建立了本国统一的个人信息保护立法，经济合作与发展组织则于 1980 年颁布了《保护个人信息跨国传送及隐私权指导纲领》，为个人信息保护及数据跨境流动提供基本原则框架。1981 年，欧盟颁布了全球首个针对个人数据保护所制定的公约——《关于个人数据自动化处理的个人保护公约》（108 号公约），旨在保护个人基本权利和自由，尊重个人隐私，促进数据自由流动。

第二阶段：欧盟的各个成员国在个人信息保护上求同存异，并在保护标准上不断调和、折中。各国国内法律的差异对欧盟互联网市场的发展构成障碍，欧洲议会及欧盟理事会于 1995 年通过了《关于个人数据处理及自由流通个人保护指令》，也称《欧洲数据保护指令》（*Data Protection Directive*，DPD），为欧盟成员国个人数据保护确立了统一的最低标准，并成立了个人数据保护工作组。这一阶段，欧盟并未形成统一的数据保护制度体系，各国仍需将《欧洲数据保护指令》转化为国内法使用，各国之间有较大的立法分歧，导致各国数据保护依然存在较大差异，不利于欧盟统一数据市场的形成。

第三阶段：围绕单一数据市场战略，出台统一数据保护制度。随着欧盟数字经济发展，为了消除立法分歧带来的数据流动障碍，2015 年 5 月 6 日，欧盟委员会启动了单一数字市场战略，旨在通过一系列举措革除法律和监管障碍，将 28 个成员国打造成一个统一的数字市场。2016 年，欧盟通过了《通用数据保护条例》，并于 2018 年实施。由此，欧盟通过统一立法的形式建立起了欧盟统一的数字保护规则。该条例以个人信息为保护对象，以个人信息自决权和人格权为权利基础，制定了统领政府部门和所有商业领域涉及个人信息保护的统一法律，统一规范个人信息采集、加工、处理和使用的标准和流程，设立单一的个人信息保护机构对个人信息实行统一监管和保护。

欧盟的《通用数据保护条例》被认为是欧盟有史以来最为严格的网络数据管理法规，对各国个人信息数据保护都有深远的影响，被称为“全球个人信息立法的标杆”。该条例以对自然人个人信息权利的保护为原则，确定了“原则上禁止，有合法授权时允许”的个人数据使用模式，从个人数据处理模式、用户权利、各方义务、产品认证和监管措施等方面设立了数据保护框架，为企业在收集和利用个人数据方面制定了“严格”的规则。GDPR 对个人数据保护所作出的突破，主要表现在以下六个方面。GDPR 个人数据保护框架如图 6-3 所示。

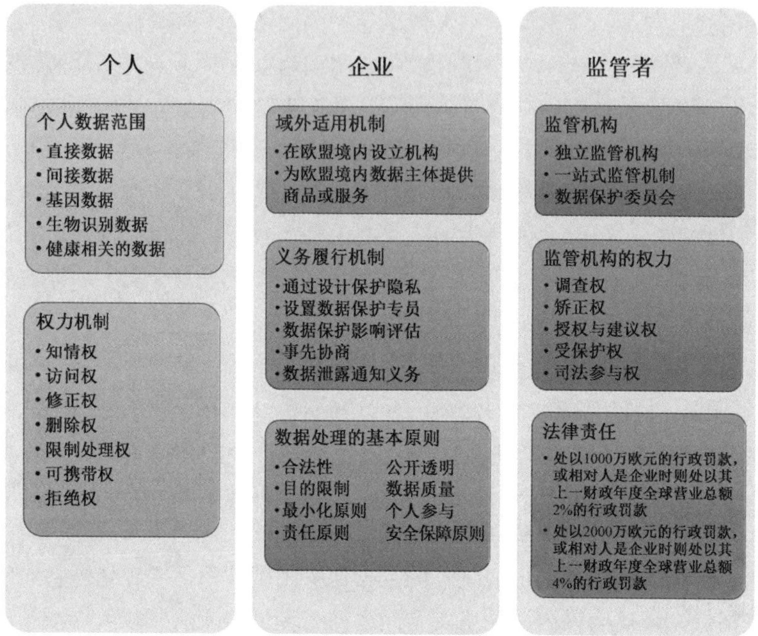

图 6-3　GDPR 个人数据保护框架

一是对个人信息的全面保护。不同于美国侧重于以隐私为主的信息保护，GDPR 定义的个人属性不仅包括个人直接数据（姓名、身份编号、地址数据、网上标识），还包括间接数据（包括所有可追溯某一个特定个人的身体性、生理性、遗传性、精神性、经济性、文化性或社会性特征数据），并且增加了基因数据、生物识别数据和健康相关的数据，另外还将政治观点、性取向等纳入个人数据保护范围。

二是条例的适用范围更加广泛。GDPR 规定，对向欧盟成员国公民或企业直接提供产品或服务的企业，无论是否收费，只要通过欧盟的语言、货币提供产品或服务，无论公司是否在欧盟都必须遵守 GDPR 规定。这也就意味着不管是在欧盟境内设立的企业，还是跟欧盟内部成员发生业务往来的企业，都应在处理相关业务时受到该条例的约束。例如，腾讯声明为遵守 GDPR 的相关要求，当欧盟地区微信用户撤销授权该公众号获取其个人信息（主要包括该微信用户取消关注公众号或其自行注销微信个人账号）时，会以邮件形式告知删除欧盟用户的信息。

三是数据主体权利的增强。GDPR 赋予数据主体知情权、访问权、修正权、删除权、限制处理权、可携带权、拒绝权七项数据权利，并对个人数据处理原则进行了规定，包括合法性、合理性及透明性，正当目的，数据使用的最小化，准确性，限期储存，完整性与保密性等。上述原则为欧盟成员国的个人数据立法提供了原则性指引，这提高了对数据控制者或处理者对个人数据处理的要求，也可以最大限度地降低相关企业滥用个人数据的可能性。

四是行政处罚力度大。GDPR 加大监管及处罚力度，对于违反该条例的数据控制者或处理者制定了惩罚规则，对于不同类型的违规行为采取不同的标准进行行政罚款，最高可达 2000 万欧元或上一财年全球营业总额 4%的高额处罚，对于个人数据的监管，条例规定成员国应设立一个或多个独立监管机构负责监控条例的实施。[①]此外，GDPR 规定各公司除了自身要遵守新规，还必须对任何与其合作的供应商滥用相关数据负责，若后者违反规定，则实行"连坐制"。

五是完善的数据保护监管机制。GDPR 通过设置了一站式监管、独立监管机构和欧盟数据保护委员会对数据行使监管职责。其一，对于向欧盟不同国家提供业务的企业或者在不同国家都有设立地的企业来说，企业不再需要与多个不同成员国的数据监管机构打交道，企业主成立地所在国家的监管机构将作为主导监管机构对企业的所有数据活动负有监管权力，其效力辐射于全欧境内。其二，欧盟要求每个成员国都应建立一个或多个负责监督数据保护规则执行情况的独立行政机构，以保护数据主体的基本权利与自由。其三，组建欧盟数据保护委员会，作为具有法人资格的欧盟机构。

六是要求企业建立内部问责机制。GDPR 对于数据控制者和处理者的约束规范十分严格，明确了必须设立数据保护官的法定情形；数据控制者必须全面记载其数据处理活动，做到一举一动都有据可查；对于高风险的数据处理活动，要事先进行数据保护影响评估；如果数据保护影响评估的结果显示是高风险，且数据控制者没有有效降低风险的措施，数据控制者应当就数据处理活动同相关的数据保护监管机构进行事先协商；一旦发生数据泄露事故，要及时进行数据泄露报告。

① 解读《欧盟数据保护通用条例》对个人数据及隐私保护的四大亮点. 中国贸易金融网，2018-06-18.

3. 全球数据保护法律呈现融合趋同趋势

（1）欧美数据保护体系的融合趋势

虽然欧美在立法宗旨上有本质区别，但随着全球数据市场的跨界流通，数据保护的规则体系呈现融合趋势。欧盟在出台 GDPR 之后，为了和欧盟新体系保持兼容，美国国会于 2016 年 2 月通过了《司法补救法》，对其隐私法进行了调整。

美国加利福尼亚州议会通过了号称全美最严隐私保护法的《加州消费者隐私法案》（CCPA）。尽管与 GDPR 在立法理念方面差异较大，但两者依然存在诸多相似之处。例如，两者的立法目的都是通过规范企业行为，强化责任，以加强对个人数据和隐私的保护。从立法内容上看，两者均要求企业告知用户收集、使用、共享数据的具体情况，均强调尊重用户的知情权和自主权，均为个人提供了合理的救济途径等。《加州消费者隐私法案》的出台标志着美国和欧盟两大立法模式融合的新趋势。[①]

（2）数据保护法律的全球趋同趋势

除欧美之外，根据联合国贸易和发展会议（UNCTAD）的统计，截至 2021 年 12 月 14 日，全球 194 个国家和地区中已有 137 个通过了数据和个人隐私保护相关法律。[②]立法内容主要涉及个人信息保护，其法律要求超越了传统信息安全强调的 CIA 三性——保障数据完整性、保密性、可用性，更多强调个人对其信息的控制权利，以及国家为保护个人控制权利应当采取的措施和制度。[③]图 6-4 为其他国家关于个人信息保护的法律。

全球范围内的立法出现了全球标准的日渐向欧盟标准趋同的趋势。自欧盟 1995 年推出《数据保护指令》以来，全球数据保护的立法明显受到其理念的影响。而 2016 年欧盟《通用数据保护条例》的问世，则带来了更高层次的立法趋同。例如，马来西亚的“数据可携性”、韩国“4%行政罚款”、印度尼西亚立法中的“被遗忘的权利”等明显采纳了 GDPR 的立法创新。除此之外，大量欧盟

---

① 邵国松，黄琪. 个人数据保护全球融合的趋势与挑战. 上海交通大学学报（哲学社会科学版），2021, 29(4):148-159.

② http://mp.weixin.qq.com/s?src=11&timestamp=1677035157&ver=4365&signature.

③ 张莉. 数据治理与数据安全. 北京：人民邮电出版社，2021:161.

之外的跨国企业都主动表示愿意按照 GDPR 规则对用户数据加以保护。[①]

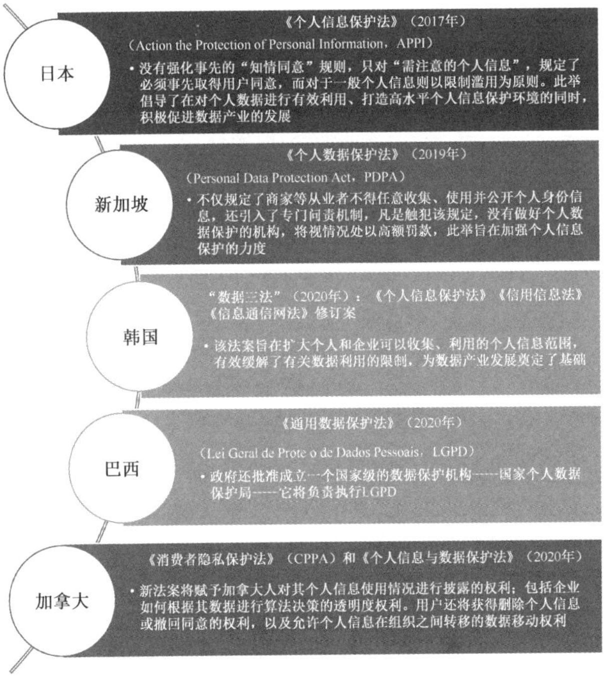

图 6-4　其他国家关于个人信息保护的法律

6.2　我国数字法律框架体系初步形成

我国高度重视数字化发展对社会治理的推动作用。继党的十九大报告中对建设网络强国、数字中国和智慧社会作出重要战略部署之后，习近平总书记也在中共中央政治局第二次集体学习中，提出了“实施国家大数据战略加快建设数字中国”的明确要求。2020 年习近平总书记在中央经济工作会上首次提出数字规则的

① 邵国松，黄琪. 个人数据保护全球融合的趋势与挑战. 上海交通大学学报(哲学社会科学版)，2021，29(4):148-159.

概念，明确数字规则的重要战略地位。近年来，我国围绕数据保护、数据开放共享、数据交易、数据跨境治理及数字市场竞争等不断加快完善政策体系，部署规则要求，逐步形成了涉及数字社会发展各个层面的框架体系（见表 6-4）。

表 6-4　我国数字法律框架体系具体内容

数字行为	细分领域	制度名称
数据安全保护	个人信息保护	➢ 《中华人民共和国个人信息保护法》
	网络安全	➢ 《中华人民共和国网络安全法》 ➢ 《网络安全审查办法》 ➢ 《网络数据安全管理条例》
	数据安全	➢ 《中华人民共和国数据安全法》 ➢ 《数据出境安全评估办法》 ➢ 《信息安全技术　重要数据识别指南》 ➢ 《App 违法违规收集使用个人信息行为认定方法》 ➢ 《汽车数据安全管理若干规定（试行）》
	数字关键基础设施/数字关键技术安全	➢ 《关键信息基础设施安全保护条例》
数据开放共享	政务信息公开	➢ 《中华人民共和国政府信息公开条例》 ➢ 《关于深化政务公开加强政务服务的意见》 ➢ 《促进大数据发展行动纲要》 ➢ 《关于推进公共信息资源开放的若干意见》 ➢ 《政务信息系统整合共享实施方案的通知》 ➢ 《公共信息资源开放试点工作方案》
	政府数据公开	➢ 《中华人民共和国政府信息公开条例》 ➢ 《促进大数据发展行动纲要》 ➢ 《国家数字经济创新发展试验区实施方案》 ➢ 《关于构建更加完善的要素市场化配置体制机制的意见》 ➢ 《中华人民共和国数据安全法》
	公共数据开放	➢ 《信息技术　大数据　政务数据开放共享　第 2 部分：基本要求》（GB/T 38664.2—2020） ➢ 《信息技术　大数据　政务数据开放共享　第 3 部分：开放程度评价》（GB/T 38664.3—2020） ➢ 《公共数据开放　第 1 部分：基本要求》（DB37/T 3523.1—2019） ➢ 《公共数据开放　第 2 部分：数据脱敏指南》（DB37/T 3523.2—2019）

续表

数字行为	细分领域	制度名称
数据资产交易	政策	➢ 《关于构建更加完善的要素市场化配置体制机制的意见》 ➢ 《建设高标准市场体系行动方案》 ➢ 《要素市场化配置综合改革试点总体方案》 ➢ 《关于加快构建全国一体化大数据中心协同创新体系的指导意见》
	发展规划	➢ 《中华人民共和国国民经济和社会发展第十四个五年规划和 2035 年远景目标纲要》 ➢ 《“十四五”大数据产业发展规划》 ➢ 《“十四五”数字经济发展规划》 ➢ 《“十四五”国家信息化规划》
	国家标准	➢ 《信息技术数据交易服务平台交易数据描述》 ➢ 《信息安全技术数据交易服务安全要求》 ➢ 《信息技术数据交易服务平台通用功能要求》 ➢ 《中华人民共和国国家标准公告》 ➢ 《信息技术服务数据资产管理要求》
	法律法规	➢ 《中华人民共和国民法典》 ➢ 《中华人民共和国个人信息保护法》 ➢ 《中华人民共和国数据安全法》 ➢ 《中华人民共和国网络安全法》 ➢ 《中华人民共和国反垄断法》 ➢ 《中华人民共和国反不正当竞争法》
数据跨境流动治理	各行业或领域运营商	➢ 《中华人民共和国国家安全法》 ➢ 《中华人民共和国网络安全法》 ➢ 《中华人民共和国数据安全法》 ➢ 《中华人民共和国个人信息保护法》 ➢ 《数据安全管理办法（征求意见稿）》 ➢ 《个人信息出境安全评估办法（2019 年征求意见稿）》
	个人信息处理者	➢ 《数据出境安全评估办法（征求意见稿）》 ➢ 《网络数据安全管理条例（征求意见稿）》
数字竞争秩序	政策	➢ 《中共中央关于制定国民经济和社会发展第十四个五年规划和二〇三五年远景目标的建议》 ➢ 《建设高标准市场体系行动方案》 ➢ 《关于推动平台经济规范健康持续发展的若干意见》 ➢ 《国务院反垄断委员会关于平台经济领域的反垄断指南》 ➢ 《互联网平台分类分级指南（征求意见稿）》 ➢ 《互联网平台落实主体责任指南（征求意见稿）》
	法律法规	➢ 《中华人民共和国反垄断法（修正草案）》

6.2.1 数据保护正当其时

1. 数据保护整体架构搭建

我国高度重视数据安全保护，在人大立法层面，新出台的《中华人民共和国民法典》专门增加了关于数据保护的相关内容，除此之外我国还相继出台了《中华人民共和国网络安全法》《中华人民共和国数据安全法》《中华人民共和国个人信息保护法》等专门法律，数据安全保护方面的整体架构已经比较健全。

在个人信息保护方面，《中华人民共和国个人信息保护法》所确立的个人信息保护规则，比美国的相关法律法规更加严格，与以个人信息保护而闻名于世的欧盟相比也不遑多让。整体来看，《中华人民共和国个人信息保护法》确立的法律规范可以划分为三个层级。一是明确个人的信息权益。第 2 条规定："自然人的个人信息受法律保护，任何组织、个人不得侵害自然人的个人信息权益。"二是明确个人信息活动中各方的权利义务关系，从个人、信息从业者与国家三个维度出发，明确三方主体在个人信息处理活动中所扮演的不同角色。三是明确违法行为的法律责任，既包括信息从业者处理个人信息中的民事责任、刑事责任和行政责任，也包括国家机关未能承担应尽的个人信息保护义务而应当承担的责任，为个人信息权益提供法律上的综合保护。

在网络安全方面，我国出台了《中华人民共和国网络安全法》及一系列配套文件，对网络安全保护的整体操作性层面进行了规定，从而使相关法律在具体执行方面更具有可操作性，形成了具有中国特色的、可操作的网络数据保护体系。

在数据安全方面，我国已出台《中华人民共和国数据安全法》，并正在对一系列配套文件征求意见；其中，《App 违法违规收集使用个人信息行为认定方法》《汽车数据安全管理若干规定（试行）》等相关规定，对数据安全细分领域进行了规范。

在数字关键基础设施/数字关键技术安全方面，我国已出台《关键信息基础设施安全保护条例》。

2. 数据保护中国特色凸显

一是数据收集强调正当合法，个人信息的收集与使用须征得信息主体的同意。例如，《中华人民共和国消费者权益保护法》第 29 条规定：“经营者收集、使用消费者个人信息，应当遵循合法、正当、必要的原则，明示收集、使用信息的目的、方式和范围，并经消费者同意。”《中华人民共和国网络安全法》第 41 条规定：“网络运营者收集、使用个人信息，应当遵循合法、正当、必要的原则，公开收集、使用规则，明示收集、使用信息的目的、方式和范围，并经被收集者同意。”

二是数据安全规则保护严格。尽管起步较晚，但我国信息保护制度和网络安全措施在严格程度上不逊于欧美国家。例如，我国与欧美国家都确立了六项基本要求：建立一套内部规程以防御或侦测网络安全攻击行为，对数据处理系统施加保密措施，指定个人信息处理安保负责人，评估数据泄露所可能造成的危害，实施内部人员控制，并对所有职员都进行教育。

三是数据保护立法较为分散。据统计，我国网络安全、信息保护领域已有近 40 部法律、30 余部法规及近 200 部规章，但是系统性仍有待完善。除专门针对网络安全、信息保护领域的《全国人民代表大会常务委员会关于维护互联网安全的决定》《全国人民代表大会常务委员会关于加强网络信息保护的决定》《中华人民共和国网络安全法》等法规外，《中华人民共和国宪法》《中华人民共和国刑法》《中华人民共和国民法典》《中华人民共和国国家安全法》《中华人民共和国保守国家秘密法》《中华人民共和国消费者权益保护法》等法律中也有诸多关于网络安全、信息保护的条款。除此之外，工信部、公安部等主管部门也发布了大量的规章制度，各个法律法规之间缺乏必要的逻辑和协调。

6.2.2 数据共享纵深推进

1. 公共数据开放政策体系逐步形成

近年来，我国逐渐形成了以《中华人民共和国政府信息公开条例》（以下简称《政府信息公开条例》）和《促进大数据发展行动纲要》等国家政策文件为核心的政府数据开放制度体系，见图 6-5。

2008 年 5 月，国务院发布《政府信息公开条例》，对政府信息公开做了详细的规定。2015 年发布的《促进大数据发展行动纲要》提出要在未来 5～10 年形成公共数据资源合理适度开放共享的法规制度和政策体系。2019 年 5 月，《政府信息公开条例》修订，强调政府信息“公开为常态，不公开为例外”；完善信息公开程序；强化便民服务要求等。2020 年 4 月，中共中央、国务院发布《关于构建更加完善的要素市场化配置体制机制的意见》，提出要推进政府数据开放共享，提升社会数据资源价值，并建立规范的数据管理制度。同年 7 月，我国第一部关于数据安全方面的法律——《中华人民共和国数据安全法（草案）》通过，其中专门在第五章“政务数据安全与开放”规定了国家机关政务数据安全保障义务、政务数据开放要求及推动政务数据开放若干措施。

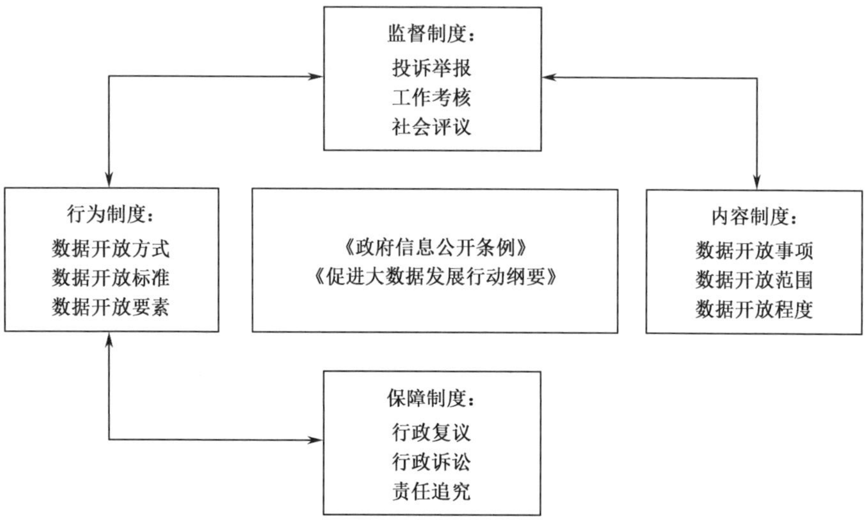

图 6-5　我国政府数据开放制度体系

此外，我国还制定了关于公共数据开放的若干国家与地方标准。如国家标准《信息技术 大数据 政务数据开放共享 第 2 部分：基本要求》（GB/T 38664.2—2020）和《信息技术 大数据 政务数据开放共享 第 3 部分：开放程度评价》（GB/T 38664.3—2020）等，为政府公共数据开放规范化和标准化提供了依据。

2. 地方公共数据开放实践加快探索

截至 2020 年 10 月，全国已有 38 个地方政府出台了与公共数据开放相关的政策法规。其中，2019 年 10 月，上海正式实施《上海市公共数据开放暂行办法》，是全国首部专门制定关于公共数据开放的地方政府规章，一系列地方政策规章的出台为公共数据开放提供了具体化的工作要求，为地方公共数据开放工作开展提供了依据。

伴随着各地数据开放政策的不断完善，数据开放实践不断走向深入。越来越多的地方政府将公共数据开放列为常态化工作，制订年度工作计划，有序推动公共数据开放，如上海自 2015 年已连续 6 年以政府公文的形式发布公共数据资源开放年度工作计划。[①]全国地级及以上政府推出的数据开放平台数量出现明显增长，从 2017 年的 20 个增长到了 2021 年 10 月的 193 个。除吉林、云南外，目前，其他省（自治区）都已经上线了公共数据开放平台。

6.2.3 数据交易积极探索

1. 国家数据交易法规框架

我国形成了“政策—发展规划—国家标准—法律法规”四位一体的数据交易法规体系，笔者根据政府网站公开资料整理了与数据交易市场相关的政策、规划和法规，详见表 6-5。

表 6-5　数据交易法规体系

条文类别	内容
法律法规	《中华人民共和国民法典》（以下简称《民法典》）、《中华人民共和国个人信息保护法》（以下简称《个人信息保护法》）、《中华人民共和国数据安全法》（以下简称《数据安全法》）、《中华人民共和国网络安全法》（以下简称《网络安全法》）、《中华人民共和国反垄断法》（以下简称《反垄断法》）、《中华人民共和国反不正当竞争法》（以下简称《反不正当竞争法》）等
国家标准	《信息技术　数据交易服务平台　交易数据描述》《信息安全技术　数据交易服务安全要求》《信息技术　数据交易服务平台　通用功能要求》等
发展规划	《中华人民共和国国民经济和社会发展第十四个五年规划和 2035 年远景目标纲要》《“十四五”大数据产业发展规划》《“十四五”数字经济发展规划》《“十四五”国家信息化规划》等
政策	《关于构建更加完善的要素市场化配置体制机制的意见》《建设高标准市场体系行动方案》《要素市场化配置综合改革试点总体方案》等

① 王新明，桓德铭，邹敏，等. 我国公共数据开放现状及对策研究. 江苏科技信息，2021,38(25):40-43.

在政策方面，2019 年 10 月，党的十九届四中全会通过的《中共中央关于坚持和完善中国特色社会主义制度推进国家治理体系和治理能力现代化若干重大问题的决定》中，首次提出“健全劳动、资本、地、知识、技术、管理数据等生产要素由市场评价贡献、按贡献决定报酬的机制”。2020 年 4 月，党中央、国务院发布了《关于构建更加完善的要素市场化配置体制机制的意见》，明确提出要“加快培育数据要素市场”引导培育大数据交易市场。国务院办公厅印发《要素市场化配置综合改革试点总体方案》，明确提出“建立健全数据流通交易规则”。

在发展规划方面，国务院印发《“十四五”数字经济发展规划》，强调数据要素是数字经济深化发展的核心引擎；到 2025 年数据要素市场体系初步建立。《“十四五”数字经济发展规划》强调，加快数据要素市场化流通；加快构建数据要素市场规则。《“十四五”数字经济发展规划》还提出了培育发展数据交易平台，提升数据交易平台服务质量，建立健全数据资产评估、登记结算等市场运营体系。

标准规范方面，国家先后出台《信息技术 数据交易服务平台 交易数据描述》《信息安全技术 数据交易服务安全要求》《信息技术 数据交易服务平台 通用功能要求》等相关标准为数据交易提供指引。此外在数据资产化方面，国家标准《信息技术服务 数据资产 管理要求》于 2022 年 5 月 1 日起正式实施，是全国首个正式发布的数据资产管理领域国家级标准。

在国家立法层面，我国正在逐步建立一套以数据为核心的法律法规体系，围绕数据处理作出系列规定，为数据交易相关立法提供了前提和基础。《中华人民共和国民法典》提出数据可作为一种受法律保护的客体；《中华人民共和国数据安全法》提出建立健全数据交易管理制度，规范数据交易行为，并对数据交易服务机构的相关职责和义务进行了概括规定。

2. 地方数据交易规则加快实践

自 2015 年我国第一家大数据交易所成立运营至今，已有超过 20 个大数据交易所（中心/平台）成立，这批较早建立的大数据交易所自成立以来已经进行了一定的市场实践，积累了一定的数据交易和平台运营的经验，同时也总结出数据交易市场目前面临的瓶颈和制约。

首先，在数据确权方面作出了一定的尝试。2016 年 9 月，贵阳大数据交易所出台《数据确权暂行管理办法》，通过交易所的数据平台登记数据所有权以提供数据交易前的确权服务；2017 年 12 月，浙江大数据交易中心发布了大数据确权平台，为数据记录者和数据储存者建立数据银行，保证数据资产交易安全合法转移。但实践表明，大数据交易所提供的数据确权服务在市场上的认可度并不高，主要是因为数据交易所层面的确权缺少法律效力和公信力，数据市场主体对交易平台数据确权的技术和权威性缺少足够的信任。此外，不同数据交易所建立不同的数据确权系统，还可能导致数据确权结果的冲突和不稳定。由于不同数据交易所的数据确权系统技术专业程度和确权范围不同，同一数据在不同确权系统可能得到不同的确权结果，某一交易所的确权效力也可能无法被其他交易所认可，反而割裂了各数据交易所之间数据的流通利用，在各数据交易所数据确权水平不一的情况下，还可能形成数据确权的逐底效应。2019 年 9 月，工信部批准了我国首家全国性的数据确权服务平台——人民数据资产服务平台。该平台针对数据流通使用是否符合国家法律法规、是否符合数据使用约定等内容进行登记确证，同时采用数据标记追踪体系、数据防拷贝、数据全生命周期管理、数字水印等技术，确保数据流通业务可追溯。统一的数据登记确权平台的成立，有利于数据权利在全国范围内得到承认，形成公示公信效果，为数据投入交易流通提供有效保障，但目前人民数据资产服务平台的实际运营情况仍未公布，登记确权的实效较难评价，对于数据登记确权的制度仍需要在理论和实践中不断探索和检验。

案例：上海数据交易中心发布《数据互联规则》

上海数据交易中心发布《数据互联规则》。《数据互联规则》从交易的基本原则、交易数据的类型和范围、交易的标准体系、交易的具体流程和争议解决的方式等全周期对数据交易规则进行了详细的规定。

第一，其规定了数据交易的基本原则，包括个人数据保护、数据互联行为、数据权益保护和数据安全防控四个方面，其中告知同意、有限互联、去身份、禁止再识别等基本原则体现了上海数据交易中心对于数据安全和个人信息保护的重视，将数据安全与合规置于交易规则之首并贯穿数据交易始终。

第二，其规定了可交易数据的类型和范围，上海大数据交易中心不进行基础数据的交易，其交易的数据为去身份、格式化和清洗处理后的数据，交易数据类型包括数据集、数据工具集和数据应用集三种，并且明确了危害国家安全和社会稳定、涉及具体个人权益、涉及特定企业权益三方面的数据不能用于交易。

第三，其规定了交易数据相关要素的标准化体系和数据互联的标准体系，前者包括主体标识标准化、标签维度标准化、标签赋值标准化、一般约束标准化、时间约束标准化和价格约束标准化六要素标准，后者包括数据存储、传输、使用的方式，以实现数据交易整体的标准化，促进数据交易安全、高效开展。

第四，其规定了数据互联的具体流程，包括开户联调、对接服务、配送服务、结算服务四个具体阶段，有利于数据交易各方根据不同的交易阶段分配各自的权利义务，有利于数据交易所根据不同的交易阶段为数据交易提供支持和开展监督。

第五，其规定了争议纠纷的解决办法，数据交易方可以凭充分的证据向数据交易中心投诉，数据交易中心接到投诉后将立即通知相关主体并暂停投诉涉及的相关数据交易和服务，被投诉方提交证据进行抗辩的，数据交易中心可以恢复其数据交易和服务，双方之间的争议应当诉诸有权处理机构或司法机关解决。该争议纠纷的解决方法充分体现了数据交易中心在提供交易服务过程中的中立性和“避风港规则”的运用，能够为数据交易各方争议纠纷的解决提供一定的途径。

其次，在数据交易规则方面也作出了一些尝试。《华中大数据交易平台规则》是全国首个由数据交易所编制的大数据交易规则。其对交易平台的职责、交易主体的范围和资质、交易内容的种类和范围、数据交易行为的类型和流程、争议处理的方式等做了规定，作为国内第一份大数据交易规则，在公布之初具有较强的示范性，但该规则在交易平台的权利义务方面规定过于简单，仅有一节共计 7 个条文，其余则散见于规则的其他章节，且仅有的条文对于交易平台的权利义务方面的规定也不够明确。《数据流通行业自律公约》2.0 版作为一个行业自律性公约，拟定时需要考虑各方利益，在缺少主导力量统筹的情况下所能形成的合意十分有限，从其条文中也可以看出，全公约共计五章仅 15 条内容，不仅条文数量少，对数据流通中涉及的问题也仅做了原则性规定，缺乏实际可操作性，仅具有宣誓意义。相较而言，目前仍保持基本运营的贵阳大数据交易所和上海数据交易中心的交易规则可能更具有实践指导意义，两者在交易主体、交易客体和交易流程上采取了差异化的模式，通过比较两种不同模式的实际运作情况可以综合各方优劣，为大数据交易所的发展提供借鉴。

案例：贵州数据交易规则体系探索

贵州于 2022 年 5 月首次制定出台数据交易规则体系。规则体系针对当前贵阳大数据交易所在运行过程中面临的数据确权难、定价难，市场交易主体互信难、入场难、监管难等一系列痛点难点问题，制定《数据要素流通交易规则（试行）》《数据产品成本评估指引 1.0》《数据交易合规性审查指南》《贵州省数据流通平台运营管理办法》等 8 部规则。《数据要素流通交易规则（试行）》探索解决“数据确权难”，开展数据确权登记服务，明确数据使用权和收益权，流通交易数据使用权。《数据产品成本评估指引 1.0》《数据产品交易价格评估指引 1.0》《数据资产价值评估指引 1.0》探索解决“数据定价难”，推进数据资产化和资本化。《数据交易合规性审查指南》《数据交易安全评估指南》《数据商准入及运行管理指南》，保障场内交易合法性，严守安全底线，解决“数据监管难”，引导规范数据流通交易。

6.2.4 数据跨境治理逐步推进

1. 加快构建数据安全出境管理框架

在立法方面，我国先后出台《中华人民共和国国家安全法》和《中华人民共和国网络安全法》，将网络空间的主权的概念、安全和发展正式写入法律。在此框架下，《中华人民共和国数据安全法》《中华人民共和国个人信息保护法》等法律和《数据安全管理办法（征求意见稿）》《个人信息出境安全评估办法（2019 年征求意见稿）》等规章制度进一步明确了要对数据的出入境进行安全评估，避免威胁国家安全和社会利益。

2022 年 9 月 1 日，国家网信办发布《数据出境安全评估办法》，首次写入“促进数据跨境安全、自由流动”的要求，具体列出了需要申报数据出境安全评估的主体：个人信息处理量达到一百万以上，或累计向境外提供超过十万人以上个人信息或一万人以上敏感个人信息的处理者，需要省级网信部门向国家网信部门申报数据出境安全评估。此外，2021 年 11 月 14 日，国家网信办还发布了《网络数据安全管理条例（征求意见稿）》，进一步提出了数据跨境活动的数据处理者的合规义务。

2. 对数据本地化存储的要求较为严格

我国对数据的存储和处理，有着较强的“本地化”倾向，数据离境难度较大。《中华人民共和国网络安全法》明确提出关键信息基础设施的运营者在境内运营时收集的个人信息应当在境内存储，因为这些信息一旦遭到破坏或者泄露，可能严重危害公共利益和国家安全。

此外，我国对某些关系国计民生和国家安全的重要行业和关键领域的数据跨境流动作了限制性规定。例如，《中华人民共和国保守国家秘密法》要求防止含有国家秘密的数据流出中国；《地图管理条例》规定互联网地图服务单位应当将存放地图数据的服务器设在中华人民共和国境内，并制定互联网地图数据安全管理制度和保障措施；中国人民银行发布的《中国人民银行关于银行业金融机构做好个人金融信息保护工作的通知》明确规定“在中国境内收集的个人金融信息的存储、处理和分析应当在中国境内进行。除法律法规及中国人民银行另有规定外，银行业金融机构不得向境外提供境内个人金融信息”。

3. 加强国家数据主权规则布局

新形势下，中国需瞄准全球数字贸易与数字治理规则发展方向，积极参与双边、多边数字贸易与数字治理规则谈判，围绕重点数字贸易与数字治理相关议题，提出中国方案及政策框架。①

第一，有序扩大数字领域的市场准入与开放，支持自贸区（港）制度创新先行先试。支持海南自贸港、上海自贸区、粤港澳大湾区、北京数字贸易试验区等区域组建数据海关、设立离岸数据中心，进一步推动建立数字自由贸易区，在区域内推进先行先试。在守住安全底线的前提下，放宽增值电信、云计算等数字领域的市场准入要求。

第二，积极参与双边、多边经贸谈判，提升国际规则制定话语权。积极推动在世界贸易组织等多边框架下增加数字贸易与治理规则；推动开放式多边协定谈判，利用亚太经济合作组织、《区域全面经济伙伴关系协定》（RCEP）等已有区域贸易协定框架，加快 RCEP 数字贸易条款升级；以参与《全面与进步跨太平洋伙伴关系协定》《数字经济伙伴关系协定》谈判作为中国数字领域制度型开放契机，加快对接高标准规则议题谈判步伐。双边路径方面，加速双边自贸

---

① 张茉楠．“硅幕”背后的数字治理博弈．新华社客户端，2022-05-31.

协定扩容，加快升级自贸协定谈判的数字贸易条款及制度安排。中美欧平衡路径方面，充分利用美欧利益分歧及欧盟数字主权诉求，积极争取战略空间。在对美国的谈判中，需将争议较大的议题暂时搁置，而在隐私保护、市场准入、知识产权等议题上开展合作；对欧洲则应求同存异，创造机遇重启《中欧全面投资协定》谈判，同时深化双方在数字技术、数字标准、数字基础设施等领域合作。

6.2.5 数字市场竞争同步规制

目前，我国针对互联网平台企业的反垄断政策也在不断完善之中，反垄断执法力度和准确性不断升级，监管方式日趋完善。

1. 数字市场竞争顶层设计加快完善

“十四五”规划纲要提出要“加大反垄断和反不正当竞争执法司法力度，防止资本无序扩张”。2021 年 1 月 31 日，中共中央办公厅、国务院办公厅联合印发《建设高标准市场体系行动方案》，该方案指出“加强和改进反垄断与反不正当竞争执法。坚决反对垄断和不正当竞争行为……推动完善平台企业垄断认定、数据收集使用管理、消费者权益保护等方面的法律规范”。

加强平台经济、共享经济等新业态领域反垄断和反不正当竞争规制。2022 年 1 月 18 日，国家发展改革委等 9 部门联合发布《关于推动平台经济规范健康持续发展的若干意见》。该意见融合了多方面的诉求与监管思路，可被视为平台领域治理政策的“集大成者”，对“推动协同治理，强化部门协同，坚持‘线上线下一体化监管’原则”，以及“加强对平台经济领域重大问题的协同研判”有重大现实意义。

2. 数字反垄断法律法规加速出台

2021 年 2 月，国务院反垄断委员会发布了《关于平台经济领域的反垄断指南》，对于广受争议的平台经济领域“二选一”“大数据杀熟”问题作出了认定，提出了关于创新型企业并购审查的指导意见，对引导平台经济领域的依法运营，促进平台经济健康有序发展具有重要意义。2022 年 6 月，第十三届全国人大常委会第三十五次会议表决通过了关于修改反垄断法的决定，修订后的反垄断法充分回应了数字经济背景下的反垄断监管需要。具体操作层面，国家市场监督管理总局于 2021 年 10 月公布《互联网平台分类分级指南（征求意见稿）》和《互联网平台落实主体责任指南（征求意见稿）》，对平台经济经营者的经营行为和主体责任进行了规范。由此可见，数字经济、平台经济领域反垄断规制已成为当前党和国家竞争监管的重中之重。

政策先行，平台经济领域的反垄断监管执法也开始密集展开。2020 年 12 月，国家市场监督管理总局对阿里巴巴投资收购银泰商业股权、阅文集团收购新丽传媒股权、丰巢网络收购中邮智递股权三起未依法申报违法实施经营者集中案，作出顶格行政处罚决定书，这是我国反垄断执法机关首次对数字经济领域的经营者集中交易作出的行政处罚。此后，国家市场监管总局相继公布多起针对包括阿里巴巴集团、腾讯控股等互联网巨头垄断行为的处罚案例，有力地维护了市场公平竞争、推动了行业有序发展。

6.3 现有数字规则体系构建中的困境

6.3.1 国外：大国数字规则博弈日趋激烈

当今国际数字规则体系上，美国和欧盟各自创立了两个主要的数字规则体系，成为国际数字规则体系的主导者；中国、日本、俄罗斯等主要国家各自从自身利益出发，形成了具有本国特色的数字治理模式，在国际数字规则制定中发挥着重要参与者的角色。

1. 美国倡导下的“自由主义”全球数字治理规则

在全球数字规则制定中，美国一直积极倡导“自由主义”的数字社会治理体系。对外美国倡导所谓“自由贸易”，要求世界各国开放市场，降低市场准入门槛。其真实目的则是利用本国在数字市场的先发优势，抢占别国市场，达到掌控国际数字治理秩序的目的。对内美国通过立法严格审查国外资本对美国数字产业的收购，按照关键数据存储本地化的要求，动用税收、金融、财政等手段，维护本国在该领域的竞争优势。由此可见，美国对外对内完全实行的是“双重标准”。[①]

从美国关切的议题能够看出美国数字治理的基本立场，这些议题共同构成美式数字治理规则体系，总体呈现“数字自由主义”的基本特点。同时，美国不遗余力地推动这些美式规则标准上升成为全球公认的规则标准，以维护美国企业在全球的经济利益，为美国企业开辟他国市场“铺路架桥”。美国综合运用各类国际机制，甚至使用政治、法律等各种长臂管辖手段，推行 CBPR、USMCA 数字条款等美式规则，对 TikTok、微信、华为等数字应用产品及企业进行打压，出台“清洁网络计划”等，呈现较强的进攻性，表现出鲜明的“数字霸权主义”。例如，美国对数字领域先进技术严格管控，对外国企业投资美国数字产业进行审查，对数据出境进行管控，在数字执法方面实施数字霸权和长臂管辖等。

2. 欧盟利用统一市场效应推广欧盟严格保护标准

当前，欧盟在人工智能、量子计算等数字新型技术竞争中暂时落后于中美，引发欧盟对于数字竞争落后的担忧。为维护自身竞争力，避免在数字化竞争时代丧失对数据的掌控力，积极扩大以保护人权、保护隐私为代表的“欧洲核心价值观”，欧盟提出维护“数字主权”的三大方案：一是积极推动数据基础设施建设与利用。二是在包括工业、交通在内的九个重点行业建立数据空间，推动数据共享机制。三是强化针对数字市场竞争行为的监管。在上述方案的引领下，欧盟通过强化外资审查机制，重塑市场竞争秩序，利用其作为全球最大发达市场的优势，努力发挥全球影响力。

利用自身巨大的市场和较强的规则制定能力，欧盟通过寻求数字主权，打造“布鲁塞尔效应”，向世界输出欧盟标准。欧盟在与各个国家、地区签订的自贸协定中，把数字治理规则广泛地应用于电信、知识产权、金融等章节中。由于欧盟在数字领域缺少具有国际影响力的大型跨国企业，同时大量美国企业在欧盟设有分支机构，所以欧盟对于数字主权的要求更多的是通过大型企业、数据平台的管理来实现，更加强调公平竞争和数据权利保护，这一点与美国的思路有着显著区别。

---

① 张茉楠. 全球数字治理博弈与中国的应对. 复旦大学，2022-03-30.

3. 新兴经济体数字治理规则话语权仍显薄弱

新兴经济体在数字经济发展水平、规则制定、安全保障方面与发达国家存在较大差距。尽管各新兴经济体由于国情差异，在数字治理方面采取了不同的治理政策，但基于保护国内企业、维护国家安全的考虑，大多表现出保护主义倾向。主要表现在：对跨境数据流动普遍采取限制措施；倾向于把数字资源和数据要素通过数据本地化留在国内，以帮助本国数据产业发展；强调个人信息保护，注重数据保护立法；要求国外企业向公共部门提供数据服务时必须公开源代码等。

总的来看，从各国数字规则的逻辑起点看，由于价值理念不同，导致数字规则的走向不同。美国数字治理更加突出"企业财产"特征，规则制定更多以行业自律和企业资格管理为主，数字企业自由度较大，有助于提高市场活力和创新动力。相比之下，欧盟数字治理则更加强调"个人财产"特征，将个人在数据领域的所有权、隐私保护权、知情权、监督权视为人权的重要组成部分。中国更加强调数据的"公共财产"属性，要求政府在数据治理中发挥主导作用，需要政府在充分考虑个人隐私、国家主权、数据安全、产业发展的基础上，对数据的形成、存储和使用统筹制定适合国家的发展战略。目前各个国家的定权基础与上述论述的数字"三权"对应，这就要求未来数字规则的制定需要在人格权、财产权及数字公权之间做好平衡。

各国在数据治理方面的不同理念，反映了不同国家和国际组织的核心利益：先发经济体基于先发优势更倾向于选择开放的数字治理理念，鼓励自由主义，减少监管措施，以便于进一步占领各国市场；新兴经济体则倾向于采取保护主义的做法，通过制定限制措施逐渐增强本国企业竞争力，避免本国企业被迅速淘汰，市场被先发经济体完全控制。

6.3.2 国内：数字规则制度体系有待完善

1. 数字权利化进路面临重重障碍

当前关于数据产权的规则形成了不同的流派，很多学者提出了不同的数据产权概念。互联网企业在收集和利用用户数据的整个过程中都可能会侵权，但侵权法对其进行规制是非常困难的，因为数据收集和分析是以用户看不见的方式进行的，即使用户怀疑自己的权利受到侵犯，也可能不知道该起诉谁，或者缺乏必要的证据证明侵权人的责任和索赔。[①]此外，数据产权制度是政府规制数据流动的产物，但需要根据社会效率作出切实的调整，以确保数据使用者、数据处理者和公众之间的利益平衡，构建平衡共赢的数据权益分配机制，为各利益相关方有序利用数据提供保障。数据产权的保护不能单一地强调某类主体的权益保护，而是需要站在利益平衡的角度，对个人、企业和政府等不同权利主体间的数据关系进行调配。法律作为调整社会关系的行为规范，数据产权保护制度能够对复杂的数据关系社会发挥出定分止争的作用。因此，数据产权保护制度的建构需从法律上明确政府、企业、个人在数据权属关系中的地位，界定数据权的内涵和边界，合理配置数据权利人和数据使用人的权利义务关系，并按照不同类型的数据进行分类分级保护，最终制定既符合国情又与国际接轨的数据确权法律和制度。

2. 数字规则构建的法理基础薄弱

据不完全统计，我国现有涉及个人信息的法律近40部，法规近30部，部门规章近200部。但我国对数字规则中的基础权利义务的法律保护还存在诸多不足。首先，缺乏法理研究。《中华人民共和国民法总则》等相关法律中提到了数据保护的相关措施，但实质上数据权的界定及其权利性质、构成等主要内容并无具体规定，无法适应当前公民对个人数据权的诉求。其次，缺乏宪法支撑。《中华人民共和国宪法》并没有明确将个人数据权作为与其他权利一样的保护对象。最后，我国没有专门的个人数据保护法。个人数据权的保护较为分散且模糊。此外，民法学者重点强调的是数据主体享有的知情权、访问权、更正权、可携带权和被遗忘权等权利。

3. 配套制度与规范建设有待推进

我国已制定出台了《中华人民共和国网络安全法》《中华人民共和国数据安全法》等相关法律，在数据收集、数据共享、数据开放、数据应用等方面形成了一系列的制度。但总体来看，现有法律法规条款多为原则性要求，落地实施有赖于配套行政法规、部门规章、国家标准等予以细化。例如，《中华人民共和

---

① 张阳. 数据的权利化困境与契约式规制. 科技与法律，2016(6):24.

国数据安全法》虽然提出数据分类分级保护、重要数据目录管理、重要数据出境安全管理等要求，但各制度的具体内容、如何实施等细则规定还没有出台。同时，各省市出台的地方性法规大多也仅限于原则性要求，在数据分类方面，数据资产管理、数据权属界定、数据融合缺乏具体的执行标准，且在一定程度上限制了数据的价值化发展，制约了地方大数据主管部门行政职能的充分发挥。例如，《中华人民共和国电子商务法》虽然对平台兼容性、“大数据杀熟”、平台“二选一”等问题均提出了监管要求，但对相关问题的判定标准并不明确，给监管实践带来了诸多困难。

4. 诸多制度之间的衔接性还有待增强

当前，我国在数字规则领域已有《中华人民共和国网络安全法》《中华人民共和国数据安全法》《中华人民共和国个人信息保护法》等法律，三部法律之间存在着部分内容的重叠甚至冲突。例如，三部法律在违法行为认定、管辖权划分、处罚标准等方面就存在不一致的情况。未来，有关部门可以进一步对相关法律进行修改完善，有助于提升法律遵从度，降低企业合规成本，减少监管资源浪费。

第 7 章

建构：有中国特色的数字社会治理规则体系

数字社会治理规则体系的构建是治理主体按照数字运行的内在规律。建立一套体系化的规则和特定的治理机制，以充分发挥规则约束作用，破解发展需求与旧规则体系的失衡，营造开放、健康、安全的数字生态新秩序的过程。为了营造开放健康安全的数字新秩序，“十四五”规划纲要进一步指出，构建数字规则体系须“坚持放管并重，促进发展与规范管理相统一”。根据上文所述数字规则体系的建构逻辑，以下结合当前国内外数字法律法规的先进经验和我国实际，围绕数据开放共享、数据资产交易、数据跨境流动、数字竞争秩序和数字安全保护五方面构建系统完善的规则体系（见图 7-1）。

数字规则	数字安全保护规则	数据开放共享规则	数据资产交易规则	数据跨境流通规则	数字竞争秩序规则
规则构建	全方位数据保护规则 • 加强数据安全技术标准规范制定 • 完善数据安全保护法律法规及其配套措施 • 构筑统一协作的监督执法体系 • 构建企业内部数据安全监管自律规则	立法先行、标准保障 • 推动数据开放专门立法 • 完善数据开放配套法律 • 统一数据开放共享标准	权属明确、高效融通、全程可控 • 加快探索确立数据产权制度 • 建立数据资源流通交易规则 • 构建流通交易市场监管规则	跨境流动规则构建 • 完善数据跨境流动立法体系 • 建立跨境数据分类规则体系 • 构筑数据跨境监管规则体系	完善数字市场竞争规则 • 通过立法规定构建数字竞争总规则 • 推进监管规则整体协调与动态灵活 • 构建多元主体协同治理的监管体系
框架体系	安全保护框架体系 • 全生命周期保护规则 • 分级分类保护规则 • 不同阶段不同类型的数据保护框架	开放共享框架体系 • 数据开放共享“五方”主体 • 数据开放共享程序	数字交易框架体系 • 数据交易主体 • 数据交易标的 • 数据交易流程	跨境流动框架体系 • 自由和安全跨境流动 • 流入和流出跨境流动 • 动态和静态跨境流动	竞争秩序框架体系 • 结构监管与行为监管 • 事前与事中事后监管 • 外部约束与自我规制
构建基础	“利益平衡”权力体系 • 数据主体 • 数据控制者 • 数据管理者	权利基础：公共数据权 • 知情权向公共数据权演进 • 权利义务关系	数据产权权属 • 物权归属路径 • 知识产权归属路径 • 新型数字产权路径	四大考量因素 • 坚守底线 • 促进发展 • 稳步推进 • 适时权衡	依法科学、包容审慎 • 以市场公平为目标 • 以行为规制为路径 • 以数字平台为重点

图 7-1 数字社会治理规则体系

7.1 数字安全保护规则

7.1.1 基于政府、企业、公民多元主体的“利益平衡”权力体系

数据的合理使用和自由流动是数字社会得以存在发展的原动力，同时又要规避信息泄露等安全事件给个人、国家带来的风险，因此数据安全保护规则的构建需要综合考虑数据相关主体的权益平衡。这组利益关系中涉及三个主体：一是国家的代表机构——政府，作为数据汇集者和监管者，承担着数据开放和数据保护的双重职责，能否兼顾两者平衡将决定着数据利用的深度和隐私保护的强度；二是参与市场活动的经营者——企业，作为控制者和处理者，其经济活动和利益来源需要通过对用户信息的收集、加工实现，保护数据控制者的财产利益权利有利于数据价值的挖掘；三是公民作为个人隐私所有者，自然享有个体隐私受保护不被泄露和侵害的权利，需要数字规则给予个体一定程度的支配控制权。

基于此，世界主要国家的通行做法是将平衡政府、企业、公民三者的利益关系作为数字保护立法规则的构建基础。例如，欧盟《通用数据保护条例》其“前言”部分第 2 条明确指出，本条例意在促进创立一个自由、安全与正义的领域和经济联盟、推动经济和社会进步、加强欧盟内部市场的经济融合，以及维护自然人的福祉。国内，为实现个人、企业和国家三方利益平衡，张新宝教授提出了“三方平衡”理论，即个人、企业和国家三方在以牺牲非核心利益的前提下保证各主体核心利益的实现，从而实现利益上的共赢。[①]《中华人民共和国个人信息保护法》第 11 条也体现了三方利益平衡的立法理念，即“国家建立健全个人信息保护制度，预防和惩治侵害个人信息权益的行为，加强个人信息保护宣传教育，推动形成政府、企业、相关社会组织、公众共同参与个人信息保

---

① 张新宝. 论个人信息权益的构造. 中外法学，2021,33(5):1144-1166.

护的良好环境”。图 7-2 为基于政府、企业、公民多元主体的“利益平衡”权力体系。

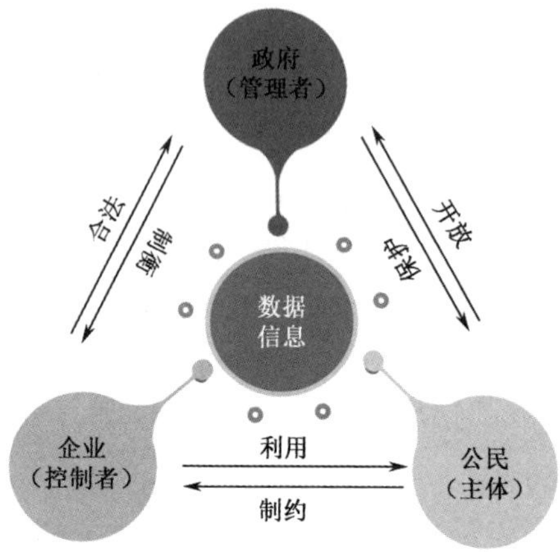

图 7-2　基于政府、企业、公民多元主体的“利益平衡”权力体系

要实现三者之间利益的协调发展，离不开对公民、企业、政府三者的权利的制衡。

1. 政府角度：个人信息保护和促进数字化发展的双重职责

在“个人享有信息受保护权利—国家履行保护义务”法律框架下，国家作为立法机构的主体自然需要为个人信息提供积极保护。国家对个人信息的保护义务可以从《中华人民共和国宪法》第 33 条中得到体现，即“国家尊重和保障人权”，信息权和隐私权被认为是人权的重要组成部分。国家需要建构个人信息作为数据使用和处理的基本制度，制定规则明确公民与企业之间的权利义务关系结构，以实现权益制衡目标。[①]

2. 企业角度：个人信息权益对其数据财产权利形成约束

企业享有数据利用开发的财产权利，但需要受个人信息保护权的制约。尽管公民的个人信息在被企业加工分析之后改变原始形态，成为企业的数据财产，但仍然需要受个体信息权的影响，并受到相关法律法规的相应限制。这种

① 王锡锌. 个人信息国家保护义务及展开. 中国法学，2021(1):145-166.

制约包括两个层次，第一个层次是企业获得数据财产权益的前提是，其实施的个人信息的数据处理行为是合法行为，不得侵害个人的个人信息权益；第二个层次是企业在数据处理活动中，如果公民需要行使保护其信息"本权权益"的权利，企业应当依法履行相应的义务，并且不得以其享有数据财产权为由进行抗辩。[①]

3. 公民角度：享有作为个体信息主体的各项权利

在数字社会，自然人到数字人的演变对国家保障人权的内涵和外延都提出了新的要求。数字信息安全关系个人的人身、财产安全和人格尊严。侵犯数字信息安全的行为具有事前难以防范、事后难以查证的特点，普通个人在面对掌握技术的企业或平台时几乎没有对抗能力，缺乏采取私力救济的手段。因此，要求立法机构通过立法赋予个人在涉及个体的信息处理行为和活动中享有信息支配权利，并进一步通过政府的公权力加以保障，这是整个数据保护的核心。对此，《中华人民共和国个人信息保护法》规定，"个人对个人信息具有支配权，并在个人信息处理活动中享有知情、更正、补充、删除等救济性权利"。

7.1.2 基于数据生命周期与信息敏感度的安全保护框架体系

个人信息的保护贯穿数据处理的整个周期，处于数据生命周期不同阶段的信息、个人隐私的敏感度和面临的风险也会不同，需要分级分类进行保护。因此，从数据处理者的数据处理行为和个体信息支配的不同角度，以不同数据生命周期阶段的不同隐私类型所面临的代表性风险为核心，构建基于数据生命周期与个人信息敏感度的安全保护框架体系。

构建数据保护规则体系的总体思路：首先，对处在数据处理各环节的运行轨迹进行精确定位；其次，依据重要性和私密性的不同程度对个人信息进行维度划分；最后，通过两者的关系分析，明确各个阶段的安全风险，针对不同的风险隐患，提出对应保护措施。[②]

---

① 张新宝. 论个人信息权益的构造. 中外法学，2021,33(5):1144-1166.

② 祝阳，李欣恬. 大数据时代个人数据隐私安全保护的一个分析框架. 情报杂志，2021,40(1):165-170.

1. 以数据为中心的全生命周期保护规则

数据本身存在着从生产到消亡的生命周期。在数据的生命周期中，数据的被采集粒度与时效性、存储方式、整合状况、呈现和展示的可视化程度、分析的深度，以及和应用衔接的程度都呈现不同特点。一般来讲，数据全生命周期是基于数据在组织业务中的流转情况定义的，分为以下 6 个阶段（见图 7-3）。

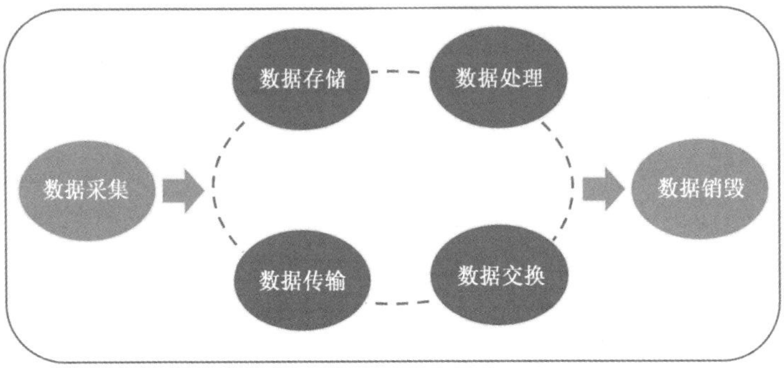

图 7-3　数据全生命周期

（1）数据采集：在系统中新生成数据和从外部收集数据的阶段。这个阶段中，个人通过互联网在相关软件留下使用痕迹，被感知记录，从而形成原始数据点。

（2）数据存储：数据以结构化或者非结构化格式存储的阶段，存储方式包括物理存储或云存储。

（3）数据传输：数据通过网络从一个数据处理者（控制者）流动到另一个数据处理者（控制者）的阶段。

（4）数据处理：对数据进行查询、变更、计算、分析、可视化等操作的阶段。

（5）数据交换：数据在不同系统之间进行集成和共享，以及数据处理人与外部主体进行数据交换的阶段。

（6）数据销毁：对数据及其存储的介质进行销毁，保证数据从媒介载体彻底消除且无法恢复的阶段。

数据生命周期安全则是从数据生命周期的观点出发，确保数据在数据生命周期的每个活动阶段的行为和特征是符合预期和符合数据本质。2019 年 8 月 30 日，《信息安全技术 数据安全能力成熟度模型》（GB/T 37988—2019）正式发布，从数据安全过程维度、安全能力维度、能力成熟度等级维度形成一个三维立体模型，即数据安全能力成熟度模型（见图 7-4）全方面对数据安全进行能力进行等级评估。其中，数据安全过程维度也可按照数据生命周期阶段，划分为数据采集安全、数据传输安全、数据存储安全、数据处理安全、数据交换安全、数据销毁安全 6 个阶段。在此基础上，《信息安全技术 数据安全能力成熟度模型》将上述 6 个生命周期进一步细分，划分出 30 个过程域。例如，数据采集安全划分为数据资产梳理、敏感数据识别、元数据管理、数据分类分级 4 个过程，这 21 个过程域分别分布在数据生命周期的 6 个阶段，部分过程域贯穿于整个数据生命周期。图 7-5 为数据的全生命周期安全。

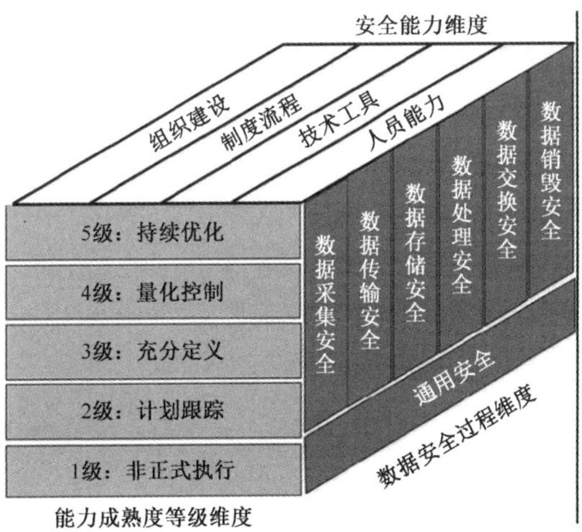

图 7-4 数据安全能力成熟度模型[①]

2. 以敏感度为中心的分级分类保护规则

在“三方平衡”的理念下，个人信息保护的关键是对敏感度的判别与分类，并为不同敏感度的个人信息处理制定不同的规则。各国主要的做法是将个人信息按照重要程度划分为一般信息与敏感信息，并对敏感信息提出单独规定加以特殊保护。例如，欧盟《通用数据保护条例》第 9 条和美国加利福尼亚州的《加州隐私权法案》都对个人敏感信息设定了专项保护条款。《中华人民共和国个人

① 《信息安全技术 数据安全能力成熟度模型》（GB/T 37988—2019）.

信息保护法》也对个人敏感信息处理提出了专门规定，第 28 条明确规定“敏感个人信息是一旦泄露或者非法使用，容易导致自然人的人格尊严受到侵害或者人身、财产安全受到危害的个人信息，包括生物识别、宗教信仰、特定身份、医疗健康、金融账户、行踪轨迹等信息，以及不满十四周岁未成年人的个人信息”。根据《信息安全技术 个人信息安全规范》（GB/T 35273—2020），个人信息可以分为三类：隐私信息、个人敏感信息、一般个人信息。学者祝阳、李欣恬在其研究中，综合私密程度和重要程度两个维度，将个人信息分成基础身份信息、独立敏感信息、关联敏感信息、浏览痕迹信息、公开不敏感信息五种类型，①信息敏感度依次递减（见图 7-6）。

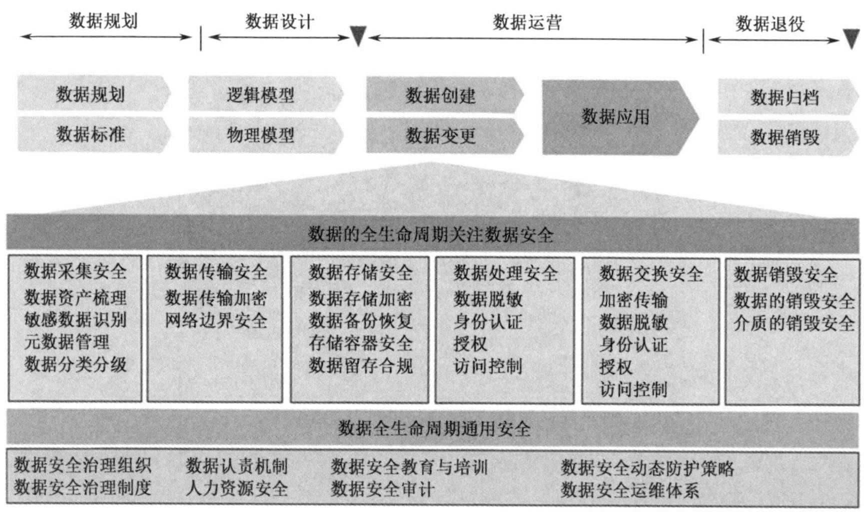

图 7-5 数据的全生命周期安全②

3. 不同阶段不同类型的数据保护框架

综合上述数据生命周期的不同阶段和敏感信息不同程度，建立如下分析框架（见图 7-7），在合理借鉴欧盟 GPDR 及各国探索经验的基础上，从多元主体利益平衡出发，基于数据全生命周期和信息敏感度二维结构，构建政府、公民、

① 祝阳，李欣恬. 大数据时代个人数据隐私安全保护的一个分析框架. 情报杂志，2021,40(1):165-170.

②《信息安全技术 数据安全能力成熟度模型》（GB/T 37988—2019）.

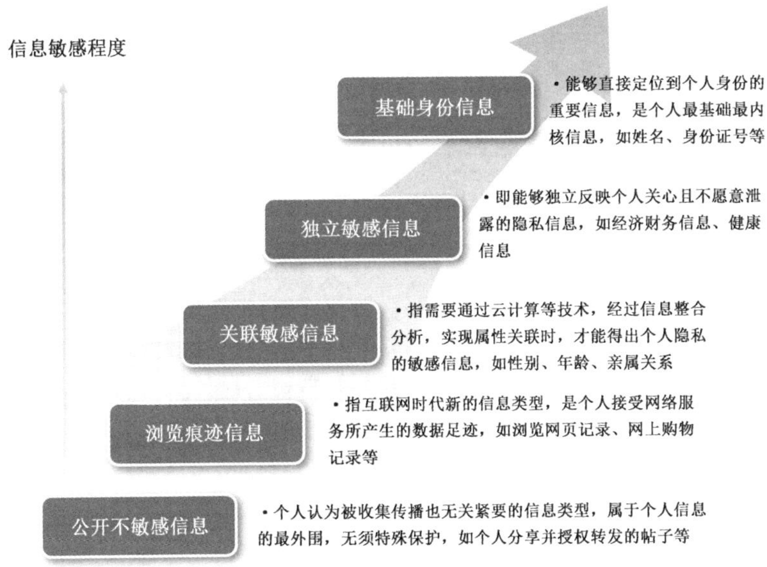

图 7-6　个人信息敏感程度分类

	数据产生	数据传输	数据使用	数据共享	数据清除
公开不敏感信息			挖掘数据价值，基于公共利益优先开放		
浏览痕迹信息		技术：设置必要的加密技术以保障数据传输安全、认证技术、数字水印和电子签名 政府：严格监管、平台安全系数评估，发挥数据溯源和数据协议的作用 公民：自决权、限制公开和滞留权	技术：设置必要的加密技术以保障数据传输安全、认证技术、数字水印和电子签名 政府：严格监管、平台安全系数评估，发挥数据溯源和数据协议的作用 公民：自决权、限制公开和滞留权	政府：跨部门合作、严格监管，制定完整流程以接受和回应公众质疑 公民：告知权、可查验制、知情权	
关联敏感信息	技术：数据溯源、数据匿名化与假名化的数据处理 政府：建立专门的数据开放审核机构、实施用户真实身份可查验制度、告知许可制、明确数据权属 信息业者：目标原则（明确使用目的）、安全责任制、采集范围最小原则 公民：知情权、信息自决权、匿名原则	技术：差分隐私保护技术、区块链技术（有迹可循） 政府：建立跨境数据流动安全监管制度	技术：区块链技术、数字水印和电子签名 政府：建立专门的数据管理隐私保护实践机构，需要完备访问控制和身份认证管理 信息业者：去个人化信息处理利用、承担数据处理者的法律责任 公民：信息控制权、防止未经允许二次使用	技术：差分隐私保护技术、区块链技术（海量交易数据库）、反数据追踪与控制的技术 政府：构建开放政府数据政策框架、加强政府内部协同与监管 信息业者：去个人化信息处理利用、统一政府数据交换平台	政府：规定服务商的数据存留期限和权限，并强制要求服务商提供明文的可用数据 公民：被遗忘权（编辑和删除权、拒绝权和自动化的决策权利）
独立敏感信息		技术：加密技术、区块链技术 政府：严厉打击非法传输隐私信息行为	技术：加密技术、数据水印技术 政府：成立监管机构，加大数据非法使用的处罚力度，数据存储库监管	技术：差分隐私保护技术、区块链技术 政府：严厉打击非法泄露和非法买卖数据	
基础身份信息		技术：加密技术、数据追溯技术等 政府：法律法规严格规定使用权限、明确责任；实施最严格的隐私安全保护机制 信息业者：严格保密、承担非法使用法律责任 公民：信息自决、知情权、上诉追责权			

图 7-7　基于数据生命周期与个人信息敏感度构建的保护框架[①]

① 祝阳，李欣恬. 大数据时代个人数据隐私安全保护的一个分析框架. 情报杂志，2021,40(1):165-170.

数据处理者三方协同治理，在技术手段的支撑下形成分阶段分类型的数据保护规则，形成差别化的、更为精准的管理和监督体系。各个阶段和各个类型的数据保护责任和规则具体如图 7-7 所示。政府部门需要建立数据开放审核机构、实施真实身份可查验制度、告知许可制度等，公民个人享有知情权、信息自主权、匿名权等，信息从业方则要明确信息使用目的，建立安全责任制等，借助数据溯源、匿名处理等技术手段实现隐私保护；必须严格保密，并承担非法使用的法律责任，相应的技术手段包括加密技术、区块链技术、差分隐私保护等。

7.1.3 基于多样化约束手段的全方位数据保护规则体系

数据安全的保护有赖于法律法规、监管机构、标准规范及企业自律多方力量共同协同，既要通过不断完善数据安全保护法律法规形成制度规则，也要促进数据安全技术标准规范统一形成技术规则，同时需要从外部构筑统一协作的监督执法体系，还要从企业内部入手形成数据安全监管自律规则，不同规则体系依赖于多样化的约束手段，从而构筑起全方位、系统化的数据安全保护规则体系（见图 7-8、图 7-9）。

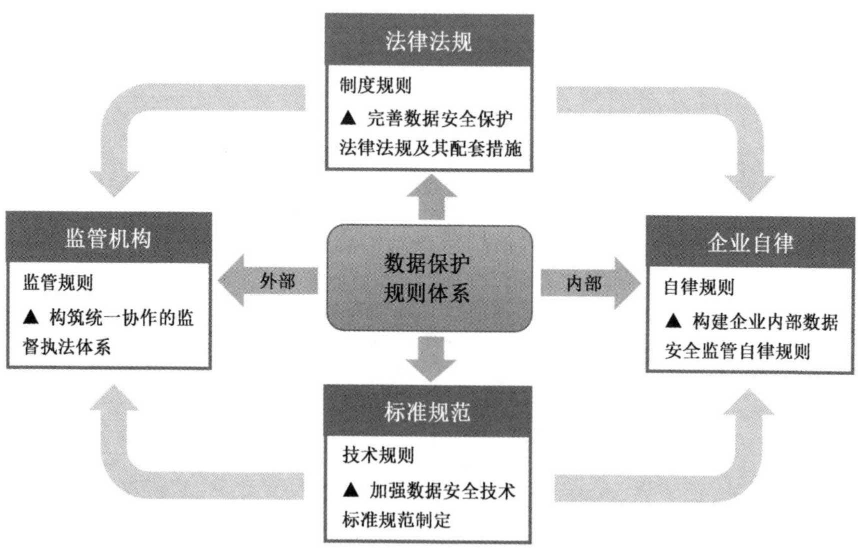

图 7-8 基于多样化约束手段的全方位数据保护规则体系构成示意图（1）

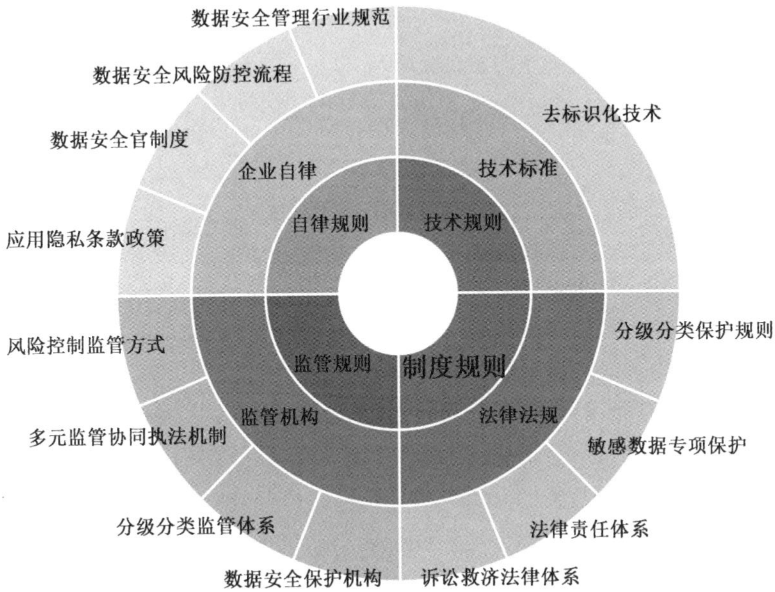

图 7-9　基于多样化约束手段的全方位数据保护规则体系构成示意图（2）

1. 技术规则：加强数据安全技术标准规范制定

数据安全保护依赖于技术手段实现，因而也需要对技术使用进行规则约束。在数据处理手段上，个人信息数据主要有实名制（原始形态）、去标识化及匿名化三种形态。[①]针对不同的形态，技术手段也有所差异，这就需要监管层面根据精准保护的原则，制定相应的技术标准、技术规范。目前，我国已经制定《信息安全技术 个人信息去标识化指南》（GB/T 37964—2019）（2020 年 3 月 1 日实施），目前立法和学界对去标识化的标准、性质、法律效果并没有形成统一的认知，需要进一步总结行业内较为通行的典型案例和实践做法，规范关键敏感信息去标识化的目标、原则、技术、模型、过程和组织措施，不断完善并出台能有效抵御安全风险、顺应数字社会发展需求的去标识化规则。从数据处理过程看，包括数据层、应用层和发布层，涉及 MD2 算法、hash 杂凑算法、P2P 架构、模糊处理等算法模型，还有如网络匿名保护技术、数字水印技术、差分隐

① 祝阳，李欣恬. 大数据时代个人数据隐私安全保护的一个分析框架. 情报杂志，2021,40(1):165-170.

私保护技术等技术成果，对于这些技术的应用程序如何也需要建立相应的技术规则。此外，不同行业领域的数据处理要求也不同，如对于电信传输、社交媒体、搜索引擎等平台，数据处理的技术规则也应区别于其他领域，建立更加严格的技术标准。

2. 制度规则：完善数据安全保护法律法规及其配套措施

当前，《中华人民共和国网络安全法》《中华人民共和国数据安全法》和《中华人民共和国个人信息保护法》还没有形成具体的实施细则，对于数据确权、公共数据安全等某些具体问题的界定尚不明确。建议参照欧美两大保护体系，需要进一步完善我国的数据安全保护体系，提高我国个人信息保护法的地位，在立法理念上，牢牢秉持“发展与安全并重”的立法原则，平衡个人信息的保护与数字社会发展的需求。

（1）完善个人信息分级分类保护规则

《中华人民共和国个人信息保护法》确立的信息保护规则起到了纽带作用，通过将碎片化、分散化的立法进行整合，修改和补充原有的法律规范，消除他们之间的矛盾和混乱，从而形成一个清晰的分级分类法律保护体系。未来还需要以个人信息保护法为中心建立个人信息分级分类法律保护体系。建议尽快制定个人信息分级分类规范，分别按照数据可交易性及隐私特征，将个人隐私信息与一般信息区分开来，并按照信息的商业属性、信息类别及对权利相关人的影响进行分类，分别采取不同的措施加以保护。

（2）对特殊敏感数据进行分类专项保护

围绕医疗、健康、政务等领域关键特殊敏感数据，建议制定专项法律法规对数据进行专项保护。图 7-10 为特殊敏感数据分类。

一是生物信息识别立法。借鉴欧盟、美国等国家和地区的立法经验和已有法律法规中涉及生物信息识别的相关规定，确立生物信息识别技术的应用范围和数据保护原则，减少生物识别技术滥用，确保个人的生物信息数据受到法律保护。

二是规范医疗数据立法。完善现有的法律法规体系，构建以患者为中心的医疗数据安全防护体系，明确患者授权为前提的外部数据使用权，切实保护患者对于医疗数据的合法权益，严控医疗数据的使用和流动，避免医疗数据泄露。

三是规范地理位置数据立法。制定和完善地理位置定位技术使用规范，将精确地理位置信息纳入个人敏感数据范畴，平衡地理位置数据共享与个人隐私保护之间的关系，切实加强个人与公众地理位置数据信息保护。

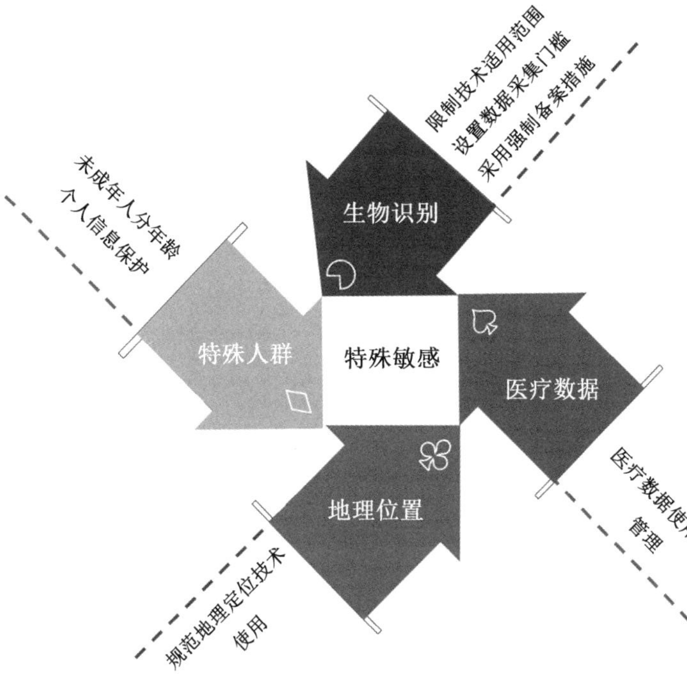

图 7-10　特殊敏感数据分类

四是对特殊人群个人信息进行重点保护。未成年人分年龄个人信息保护行业规范。我国针对未成年人个人信息保护相关的法律法规，因其更偏原则性而非具体规则的特征，在应对和控制这些既有风险上，依旧存在许多不足之处。例如，对构成“未成年人”的年龄标准界定不明；未成年人身份识别机制有漏洞；监护人同意机制过于形式化。将未成年人个人信息保护落到实处的建议。第一，结合个人信息类型和具体应用场景，建立“0—8”“8—14”“14—16”“16—18”的年龄四分法；第二，在未成年人识别机制上，采取隐私友好化方式识别未成年用户，诸如“是否型”问答、亲子/家庭账号模式、本地化存储等方式；第三，围绕充分告知、明确同意两个环节，完善监护人同意机制，具体为将涉及当事人权益的重要事项充分披露，并通过电子邮件、监护人电话告知、视频通话等方式获得明确同意。

（3）完善法律责任体系

在法律责任方面，《中华人民共和国宪法》《民法典》《中华人民共和国刑法》等法律均从国家对公民提供保护义务的角度构建起了个人信息保护的基础法律秩序，结合《中华人民共和国行政法》《中华人民共和国消费者权益保护法》等法律共同建立起了事前预防和事后处置机制，综合运用多种工具，保护个人数据信息不受侵害。确立惩罚性赔偿规则。由于个人信息的商业价值具有一定的抽象性，当前侵犯个人信息的认定标准及损失量度缺乏客观统一的标准，在损失赔偿的计算规则中，法院通常只支持直接损失，抽象的价值增值部分往往不被认可。因此需要建立惩罚性赔偿制度，提高侵犯个人信息的违法成本，达到震慑违法行为的效果。建议将行政监管和公益诉讼有机结合，建立更加符合我国国情的个人信息保护联动机制和权利救济机制。

（4）完善诉讼救济法律体系

行政救济是完整法律的重要组成部分，欧盟规定，每个数据主体都应当有合理的申诉权利，保证所有人向监管机构寻求救济的途径。美国则为涉及个人信息违法行为的行政罚款和民事诉讼设置了改正期制度作为前置程序，以提高违法行为的改正效率。建议将行政监管和公益诉讼有机结合，建立更加符合我国国情的个人信息保护联动机制和权利救济机制。例如，《数据安全法（草案）》第 22 条规定："国家建立数据安全审查制度，对影响或者可能影响国家安全的数据活动进行国家安全审查。依法作出的安全审查决定为最终决定。"这不仅明确排除司法救济，而且在审查主体、审查标准、审查程序上也不够清晰，可能导致安全审查权过度。又如，《个人信息保护法（草案）》第 67 条针对国家机关处理个人信息并未明确规定司法救济和国家赔偿，只笼统规定了国家机关内部监督。这些规定可能对个人防御权的行使构成过度限制，应在法体系建设中予以完善。①

3. 监管规则：构筑统一协作的监督执法体系

一是探索数据安全保护机构设置。由于数据信息的跨区域性和空间不确定性，过去按照违法行为发生地或者违法客体坐落地确定违法行为管辖权的立法和司法原则面临着新的挑战。同时，我国目前个人信息保护的监管主体较多，

① 王锡锌. 个人信息保护义务及展开. 中国法学，2021(1):145-166.

涉及公安、网信、市场监管、金融等监管部门，存在“九龙治水”的部门间协调问题，亟须进行规范和优化。

二是探索建立分级分类监管体系。探索建立中央政府和各级地方政府分级监管、权责一致的监管体系。借鉴欧盟、美国等国家和地区的经验，针对不同数据交易场景，设置对应的负责机构等。

三是多元监管机构协同执法机制。构建反垄断监管部门、消费者权益保护部门和数据保护部门之间协调配合，共同执法的合作机制，改变“九龙治水”的执法格局，促进“各自领域的监管机构之间的一致性”。

4. 自律规则：构建企业内部数据安全监管自律规则

第一，不断提升应用隐私条款政策的规范性。目前互联网平台等数据控制者主要通过隐私条款的方式告知用户个人信息收集和使用规则，但实际执行中，存在隐私条款冗长、晦涩难懂等问题，个人常常要耗费较长时间阅读，而且对一些技术词汇缺乏专业了解，导致隐私泄露、知情权和选择权被剥夺等潜在风险。对此，需要发挥第三方社会组织的作用，鼓励行业协会和自律组织在政府的监督指导下对隐私条款的设置进行更新和监督，要求各大应用市场承担起对隐私保护的监管责任，建立起隐私协议示范条款，还可以利用技术手段提取隐私政策的核心内容，形成摘要和流程图，保护用户合法权利，促进隐私条款更为规范、简明、易懂。[①]我国互联网平台可以参考美国联邦贸易委员会（FTC）《公平信息实践准则》要求下的简化隐私政策的“最优实践”，并且加上警示标志增加用户的关注度。

第二，探索构建数据安全官制度。根据 GDPR 规定，企业应当任命一名数据安全官（DPO）。[②]按照 GDPR 要求，需要设立 DPO 却未设立 DPO 的企业属于违规，面临最高 1000 万欧元或全球年营业额的 2%的处罚（两者取高值）。中国现行法律法规及标准来看，《网络安全法》《关键信息基础设施安全保护条例》《个人信息安全规范》也都提出网络安全负责人或类似职位的概念，职责包括但不限于制定内部安全管理制度和操作规程，实施人员技能考核，组织培训及开展网络安全事件应急处置等。但在中国，对于没有设立 DPO 的企业机构或政府

---

① 游和元. App 隐私条款的化简之方. 福州文明网，2022-04-25.

② 张莉. 数据治理与数据安全. 北京：人民邮电出版社，2021:161.

部门，现有法律中并没有相应的责罚机制，措辞上都以“应当明确”“应当制定”为主，缺乏强制性。同时，高素质信息保护专业人才稀缺也是制约数据安全官制度的重要瓶颈，未来需要进一步完善DPO制度相关法律。包括完善设置DPO的法定条件，并立法保障DPO的独立履职权。如在现有对于处理个人信息数据的规模数量的条件下，增加对于个人信息数据类别或级别的条件规定。①

第三，构建数据安全风险防控流程规则。建立事前重要数据备案、事中数据风险监控和事后数据泄露通报制度。事前根据数据处理规则对重要数据进行备案，明确数据处理主体的安全责任。事中对数据风险进行实时监测，对发现的数据风险及时发布预警并启动应急预案。事后对发生的数据泄露事件进行主体责任分析，将数据处理主体的风险责任及时通报给利益相关人和监管层。

第四，构建数据安全管理行业规范。建议发挥行业协会和联盟作用，强化企业外部第三方机构和行业组织的外部规则，建立健全行业自律机制和数据访问机制。鼓励、帮助行业协会、企业联盟等社会团体发挥自身能动性，出台有实际约束力的行业标准，作为对国家现行法律的有效补充，行业内部的行为准绳。数据安全因其涉及数据不同生命周期和不同属性数据，与许多既有产业产生了强烈关联与交叉，而与数据相关的团体标准可能由不同领域的社会团体出台。

7.2 数字开放共享规则

7.2.1 数字开放共享的权利基础：公共数据权

1. 从知情权到公共数据权的演进

在政府信息公开到数据开放的演变历程中，公民数据权也在发生着变化。国内外开始加快探索公共数据权的表征方式。从英国、美国等数据开放先行国家的发展实践来看，高度重视公民权利在数据开放中的基础性地位，形成了自

① 邹佳祎. 中国数据保护官制度存在的问题与应对策略. 澎湃新闻，2011-11-22.

下而上推动政府实施数据开放的社会需求驱动模式。[①]上海在 2015 年 5 月推出了“开放数据的守望者”这一项目，来监测上海市的开放数据发展，并根据市民的需求提供更友好的用户界面。除上海以外，青岛、浙江等各地方政府也在陆续向公众开放数据集，并要求开放时主动听取公众评价，提高开放数据的有效性。

在政务信息公开阶段。公民对政府享有对政务管理和公共服务方面的知情权，享有对政府信息公开的监督权，公民对政府信息公开的知情权有助于提升政府工作透明度，提高政府信息的利用效率。例如，《浙江省公共数据开放与安全管理暂行办法》明确要求，确定信息开放重点时要优先公开有助于经济社会发展的数据，确定开放内容时要广泛听取公众意见，根据社会需要动态调整开放内容，保障公民知情权。

在政务数据开放阶段。首先，满足公众的数据利用权利是政府数据开放的宗旨。其次，政府数据合理有序公开，有助于公众查询和使用政府数据，促进经济和社会的发展。从法律上看，保障“公民公共数据权”使社会公众普遍受益，符合政府数据开放逻辑基础。图 7-11 为政府信息公开到政府数据开放的演变历程。

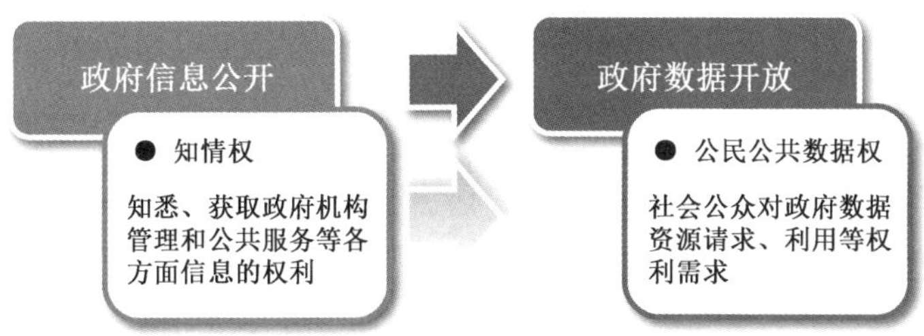

图 7-11 政府信息公开到政府数据开放的演变历程

2. 公共数据权的权利义务关系

公民公共数据权具有特定的权能内容，包括开放请求权、使用权、获取收益权等，这些权能是保障公共数据权实现的重要权利内容。[②]开放请求权是公民

① 张晓娟，孙成，向锦鹏，等. 基于国际评估体系的政府数据开放指标特征与模式分析. 图书与情报，2017(2):28-40.

② 朱峥. 政府数据开放的权利基础及其制度构建. 电子政务，2020(10):117-128.

向政府要求公开数据的权利，是公民数据权在行政法律上的逻辑起点。政府根据公民对于开放请求权的意思表示，制定政府数据开放的规范并加以实施，以此保障公民的数据公开权利。使用权指公民以满足自身需要为目的，对已公开的政府数据进行合法利用的权利。有别于民法中以实物消耗作为前提的使用权，政府数据开放中使用权的行使并不会有实物的消耗。获取收益权指用户基于公共数据加分析后形成的数据产品，享有获得财产的权利。

政府作为公共数据许可人和控制者，公民数据权的实现有赖于政府部门相应权利义务的实现。政府业务部门是数据开放的来源部门，政府数据管理部门是数据开放的管理和协调部门，均具有提供并有条件开放公共数据的责任和义务，二者因分工而不同。张钦昱进一步将政府部门的权利分为数据共享权、数据开放权、许可使用权、获取权。[①]图 7-12 为公民与政府公共数据权利与义务关系。

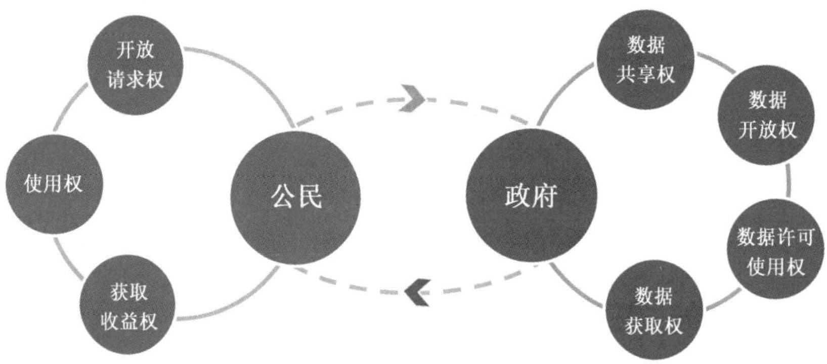

图 7-12　公民与政府公共数据权利与义务关系

7.2.2　数据开放共享的框架体系：以数据开放全过程和数据质量管理为主线

从数据开放共享的生命周期看，包括数据开放前的采集存储、开放平台的

---

① 张钦昱. 数据权利的归集：逻辑与进路. 上海政法学院学报（法治论丛），2021,36(4):113-130.

建设管理，数据开放中的开放范围、开放标准、开放程序、安全管理、保障监督，还有数据开放共享后的法律责任追究等内容。[①]

1. 多方协同：数据开放共享“五方”主体

数据开放共享主要会涉及数据提供方、数据使用方、平台管理方、服务提供方和监管方 5 方面的主体（见图 7-13）。[②]

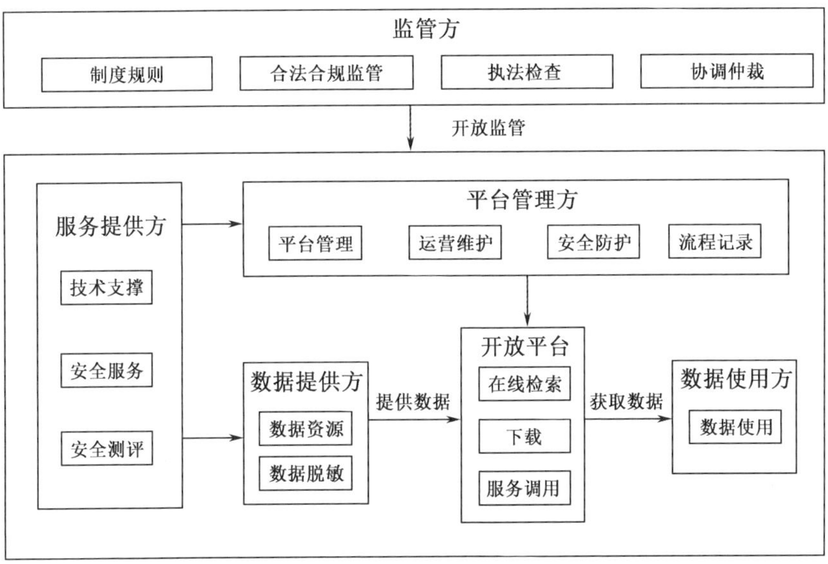

图 7-13　政府数据开放共享主体

（1）数据提供方。数据提供方实际也是数据来源方，主要是数据的生产者或者采集者、汇聚者，包括各政务部门或企业。数据来源方的责任主要是按照数据质量管理和数据安全保护的流程规范进行数据治理，保证数据的完整性、准确性、安全性。

（2）数据使用方。数据使用方实际也是数据开放共享的需求方，是出于一定的目的，对开放共享数据进行应用的政府部门或企业。数据使用方需要按照

① 刘权. 政府数据开放的立法路径. 暨南学报（哲学社会科学版），2021,43(1):92-102.

② 闫桂勋，刘蓓，程浩，等. 数据共享安全框架研究. 信息安全研究，2019,5(4):309-317.

法律规范和平台准则，在授权范围内获取和使用共享数据，同时需要建立数据流转和应用的保护措施和监督机制，确保数据不丢失不泄露，不超出规定使用范围。

（3）平台管理方。平台管理方作为数据需求方和供给方的桥梁，主要承担建设、管理和运营数据共享平台的责任，可以是政府机构也可以是企业。平台管理方应当建立和完善共享平台的数据管理制度，包括数据全周期的清洗、审核、分类和存储制度；数据使用记录和台账制度；平台数据安全使用制度；数据使用流向监测制度等。①

（4）服务提供方。服务提供方是由数据共享开放服务衍生出来的支撑方，主要为数据提供方、使用方或平台管理方提供加工分析、安全保障、监测评估等技术和安全服务。服务提供方类似于市场中介机构，既可以服务需求方、供给方，也可以服务平台方，通常与服务对象以服务协议的方式开展业务，为所提供的服务建立相应的管理制度和专门团队。

（5）指导监管方。指导监管方指国家依照法律法规和政策文件的授权，对数据开放共享活动和行为主体进行监督管理的政府部门。例如，我国网信、公安、安全、保密等部门。各个监管部门依据自身职能范围对上述 4 类责任主体履行制度规则制定、执法监管、执法检查、协调仲裁等监管职责。

2. 合规有序：数据开放共享的程序

只有制定明确的开放程序，才能保证数据开放的合法性和规范性。数据的规范性源于政府具有数据开放的责任，因而设定具体的开放流程有利于对数据开放的合法性进行监督。程序的制定要围绕数据的生命周期来构建（见图 7-14）。

（1）准备过程

首先，优先开放国家鼓励的领域。我国鼓励商业增值显著、社会需求迫切的政府数据优先开放，《关于构建更加完善的要素市场化配置体制机制的意见》明确了目前阶段有限开放的具体领域，即“研究建立促进企业登记、交通运输、气象等公共数据开放和数据资源有效流动的制度规范”。②

其次，需要设置数据审查程序。审查包括对数据本身的涉密性审查，以及

① 陈迎春. 政府大数据开放共享框架构建及安全保障研究. 互联网天地，2022(3):28-31.

② 中共中央国务院关于构建更加完善的要素市场化配置体制机制的意见. 新华社，2020-04-09.

对涉密程度的分类处理。经过脱密性处理后，分别将数据设置为不允许开放、有限制开放和完全开放等不同程度的类型化开放方式。

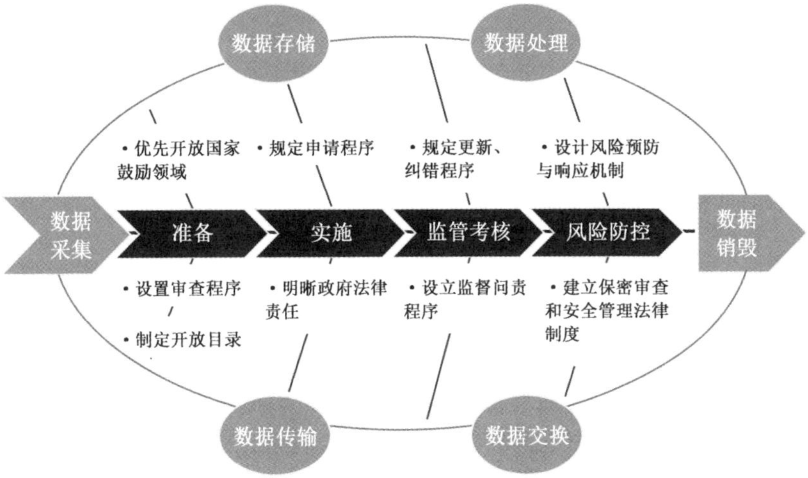

图 7-14　数据开放共享程序

最后，制定数据开放目录。《中华人民共和国数据安全法》第 42 条明确要求，“国家制定政务数据开放目录”。在不违背国家安全和社会利益原则的前提下，各部门制定数据开放目录，并动态更新。①

（2）实施过程

首先，规定数据的申请程序。对于设定限制条件的数据，公民有权依条件进行申请。对于公民认为应当开放、可以开放的数据，公民有权申请开放。拒绝公民申请的，政府应当及时告知理由。

其次，明晰数据开放政府法律责任。数据开放共享的实施需要明确各方的法律责任，从而避免有限理性导致的不愿开放、不敢开放现象，促进政府数据依法开放。

（3）监管考核过程

首先，应当规定数据的更新、纠错程序。数据的价值体现在数据内容和更新频次上，越是准确、质量高，有连续性的数据，越富有经济和社会价值。而数据的纠错亦属于必要的维护。不断纠错、优化数据质量，亦将反映在以数据

① 刘权. 政府数据开放的立法路径. 暨南学报（哲学社会科学版），2021,43(1):92-102.

为基础的各项运用中，以更精确的方式提升数据价值。

其次，应当设立监督问责程序。从数据准备、数据质量和数量、数据平台建设等方面，设置量化标准以进行考核。考核还应适当考虑公众的数据使用反馈，根据考核结果进行评价并提出改善意见。

（4）风险防控过程

数据开放共享的整个过程同时也是风险防范的过程，需要设立专门的机制和风险防控机构建立数据开放保密审查和安全管理法律制度，强化安全风险识别，设计风险预防与响应机制，保证数据开放共享过程安全可控。

3. 统一开放：数据开放共享平台建设与管理

数据共享开放需要依托于统一的数据开放共享平台，从而提升开放效率，实现统筹管理。该平台由政府主导建立，具有认可度高，权威性强等优势。放眼全球，包括美国、英国、新西兰、加拿大、日本在内的多个国家已经建立起了面向社会公众的国家层面的政府数据统一开放平台。目前，中国已有不少地方相继建立了地方政府数据开放平台，数据开放平台的建设已经取得了一定的成效，但是普遍存在着平台数量少、数据资源少、服务功能少、发布时效性低、地域差异大等问题，特别是缺乏国家层面统一的数据开放平台，地方政府在数据开放方面“各自为政”的局面对我国的数据开发工作造成了不利的影响。鉴于此，《中华人民共和国数据安全法》第 42 条明确要求，“构建统一规范、互联互通、安全可控的政务数据开放平台”，对全国统一的开放平台建设提出了要求。《公共信息资源开放试点工作方案》则鼓励试点地区统一采用 www.xxxdata.gov.cn 开放平台域名，并对平台建设提出了一些要求，[①]为未来全国一体化统一开放数据平台的建设打好了基础。

7.2.3 数据开放规则体系：立法先行、标准保障

1. 推动数据开放专门立法

近年来，我国已经陆续发布系列政府信息公开、政府数据开放的条例、规范、政策、制度等，但缺乏一部国家层面政府数据开放的专门法律，而且现有

① 公共信息资源开放试点工作方案. 广安市人民政府，2021-03-23.

规定也较为分散，不利于全国统一政府数据开放的深入实施和价值释放。[①]因此，借鉴欧盟、美国的发展经验，通过制定专门的法律，从顶层设计上建立制度规范，明确我国政府数据开放的目标导向和行为准则，能够为数据开放提供强有力的立法保障和法律支撑。

具体在立法实践中，采取何种立法模式，概括起来主要有三种模式。[②]

第一种：周汉华、肖卫兵、何渊等学者认为应先修改《中华人民共和国政府信息公开条例》，再针对政府数据开放专门立法。他们认为，先行修改《中华人民共和国政府信息公开条例》可以以较快的速度解决我国政府数据开放目前无法可依的状态；长远来看，当《中华人民共和国政府信息公开条例》的修正不能满足现实需要的时候，就应当正式启动数据开发专门立法。

第二种：中国行政管理学会课题组认为应当由国务院制定相关领域的行政法规。先借鉴地方政府已有做法经验和国外经验，尽快制定全国统一范围的《中华人民共和国政府数据开放条例》及实施细则，在实施中总结经验，根据形势需要再由全国人大制定《中华人民共和国政府数据开放法》。

第三种：于世梁、王万华等学者认为在建设社会主义法治社会的背景下，应一步到位制定《中华人民共和国政府数据开放法》。借鉴欧盟经验，尽快制定出台《中华人民共和国政府数据开放法》，从立法层面界定明确数据开放治理体制机制，政府数据开放的范围、数据开放的边界、数据开放的深度、数据开放的标准、数据开放的质量、免除开放的例外等。

对于三种模式如何选择，从长期来看，在依法治国的背景下，我们建议采取专门立法模式，即由全国人大按照正式立法程序，制定专门法律。当然，考虑到人大立法历时较长、程序烦琐的问题，可以选择在短期内也可由国务院先行制定关于政府数据开放的行政法规，在实践的基础上，在合适的时机再由全国人大专门制定《中华人民共和国政府数据开放法》比较稳妥。

2. 完善数据开放配套法律

（1）政府数据开放的许可授权。目前我国政府数据在汇集、开放和利用的

① 东方，邓灵斌. 政府数据开放的法律规制：美国立法与中国路径——基于美国《开放政府数据法》（OGDA）的思考. 情报资料工作，2021,42(5):50-57.

② 刘权. 政府数据开放的立法路径. 暨南学报（哲学社会科学版），2021,43(1):92-102.

过程中缺乏主体责任部门，导致各个部门之间任意推脱，因此迫切需要从法律层面赋予特定的政府机构数据开放的法律主体责任，明确各个阶段的知识产权归属问题，通过制定数据开放许可授权的法律法规，界定清楚政府开放数据的使用权益，为政府开放数据提供便捷，有效遏制腐败，打破权力垄断。[①]图 7-15 为政府数据开放的许可授权示意图。

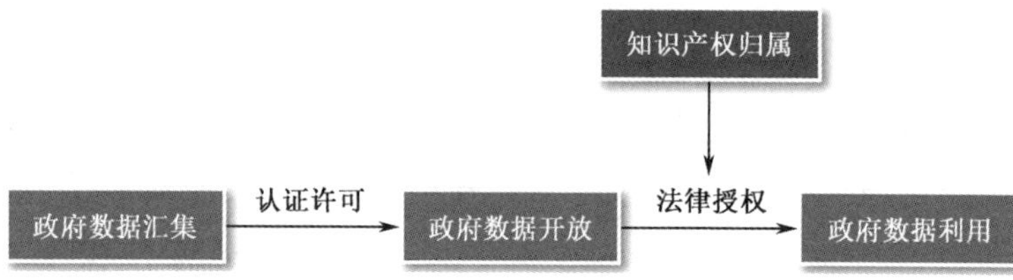

图 7-15　政府数据开放的许可授权示意图

在公共数据治理的授权机制方面，杭州市在《杭州市数字政府建设“十四五”规划》中创新性地提出创建市民授权机制。这一机制打破了传统的数据共享方案，开始将社会公众（市民、企业等）等引入到数据采集、共享和使用的全过程。公共数据治理中，地方政府认可公众作为数据主体的角色。地方政府为公众设立数据账户，并为他们提供数据资产服务。他们表示，“（数字时代）每个人一定要有一个数据账户”“伴随一生的数据沉淀，把钱存在银行跟数据存在数据局（的数字账户）是一回事情”。市民数据账户中的数据可以来源于不同层级、不同区域政府的职能部门，也可以来源于企业和社会组织。依托数据账户，“（市民在各类平台）查完（个人信息）之后，就把信息存到个人数字账户。……由地方政府来保管，保障安全、保证权威”。换言之，市民数据账户的建立突出了公共数据平台作为公民、法人数据公共托管平台的性质。[②]

（2）完善数据开放的组织管理机制。借鉴英国经验，设立专门负责开放政府数据工作的部门，赋予其统筹管理各政府部门数据的职权，明确各政府部门与数据开放主管部门的分工与职责。加强中央与地方之间的沟通协作，引导地方政府成立大数据管理局或大数据管理中心，专职负责本行政区域内的大数据

① 东方，邓灵斌：政府数据开放的法律规制：美国立法与中国路径——基于美国《开放政府数据法》（OGDA）的思考. 情报资料工作，2021,42(5):50-57.

② 高翔. 超越政府中心主义：公共数据治理中的市民授权机制. 治理研究，2022(2):15-23.

工作。我国有必要从国家层面统筹设立专业的政府数据开放共享管理部门，中国电子信息产业发展研究院张莉等提出了一个全国层面的数据开放共享组织架构，如图 7-16 所示，建议在中央和地方网信办下设专门的数据开放共享办公室，主要负责制定发展规划、政策文件和标准规范，强化全盘统筹、综合协调、监督考核等职能。[①]

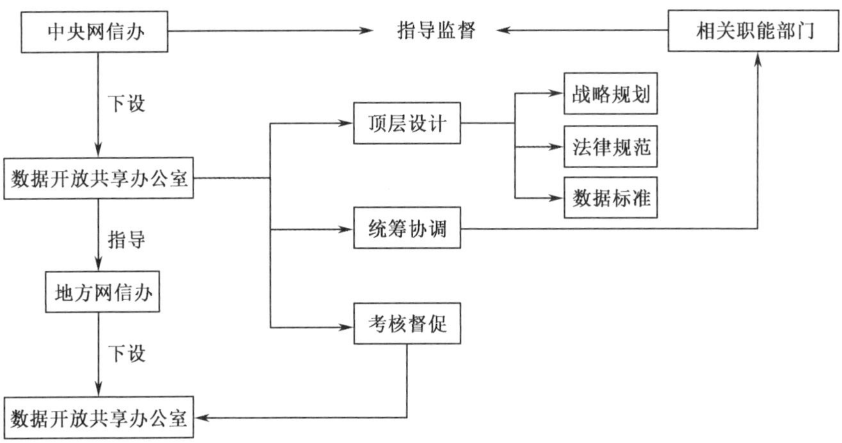

图 7-16　政府数据开放共享的组织机构

（3）完善数据开放质量管理制度。政府应当建立健全政府数据开放质量管理体系，从数据时效性、准确性、完整性等角度明确管理规范，重视政府数据的格式标准和可机读化，保障数据开放数量。我国当前尚未实现开放数据均为可读格式，不方便数据使用者尤其是非技术背景的数据使用者的使用。

3. 统一数据开放共享标准

数据的开放标准能够有效提高数据的互操作性、可比性、聚合性和连接性，推动数据从封闭、共享和开放发展到广泛应用。2017 年年底，在“创新英国”（即英国政府技术战略委员会，In-novateUK）的资助下，英国开放数据研究所（Open Data Institute，ODI）联合 W3C（World Wide WebConsortium，万维网联盟）启动“数据的开放标准”（Open Standards for Data，OSD）项目（周期

① 张莉. 数据治理与数据安全. 北京：人民邮电出版社，2021:202.

2017—2020 年），旨在为政府和机构开发、采纳和实施开放标准提供指南和帮助，之后并发布了一系列标准的实施指南，[①]见图 7-17。

序号	指南名称	发布/更新日期	说明
1	共享数据集的元数据指南	2020年8月	如何使用DC描述共享的表格形式的政府数据集（地理数据除外），包括元数据的存储方式、必需的元数据项等
2	开放数据集的元数据指南	2020年8月	如何使用Schema.org数据集词汇表描述开放的数据集，以提高数据集的搜索引擎可发现性
3	发布表格数据指南	2020年8月	共享和开放数据时，如何为CSV数据文件提供W3C CSVW元数据
4	政府数据和技术的开放标准	2020年8月	开放标准原则，政府数据交换和发布的开放标准列表
5	表格数据标准指南	2020年8月	发布表格形式的政府数据时，首选CSV格式，应遵循RFC 4180标准
6	日期数据格式指南	2020年7月	遵循ISO 8601:2004标准，以机器可读的格式表达日期数据，格式为YYYY-MM-DD-THH:MM-SS
7	持久化可解析标识符指南	2020年7月	使用HTTPI.I和URL标识开放的数据集

图 7-17　英国元数据标准的实施指南

2020 年 4 月，国家标准化管理委员会发布《信息技术 大数据 政务数据开放共享 第 1 部分：总则》（GB/T 38664.1—2020）、《第 2 部分：基本要求》（GB/T 38664.2—2020）和《第 3 部分：开放程度评价》（GB/T 38664.3—2020）三项与政府数据开放共享领域相关的国家标准，从数据资源、平台设施、应用成效、管理制度和安全保障等方面对公共数据开放进行了规范。[②]未来工作中需要进一步基于“开放政府数据生命周期”构建贯穿我国政府数据开放共享全流程的政府数据开放共享标准体系。黄如花依据规范化流程的界定，将该体系划分成 6 个标准子体系，按照各阶段不同环节涉及的领域、范围、功能和活动，细化形成 23 项标准（见图 7-18），并对其覆盖范围、关键内容进行总结，选择重点领域标准进行研制。[③]

① 翟军，翟玮，裴心童，等. 英国政府数据共享与开放的元数据标准建设及启示. 情报杂志，2021，40(4):132-138, 186.

② 张群，尹卓，于浩，等. 欧盟开放数据和公共部门信息再利用指令的启示. 大数据，2022-04-01.

③ 黄如花. 我国政府数据开放共享标准体系构建. 图书与情报，2020(3):17-19.

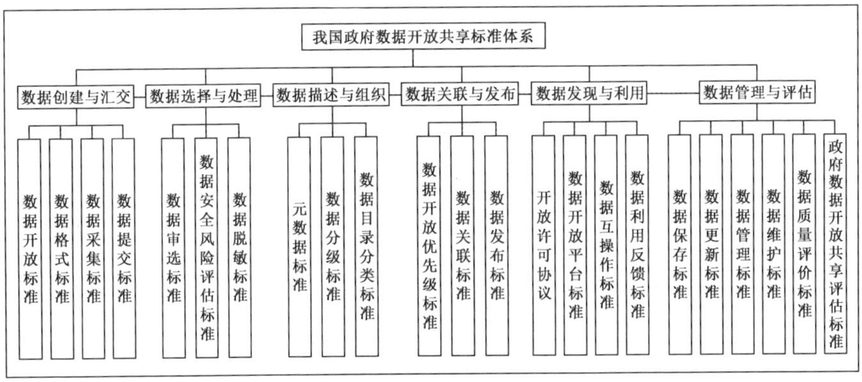

图 7-18　我国政府数据开放共享标准体系框架

7.3　数字资产交易规则

7.3.1　数据产权的讨论与界定

目前，我国范围内尚没有相关法律直接规定数据的所有权及其权利内容。纵观国内外数据所有权的理论和实践，对数据权属问题还没有达成统一意见。目前主要存在三种归属方式。

1. 物权归属路径

物权归属路径（见图 7-19）认为数据资产适用于现有的物权范畴内的所有权保护框架，也就是认为数据所有者对自己所有的数据财产享有占有、使用、收益和处分的权利，这也是数据交易的前提条件。所有权归属层面，物权法应当针对不同的情况分别确定。一是原始个人数据，这种路径下的个人数据属于用户本人，企业仅可获得数据的使用权。二是对个人数据进行匿名化处理之后产生的衍生数据归属于企业，但是企业的使用需要经过用户的同意。

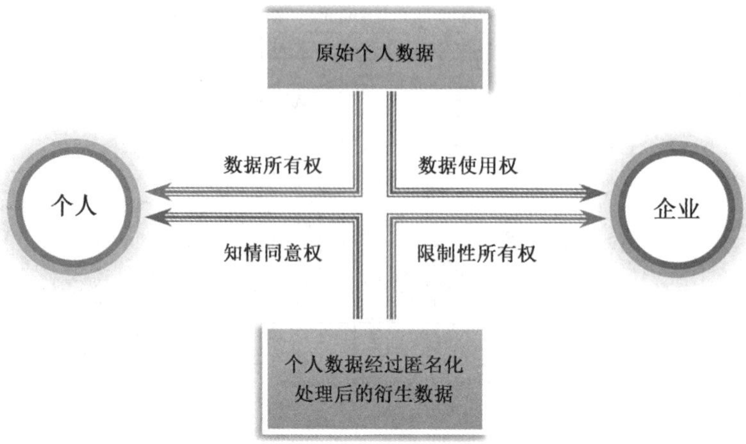

图 7-19　物权归属路径

该路径在理论与实践上存在如下的局限性：理论上，数据不具备《中华人民共和国物权法》中物权标的物通常应当具备的独立性和实体特征，数据必须“寄生”于计算机、通信设备、服务器、存储器等设备才能进行存储和使用。① 目前对于数据资产的定义，仅有贵阳大数据交易所这样的经营性单位进行过描述性介绍，并无立法机构对数据资产作出法律意义上的定义。②

2. 知识产权归属路径

有学者认为数据的产生属于智力成果，是知识产权的一种形式。其理由包括：第一，数据的产生是对原始数据进行加工的过程，这个过程需要智力的参与；第二，数据的产生属于智力劳动产生的、没有实物形态的劳动成果；第三，为了保护劳动的成果，经过数据加工而产生的衍生数据在取得专利或认证之前不宜对外公布。当然，数据与一般的知识产权也有区别，因此，可以考虑在知识产权项目下建立数据专有权，以实现对数据控制者的权益保护。图 7-20 为知识产权归属路径。

该路径的局限性在于：企业对数据的加工和利用达不到知识产权的创造性标准。知识产权的认定标准是形成完整的智力成果，该成果需具有创造性并得

① 蒋婷，盛海刚，万晓榆. 大数据所有权归属问题的解决之道. 通信企业管理，2017(5):70-72.

② 张莉. 数据治理与数据安全. 北京：人民邮电出版社，2021:202.

到登记认定，而数据信息仅仅是该成果的构成元素，并不足以成为具有创造性的整体成果。至于在知识产权项下单独设置一个数据专有权的主张则面临着另一个问题，即数据专有权应当被视为知识产权的一个分类还是应当与知识产权并列仍有待商榷。

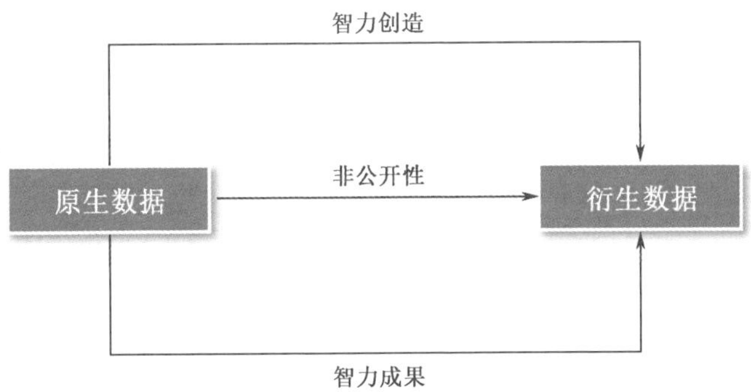

图 7-20　知识产权归属路径

3. 新型数字产权路径

由上述分析可以发现，与传统的物权客体相比，数据是无形的，不能为人所直接占有控制；同时数据是可无限复制的，可以同时为多人所持有使用。与传统的知识产权客体相比，数据本身只是信息的载体，而非信息本身。与传统知识产权保护对象相比，数据不具备独创性、期限性、法定性等知识产权必要特征，也不必然是智力劳动的成果，更不需经过知识产权取得相关的法律程序。因此，不少学者认为数据不能直接依照物权法规则和知识产权法规则来界定其权属，对其权利的认定需要创设一种新型数字产权路径（见图 7-21）。

丁道勤将数据划分为基础数据和增值数据两个类别。基础数据主要是个人数据，用户作为个人数据的所有人，拥有对个人基础数据的所有权。增值数据由数据处理者对基础数据进行收集加工而产生，增值数据的使用通常不会导致特定个人的信息泄露，数据处理者通常不需要经过所有个人同意即可使用增值数据并带来收益。[①]

① 柳峰，高绍林. 数据要素市场发展的立法范式研究. 信息安全研究，2021,7(11):1052-1062.

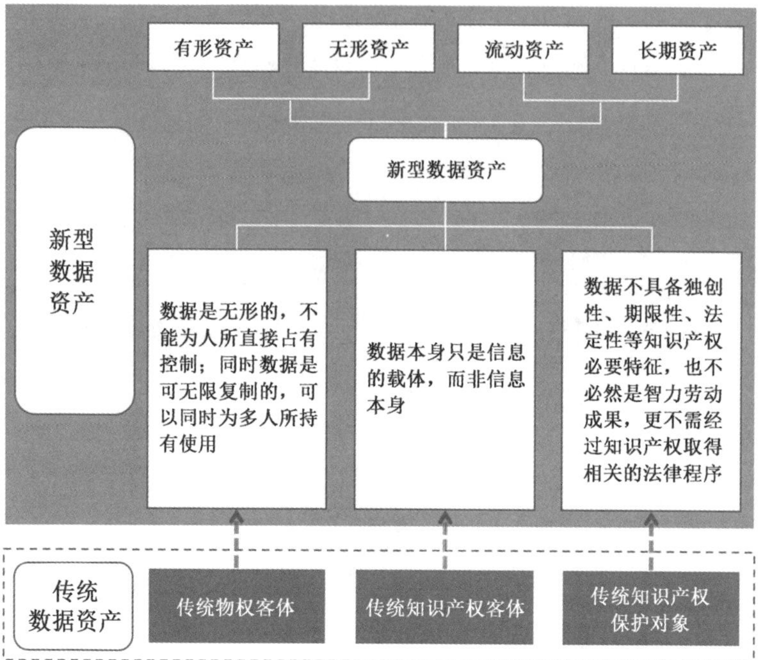

图 7-21　新型数字产权路径

申卫星提出将数据所有权和数据用益权分离的二元协同格局，对数据的原发用户赋予数据所有权，而对数据处理者赋予数据用益权，这样既充分考虑了原始数据所有者的权利，又兼顾了数据处理者的数据收集和加工投入。

7.3.2　数字交易流通框架

1. 数据交易主体

数据交易过程的参与主体可以分为四类，即数据供应方、数据需求方、数据运营方和数据监管方（见图 7-22）。数据供需双方应当在数据交易过程中明确彼此的权利义务，以便于认定供需双方是否已履行相应的给付义务；数据运营方和数据监管方则在数据交易过程中分别履行服务支持义务和监管义务，以保障数据交易的公平有序和高效开展。

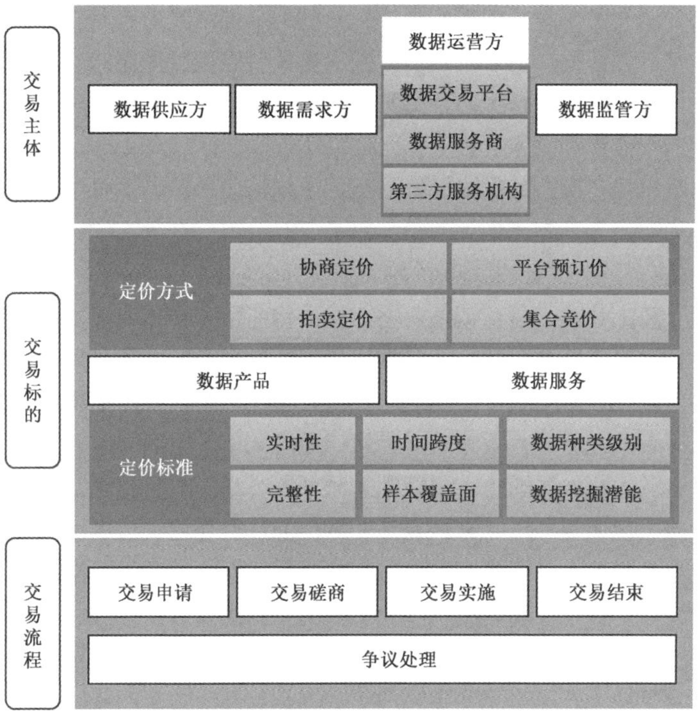

图 7-22　数字交易流通框架

对于数据运营还可以分为数据交易平台、数据服务商、第三方服务机构。

（1）数据交易平台。数据交易平台在数据交易中处于关键位置。目前，大数据交易所并未被确认为资本市场的一部分，其法律地位尚不明确。未来明确大数据交易平台的定位及设立条件，防止大数据交易平台的无序建设破坏大数据交易市场的发展。鉴于数据交易标的和数据交易行为的特殊性，建议依据《中华人民共和国行政许可法》第十二条的规定设立行政许可制度，规范数据交易机构的准入条件。

数据交易平台应至少具备下列三项基本功能：一是供求信息管理功能。提供大数据交易的信息发布、交易撮合服务。二是交易数据管理功能。对拟通过其平台进行交易的数据商品进行登记审查、与大数据交易相关的资金划转、结算职责及在大数据交易过程中，进行数据商品传输交付等职责。三是数据安全管理功能。从社会公众的利益出发，数据交易平台对在平台上发生的数据交易活动负有监督管理的职责。数据交易平台应当依据《中华人民共和国网络安全法》和《中华人民共和国数据安全法》及其配套规定建立健全网络安全等级保护制度和全流程数据安全管理制度，并根据需要支持数据存储、加密、销毁、存取控制，以及数据库、中间件、数据接口等功能，为数据供需双方开展数据交易提供运行环境和技术支撑。

（2）数据服务商。数据服务商是数据要素流通市场的重要组成部分，与证券市场中的券商有一定相似性。数据服务商在数据交易所、区域数据交易中心或行业数据交易中心等交易场所的授权下，负责对多源异构数据进行汇聚对接、清洗加工、质量管控、可信流通，将非标准化的数据转化为可以进行流通交易的标准化数据交易产品。此外，数据服务商也可以为数据流通交易提供基础环境。借鉴券商在证券市场中的角色与作用，在相关主管部门依法监督管理及数据交易所平台的规范下，数据服务商可以考虑从以下方面开展业务：

第一，数据开发类业务，包括数据源开发与数据产品开发。数据源开发是指数商探查发现质量稳定、来源合法的数据源，引导相关数据提供方入场；数据产品开发是指数商利用自有数据或与建立正式合作关系的数据提供方合作开发数据资源，形成可交易、产权界定清晰的数据产品。

第二，数据发布类业务。一是数据和产品上市辅导，建立完善尽职调查流程，数商自行或委托具有相应资质的第三方机构开展数据产品质量、安全性及合规性评估，对拟上市产品进行相应辅导；二是数据产品发行报价，结合数据提供方成本、数据质量、市场供求关系、历史成交记录等因素评估数据产品发行价并报送交易所；三是上架推荐，推荐符合交易所上线要求的数据产品上架，经保荐后在交易平台正式发布。

第三，数据承销类业务。一是产品营销，利用自建、交易所或第三方交易撮合平台，通过多种方式发掘数据潜在需求方，拓展数据产品流通范围；二是产品议价，协同数据提供方或接收数据提供方委托与数据需求方开展定价磋商，形成市场化交易价格；三是可信流通，按照交易所指令和合同约定，为数据产品安全可信流通提供技术环境和相关服务，将流通记录数据及时提交交易所备案。

第四，数据资产类业务。一是数据资产审计，即对所保荐和承销的数据及数据产品供应商的交易记录进行数据资产有效性审计，对价格合理、来源稳定合规的数据资产，经保荐后提交交易所审核，作为相关主体数据资产并表依据；二是数据资产创新业务，按照国家有关法律法规和交易所要求，探索联合银行、保险公司等金融机构开展数据信托、数据保险、数据银行等创新业务；三是数据资本创新业务，与证券交易机构合作，探索数据资产证券化路径，研究建立

“数据入股”机制，实现数据要素按贡献折算资本份额并参与分配。

（3）第三方服务机构。数据要素流通交易服务生态是数据要素有序治理的必要前提，是推进数据要素打通生产、流通、交易和消费等环节的保障条件，这客观上要求我国聚焦数据要素流通交易需要，分行业培育一批第三方专业服务机构，提供数据集成、数据经纪、数据评估、数据审计、数据公证等市场服务。

第一，数据集成。指将不同来源、格式、标准、特征、内容的数据在逻辑上或物理上有机地集中，从而为企业内部、企业之间、行业内部或行业之间提供全面的数据共享和交换。数据集成存在多种实现技术体系，通常采用联邦数据库系统、基于中间件模型、数据仓库、多方安全计算等隐私计算方法来构造数据集成系统，实现“数据可用不可见”解决数据共享和交换难题。

第二，数据经纪。数据经纪是数据要素化和数据市场中从事交易服务的中介角色，是一种基于原始数据和派生数据挖掘数据价值为业务、创造数据衍生产品形成经济价值的业态。数据经纪通常包括向市场主体提供市场营销产品、风险降低产品和人员搜索产品等数据衍生产品和服务。

第三，数据审计。数据审计是一种数据库安全技术，通过对用户访问数据库行为的记录、监测、分析和报告，对数据库操作进行细粒度审计的合规性管理，帮助用户事后生成合规报告、事故追根溯源，提高数据资产安全性，对数据库遭受到的风险行为进行预警，对攻击行为进行阻断。

第四，数据公证。数据公证是信息安全技术与公证服务进行深度融合的业态。数据公证是基于可靠信息和安全技术以确认和保证特定数据资源从数据生成、数据传输、数据存取等各环节，数据全生命周期的真实、可靠且不可篡改的一种技术体系和服务方式。

第五，数据资产评估。包括数据资产质量评估、合规性评估、价值评估等方面。面向原始数据、脱敏数据、模型化数据、人工智能化数据等不同数据产品形态，对数据产品质量、数据来源和主体合规性情况及数据资产潜在价值等开展评估认证，并出具第三方评估报告，为数据产品资产化、资本化提供背书和担保。①

---

① 赵正，郭明军，马骁，等. 数据流通情景下数据要素治理体系及配套制度研究. 电子政务，2022(2):40-49.

2. 数据交易标的

数据交易标的指的不仅仅是数据产品本身，还应包括与数据产品相关的数据服务。数据产品主要包括用于交易的原始数据和加工处理后的数据衍生产品；数据服务主要是数据供应方对数据进行一系列计算、分析、可视化等处理后，为数据需求方提供处理结果及基于结果的个性化服务。数据交易应当保证交易数据来源合规，真实有效。数据交易机构对数据提供方提供的交易数据的合法、真实、来源进行合规审查。

交易标的定价方式。实践中，当前市场上多采取由数据供应方进行定价的方式，但该种定价方式难免有失公允，且由于影响大数据交易价值的因素较多，完全由卖方主导的交易价格并不能准确反映数据的交易价值。除卖方定价外，可采取的其他定价方式包括协商定价、平台预订价、拍卖定价和集合竞价等。

协商定价是指数据供需双方在无第三方介入的情况下对数据价格进行多轮的报价，最终在价格博弈中确定双方都接受的数据成交价格，其优点在于买卖双方沟通的机会多，定价的自由度高，且交易双方对于数据的价格均有发言权，数据的最终成交价格体现了双方较大程度的合意。

集合竞价和拍卖定价等市场化的定价方式，其优点在于无须制定特定的数据价值评估标准，而交由市场上的需求方来确定数据的最终成交价格，且拍卖定价有利于将数据权益的转移限制在小范围的目标买家之内，保证了数据买家的利益。

交易标的定价标准。首先，应当明确可进行数据定价的数据是经过预处理的数据，未经处理的数据不仅不具备可供交易的商品属性，还可能存在隐私泄露、侵犯他人合法权益和国家利益的风险，而经过预处理的数据不仅可以使数据具备商品属性，还可以在一定程度上消除数据的异质性、保护相关主体的隐私和元数据的安全，便于数据的定价和交易流通。其次，应当区分不同场景和不同类别对数据进行定价。不同类别的数据具有不同的效用特征，应当对各项定价标准赋予不同的权重或采取特殊的定价标准，还应结合数据具体的应用场景来评价数据可能产生的预期效益，以确保数据定价的准确性。再次，要研究确定合理的数据资产定价标准。数据资产定价标准是评估数据价值的重要依据，是数据交易所提供数据参考价格的核心标准。因此需要结合市场实践和相关的理论研究，确定科学合理的数据资产定价标准为数据的合理定价提供标准支撑。《深圳经济特区数据条例》采用了实时性、时间跨度、样本覆盖面、完整性、数据种类级别和数据挖掘潜能六项数据资产定价标准。综合而言，实时性、时间跨度、样本覆盖面、完整性、数据种类级别和数据挖掘潜能六项数据资产定价标准的认可度较高。[①]最后，应当建立数据价格的反馈机制。鼓励用户在使用一段时间后对数据的质量和效用进行反馈。数据定价机构根据用户的反馈对数据价格进行一定的调整从而实现数据定价机制的不断优化，但具体的反馈时间、反馈的客观性检验，价格调整的幅度和标准等相关问题仍然需要进一步的研究。

3. 数据交易流程

数据交易过程一般包括交易申请、交易磋商、交易实施、交易结束、争议处理等环节。

在交易申请环节，数据提供方应主动披露交易来源是否合法、权属是否清晰，数据需求方则需要说明数据用途。数据交易平台对双方提供的信息真实性、完整性、合法性审核。

在交易磋商环节，供需双方对标的数据的交易方式、交易金额、双方权利义务、争端解决方式等内容进行协商，达成一致意见。数据交易平台对交易进行合规性审核。

在交易实施环节，数据交易服务平台与数据供需双方共同签订三方协议，协议中应当就在交易磋商环节双方达成一致的内容明确表示，在磋商和约定的基础上形成交易订单。

在交易结束环节，数据交付完成后，数据供方应发出数据交付完成确认，数据需方应发出数据接收完成确认。

在争议处理环节，数据交易服务机构可以与仲裁机构设立争议解决机制，依法依规对交易双方可能发生的争议作出仲裁。

7.3.3 数字交易流通规则体系的构建：权属明确、高效融通、全程可控

图 7-23 为数字交易流通规则体系的示意图，下文将对其进行简述。

① 黄志雄. 数据治理的法律逻辑. 武汉：武汉大学出版社，2021:301-302.

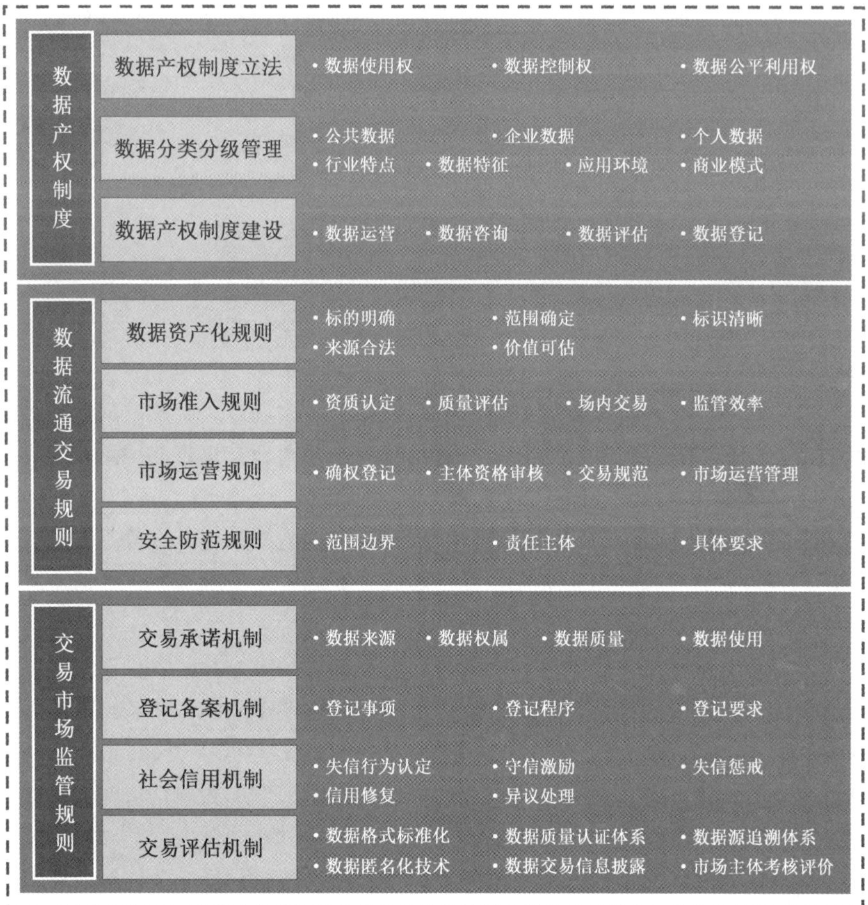

图 7-23　数字交易流通规则体系的构建

1. 加快探索确立数据产权制度

虽然目前全球范围内尚未有构建数据产权的成熟经验，但欧美在数据产权方面的有益尝试对我国构建数据产权制度仍有一定的借鉴意义。在中央政策积极引导数据产权制度构建的大背景下，构建数据产权制度，助力数据要素市场有效运行，可着重考虑以下 3 个方面。

（1）推动数据产权制度立法。完备的法律体系有助于保护数据提供者积极主动地挖掘数据价值，约束数据使用者对数据要素的经营行为，维持数据要素市场稳定。对产权的理解不应局限于所有权，而应在法律上做扩大化解释。数据具有无体性、非排他性，数据的效益在于流动而非独占，以上特性使传统的排他的所有权模式难以为继。我国数据产权制度应该考虑各类数据相关主体的需求，构建包含数据使用权、数据控制权、数据公平利用权等相关权利在内的完整产权制度。

（2）针对不同类型的数据主体进行分级管理。数据产权制度的建设首先需要明确数据主体及不同数据主体在不同场景中的权利和义务，在数据要素市场不断发展的过程中对数据产权制度逐步研究完善，提出现阶段适合我国国情的数据产权制度。从不同主体看，对于公共数据而言，产权制度也许并非最优解。基于公共数据的公共属性，其目的在于最大限度地开放与利用数据，使全社会共享数据福利，过分强调产权问题反而会阻碍其流动。而对于企业数据而言，则应当考虑产权的保护与利用，以激励和促进企业生产，为企业提供确定的市场预期。对于个人数据，更应侧重其中的个人信息保护问题。

（3）支持探索数据产权制度建设。在我国对于数据要素的研究尚不深入、暂未构建起完善的数据要素市场的背景下，不应贸然推动数据产权立法。产权制度不仅要在法律上加以规定，还需要考虑在社会层面如何去执行。因此，可以让市场主体先行探索，立法仅做兜底性规定，并在司法中积累一定的裁判规则，最终确定符合我国实际的数据产权制度。

2. 建立数据资源流通交易规则

（1）数据资产化规则。按照数据要素所依附或反映事物本体的不同，将数据本体划分为自然人、法人、车辆、物品、地点、事件等，基于对数据动态本体对象的统一标识和管理，引导各参与方加强数据要素流通全流程中的分类分级标识标定管理，逐步实现数据资源统一标识管理，推动数据要素跨地域、跨层级、跨行业流通。建立数据要素资产化标准，依据数据要素“可界定、可流通、可定价”原则，建立数据要素流通准入标准，保障流通数据标的明确、范围确定、标识清晰、来源合法、价值可估。

（2）市场准入规则。建立市场主体准入制度，加强对交易主体的资质认定、质量评估等；引导并支持市场主体在依法设立的数据交易平台进行场内交易，打击灰黑数据交易行为，提高对数据交易的监管效率。在数据交易所的治理规则上，设置一定的准入条件。一方面，要提高数据交易所的设立标准，防止重复建设和市场割裂。另一方面，鼓励数据交易所实行资本实缴制，为数据交易所的持续正常运营提供资金保障。

（3）交易运营规则。规范场内数据交易流通，明确数据交易中的确权登记、主体资格审核、交易规范、市场运营管理等规则，探索建立安全、规范、可信的数据交易运营体系，引导数据合法合规交易。规范场外数据交易流通，加强场外交易中的数据安全和隐私保护，保障数据提供者的数据权益，促进多种场景下各种数据要素的安全流通。

（4）安全防范规则。健全数据资源流通交易安全防范体系。明确数据流通与交易各环节保障数据安全的范围边界、责任主体和具体要求，明确数据使用者对数据安全和隐私保护的责任。建立数据采集、分析和应用机制，限定数据分析的关联范围，控制相关服务商关联还原隐私数据的行为，确保隐私数据的源头可控。制定数据资源流通交易标准规范。

3. 构建流通交易市场监管规则

（1）建立数据流通交易承诺机制。加强数据交易市场安全监管和秩序规范，持续推动整治泄露、垄断、不正当竞争等违法违规行为。围绕数据来源、数据权属、数据质量、数据使用等方面，推行面向数据服务商及第三方专业服务机构的数据流通交易承诺制，签订承诺责任书等同于具有法律约束效力，违反承诺责任书将依法依规受到经济处罚、行政处罚。

（2）建立数据流通交易登记备案机制。制定统一的市场主体登记数据和系统建设规范，明确数据交易市场主体登记事项、登记程序及登记要求，建立全国统一主体登记备案系统，探索网上办理等登记备案方式，确保市场主体登记备案便利化。探索建立数据资产登记、流转备案及披露机制，加强数据资产凭证生成、存储、归集、流转和应用的全流程管理。加强参与主体责任和义务，建立数据安全收集、存储、处理、传输、交易与使用承诺制，推行数据交易服务标准建设和行业自律。

（3）建立数据要素市场社会信用机制。建立数据流通交易全流程社会信用体系，逐步完善数据交易失信行为认定、守信激励、失信惩戒、信用修复和异议处理等机制，为相关单位和社会公众提供方便快捷服务。制定交易数据“负面清单”，禁止可能涉及国家安全、侵犯个人隐私的交易行为。设立“黑名单”制度，将违规交易情节严重的市场参与者列入黑名单，彻底整改之前不得重新进入数据要素市场。建立行业协会，鼓励行业自律，配合政府监管层对市场主体和交易行为进行联防联控。

（4）制定数据资源流通交易评估机制。国家牵头建立数据产品质量评估体系，规范数据产品的质量评价标准，促进数据产品的合法合规交易，形成操作性强的数据资源流通交易评估机制。

7.4 数据跨境流动规则

7.4.1 构建数据跨境流动规则的四大考量因素

在经济全球化和数字经济迅速发展的当下，对数据跨境流动只能进行部分限制，而不可能实施绝对的数字本地化。对数据跨境流动限制的宽松与严格之间的权衡取决于本国对推动产业发展和风险防控的重视程度。图 7-24 为构建数据跨境流动规则的四大考量因素。

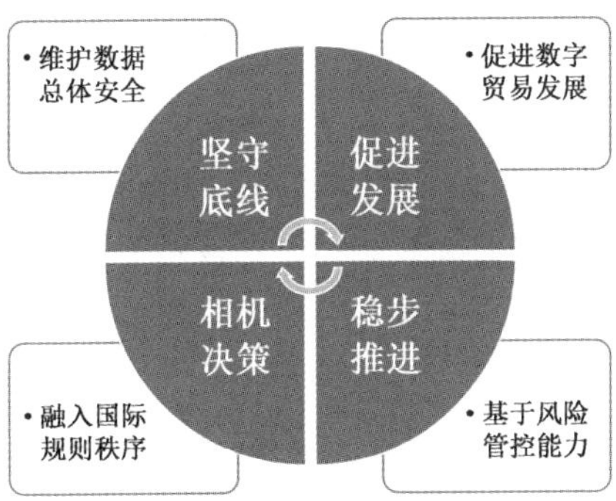

图 7-24 构建数据跨境流动规则的四大考量因素

1. 坚守底线：维护数据总体安全

从国家总体安全观来看，数据跨境流动在安全层面涉及国家安全和个人隐私安全两个方面。

随着人工智能和大数据技术的发展，个体的行为喜好、生活习惯甚至工作状况都能够被分析并加以利用。个人的订单情况经过分析之后被境外企业获取存在个人信息泄露的风险。数据跨境传输具有体量大、速度快的特征，其不可控制性更强。数据跨境流动可能加大数据的不当使用及数据泄露风险，从而对个人数据权利和个人隐私造成侵害。

更进一步，从国家数据主权安全角度而言，境外企业可能通过对大量个体的数据分析，获得本国用户的思想状况、社会偏好等情况，对本国社会进行精准画像，严重威胁本国的国家安全。Facebook 等企业在为全球用户提供服务的同时，也对各个国家的国家安全造成了威胁；同时美国却以国家安全为由禁止 TtikTok 和 Wechat 在美国的使用。我国在制定跨境数据流动规则的过程中，一定要把国家主权安全放在首要地位，着重加以考量。我国构建数据跨境流动规则需要基于底线思维，从对数据跨境传输持较强的国家安全和公共利益、个人信息保护立场，兼顾数据主体的保护，实施严格审慎的监管规则。

2. 促进发展：促进数字贸易发展

各个国家对数据跨境流动的立场具有很大的差异，其政策导向主要取决于自己国家的数字贸易地位和发展情况，数字经济发展实力较强的国家具有先发优势，一般倾向于鼓励数字跨境贸易，支持数据跨境流动和异地存储，反之则持消极态度，政策重点聚焦于国内数字基础设施建设和数字电商平台建设，并希望通过数据本地化存储来促进本国数字产业的发展。[①]例如，在互联网领域，美国拥有 Google、微软等跨国企业，业务范围遍布全球各国，竞争优势突出，因而积极的开放的数据跨境流动能够满足这些头部技术型企业的发展需要，基于此，美国在数字规则导向上也倡导各个国家实施数据流动自由，如不要求数据本地存储、限制平台企业的民事责任等。[②]

从我国产业发展来看，一方面，我国数字经济蓬勃发展，企业在全球范围内的数字贸易快速发展，跨境数据流动的需求也不断旺盛。从这个角度看，伴随我国数字对外开放，数据跨境流动成为我国鼓励和壮大数字经济产业和竞争力的政策选择。[③]同时，我国数字企业在关联核心技术环节还受制于美国等发达国家，对于关键数据的把控能力较弱，国外数字企业在进入国内市场时候存在

---

① Committee of Experts under the Chairmanship of Justice B.N. Srikrishna, A Free and Fair Digital Economy: Protecting Privacy, Empowering Indians, http://meity.gov.in/writereaddata/files/Data_Protection_Committee_ Report.pdf.

② 马其家，李晓楠. 国际数字贸易背景下数据跨境流动监管规则研究. 国际贸易，2021(3):74-81.

③ 马其家，李晓楠. 论我国数据跨境流动监管规则的构建. 法治研究，2021(1):91-101.

技术封锁的隐患，若对数据跨境流动不实施严格的保护，无疑将使我国已积累起的数据资源优势国家竞争力减弱，从而影响本国数字产业的发展机会。从这个层面，我国在制定数据跨境流动规则时，需要在坚持宏观谨慎的前提下，有选择有条件地放松对数据跨境流动的限制。

3. 稳步推进：基于风险管控能力

梳理我国数据跨境流动规则不难发现，总体而言相关制度较为零散而不系统，主要散见于各行业或领域的具体法规，专门化且体系化的法律及相关实施办法尚在制定过程中，涉及数据跨境流动产品和服务的采集、存储、处理程序和规则尚不清晰，对于跨境数据的商业秘密、个人隐私权保护、知识产权保护、内容审查等方面的立法和标准规范发展滞后，缺乏较为细化的执行和实施细则，关于数据跨境流动的监测工具也较为落后。

尽管《中华人民共和国网络安全法》对数据跨境流动的规则作出了一些规定，但其关于数据的分类标准和重要数据的范围仍不够精细化，数据境内存储的程序性规定仍然缺乏可操作性，行业内监管和部门间协调方面也有提升的空间。因此，应当加快国内相关领域立法，出台和完善规章制度和操作细则。在总结过去经验的基础上，结合国外成熟理念，以自身国情为基础，稳步推动跨境数据流动实施。①

4. 相机决策：融入国际规则秩序

由于我国数据跨境流动法律规范尚不完善，总体而言处于起步探索阶段，法律框架尚未形成，与其他国家或国际组织签订的合作协议还比较少。伴随跨境数字贸易的需求不断增长，立足本国实际，着眼现实需求，积极推动融入国际数字贸易规则，开展跨国数据流动合作成为必然，具体实践中体现为在 WTO、APEC、RCEP 框架下，我国需要积极参与国际性的数据跨境流动的规则制定。主动接触 APEC 下的 CBPR 体系、TPP 多边经贸谈判等，吸收借鉴其中的立法规则，对国内法律法规加以补充完善。

综上，我国构建跨境数据规则的初衷应该立足我国国情，从维护国家数据总体安全出发，满足数字贸易的发展趋势，兼顾现有的法律基础和风险管控能

---

① 马其家，李晓楠. 论我国数据跨境流动监管规则的构建. 法治研究，2021(1):91-101.

力，兼顾适应国际规则包括我国已经参加和未来参加的经贸协定的要求，加快完善我国数据跨境流动规则体系。

7.4.2 数据跨境流动规则的框架体系

数据跨境流动究其本质而言，是指一个国家境内产生的数字化的数据信息被他国境内的私主体（企业、个人）或公权力机关（政府等）采集、存储、加工或使用的过程。[①]图 7-25 为数据跨境流动规则框架体系。

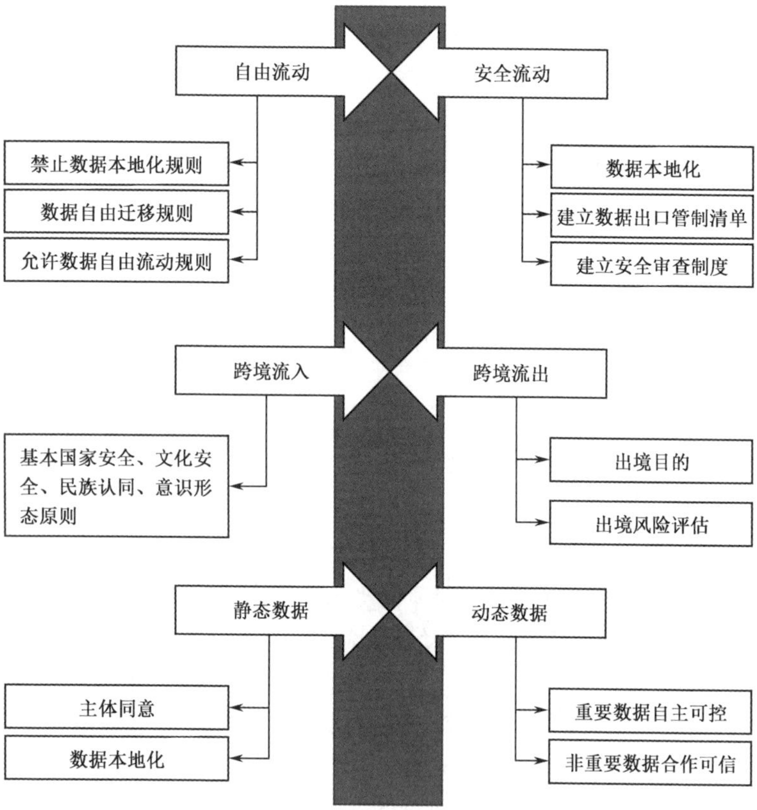

图 7-25 数据跨境流动规则框架体系

① 许可. 自由与安全：数据跨境流动的中国方案. 环球法律评论，2021,43(1):22-37.

1. 基于自由和安全的跨境流动规则

数据流动的“自由”和“安全”是看似相互对立的两个原则，不同的国家基于本国的国情在两者之间的权衡各有侧重。与大部分发达国家更加强调“自由”和大部分发展中国家更加强调“安全”的原则不同，我国在《中华人民共和国数据安全法》中提出了“数据安全自由流动原则”，其实质是将自由和安全放到同等重要的位置，其中“自由”是基础性原则，“安全”是限制性原则，二者共同实现对外开放和国家安全的平衡。①

“数据自由流动”。自由流动是数据的客观属性。数据的价值通过交易得以实现，数据的交易有赖于数据流动。为实现数据的自由流动，需要遵守以下 3 个规则。第一，禁止数据本地化规则。数据本地化是指国家通过立法要求数据只能在本国储存和使用，禁止转移至境外。其是数据自由流动的最大障碍，取消或限制数据本地化是实现数据跨境自由流动的前提条件。第二，数据自由迁徙规则。除了国家的限制性规定，合同和技术条件也会成为用户数据迁移的障碍。这就需要服务提供方和数据运营方提高技术水平，保障用户进行数据迁移的能力。第三，允许数据自由流动规则。例如，美国提出“基于信任的数据自由流动”理念，还采取具体步骤深化该理念，目的是在执法司法目的调取数据方面达成共识，以此圈定业务目的数据跨境流动的信任范围。

“数据安全流动”。安全是数据跨境流动的前提。现实中数据跨境流动存在较大的风险，比如个人信息遭到泄露，国家机密受到攻击等，因此各国政府或多或少都会对数据跨境流动进行监管，以保障流动的安全性。为实现数据的安全流动，需要遵守以下 3 个规则。第一，建立数据出口管制清单制度，将涉及军事情报、尖端技术等领域的数据列为禁止出口的管制数据，以防止国家机密被窃取。第二，建立安全审查制度，将可能包含地理位置信息、个人敏感信息通信数据在内的重要数据的跨境流动列入安全审查范围。第三，对“禁止数据本地化”设置例外情形。为保证国家安全不受侵害，将涉及公共安全、国防军事领域的重要数据进行本地化存储，作为禁止数据本地化的例外。

2. 基于流入和流出的跨境流动规则

关于数据跨境流动的方向，大体可以分为“跨境流出”和“跨境流入”两

---

① 王晓瑾. 美国跨境数据自由流动与国家安全的平衡范式. 北京政法职业学院学报，2021(4):49-54.

个方向；从数据跨境流入的处理主体看，可以分成“私主体跨境流入”和“公权力机关跨境流入”①（表 7-1）。

表 7-1　数据跨境流动架构

	私主体	公权力机关
跨境流入	数据入境	数据调取

在“数据入境”场景的管制中，国家对境内公民和企业等主题访问和处理境外数据进行管理和限制，限制或禁止对于宣传民族歧视、传播暴力、危害公共秩序等境外信息的访问和转发。

在“数据出境”场景的管制中，国家通常会对境外个人和企业访问和处理境内数据进行限制，也就是“数据本地化”。数据本地化通常体现在部分行业或者特定服务中，比如财务状况、税收数据、位置提供服务、金融交易等。针对出境数据监管部门需要进行合法性和出境目的审查，确认其是否存在不允许出境的情形，以及在合法的前提下，是否存在境外访问的必要性。对可能造成国内个人和企业信息泄露或者危害国家秘密的出境行为应当加以限制或者禁止出境。

“数据调取”主要有两类情况，一是数据来源国的监管机构出于执法目的，通过合理合法程序调取存储在国外的数据，即数据入境；二是国外的执法机关出于执法目的，调取存储在国内的数据，即数据出境。

总体来看，在对于数据入境和数据出境场景的管制中，俄罗斯、印度尼西亚、尼日利亚等发展中国家倾向于加强国家管控，减少自由流动；与之相反，欧盟、日本等大部分发达国家和墨西哥、智利等拉美国家倾向于数据自由流动，减少国家介入。

3. 基于动态和静态的跨境流动规则

数据跨境流动有两种跨境方式：一是静态方式，强调数据存放在固定一国境内，但能被他国主体访问。二是动态角度，强调跨越国界进行数据传输的过程。

从静态角度看主要是数据存储环节的规则，国家从规则层面要求数据采集

---

① 许可. 自由与安全：数据跨境流动的中国方案. 环球法律评论，2021,43(1):22-37.

者、数据控制者和处理者不得损坏数据的原有形态，而且要建立相应的保护机制和技术手段确保数据主体的合法权益。

从动态角度看主要是数据传输环节的规则，国家建立规则要求确保数据从出境到入境的整个过程合法可控。对于主权国家来说，要确保与国家安全相关的重要数据的流动过程自主可控，不被其他国家操纵和窃取；其他的非重要数据流动过程则保证合作可信，在充分利用数据价值的基础上，促进各方达成合作，切实履行合同约定。

7.4.3 数据跨境流动的规则构建

图 7-26 为数据跨境流动的规则构建示意图。

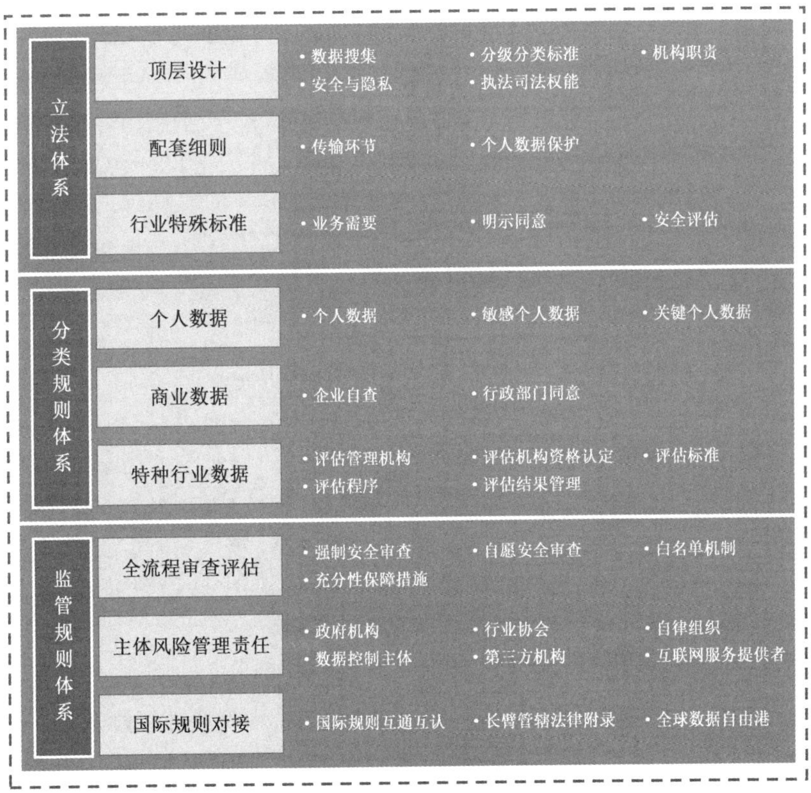

图 7-26　数据跨境流动的规则构建示意图

1. 完善数据跨境流动立法体系

以《中华人民共和国网络安全法》《中华人民共和国数据安全法》《中华人民共和国个人信息保护法》作为我国数据跨境流动管理的基础法律，并逐级构建起“基础法律—通用法律—行业标准”三层规则体系，①进一步出台和完善全国性规章和实施细则，对“数据本地化”“数据出入境”等概念作出明确界定，针对具体行业制定出台相应的行业标准。

（1）完善跨境数据流动顶层设计。根据《中华人民共和国数据安全法》提出的“数据安全自由流动”原则，在人大立法层面明确数据跨境流动的保护原则，适时制定和出台专门针对数据跨境管理的基础法律，作为各项法律的上位法。

（2）完善数据跨境流动配套细则。当前我国数据跨境流动的管理偏向于静态管理，需要更加关注数据跨境流动的动态过程管理。数据传输环节，可以在保障数据安全的前提下允许数据进行跨境传输；妥善处理可能存在的个人信息保护问题，实现数据传输的集中式审核，提高数据传输审核效率。②

（3）完善数据跨境流动行业特殊标准。依托各行业大型企业成立行业协会，研究制定电信、社交、生物医药等关键重点行业内的跨境数据流动管理规范，形成重点行业重点保护、差异化保护，通过积极参与国际合作交流实践不断更新完善，推动国内行业标准成为国际或区域性标准。①

2. 建立跨境数据分类规则体系

不同类型的数据在跨境传输中具有不同的风险，其泄露或不当使用所涉及的利益主体、影响范围也不尽相同，针对不同类型的数据跨境流动的规制手段、审查严宽程度理应有所区别。应当以数据的重要程度、收集处理机构、利益主体的不同作为依据，对各种类型的数据进行明确划分，在各个领域采取分级分类的监管手段，即建立数据跨境的类型化规制模式。建议从个人数据、商业数据、特殊行业数据三个层面构建跨境数据分类规则体系，分别制定差异化的数据出境审核要求和监管标准。③

---

① 王志杰. 论我国跨境数据流动的监管完善——基于数据安全性与数据开放性的利益平衡视角. 福建金融，2021(7):9-16.

② 陈兵，徐文. 数据跨境流动的治理体系建构. 中国特色社会主义研究，2021(4):67-75.

③ 马其家，李晓楠. 国际数字贸易背景下数据跨境流动监管规则研究. 国际贸易，2021(3):74-81.

（1）个人数据。个人数据按照敏感程度设定不同的跨境流动规则，对于如年龄、身高、性别、体重等个人特征数据和资产、信用、住址等个人敏感数据，在实施“通知—同意”的程序前提下允许跨境流动，可以异地存储。对于身份证号、生物遗传等关键基础个人数据，由于涉及国家安全，实行以禁止跨境流动为原则，要求数据源必须存储在本国的服务器/数据中心，原则上禁止离境。

（2）商业数据。对于市场主体在经营和商业活动中产生的数据跨境流动需求，主要以商业秘密的形式进行监管，允许企业主体在履行报备监管部门的基础上进行合理的流动，其监管目的主要出于知识产权保护和市场竞争秩序维护等需要，具体监管流程包括“自查”和“审核”，前者主要指数据控制主体在向境外第三人转移商业数据时应当履行一定的企业自查义务，后者指根据国家监管法规报相关行业部门审核同意后出入境。

（3）特殊行业数据。针对电信、金融、石油、电力等关系国家民生发展和国家安全的关键行业数据的跨境流动，需要监管机构制定严格的监管原则，包括安全风险评估制度、评估标准、程序等具体内容，通过事前事中的全过程监管确保关键数据的安全，有条件地进行跨境流入和流出。

3. 构筑数据跨境监管规则体系

按照我国现有法律法规体系和监管实践，数据跨境流动系采取较为严格的监管部门审核“许可”模式，包括事前申报批准、主管部门评估等。实践中，该模式难以适应高速发展的数字经济规模、多样化的数据传输形式及极为快速的交易速度，存在适用空间的障碍。实际上，在建立较为详细的数据分类标准的基础上，对于并不涉及国家安全、社会秩序和特定行业的数据，可以建立相应的数据豁免审核制度，采取诸如数据主体间的合同协议规制、充分保障措施、“白名单制度”等多样化的数据跨境流动规则，以满足大规模数据跨境流动的需要和数据跨境流动效率的提升。例如，欧盟在 2001 年和 2004 年先后推出了两套标准合同条款（SCC），该格式条款的适用系通过合同规制的私法手段保障数据主体权利，可使数据跨境传输企业免于欧盟数据保护机构对其数据传输风险的审查和评估。同时，欧盟建立了较为完善的“充分保护程度”标准和“白色清单制度”，丰富并便利了数据跨境流动的渠道，值得我国借鉴。

（1）我国应当建立覆盖事前、事中、事后全流程的数据流动安全审查和评估规则

明确强制性安全审查的范围主要涉及重要数据、特定行业数据出境，可能

影响国家安全和社会秩序的数据。同时，进一步明确重要数据和特定行业的范围，审查评估的主体、程序、申诉机制等。对于除上述范围之外的数据，数据控制主体可以依据其具体情况自愿申请安全审查评估，经监管部门评估通过后可以自由出境。其次，对于重要数据和特定行业数据之外的数据建立“白名单机制”及充分性保障措施的认定。根据一国数据保护法律制度完备情况、具体的数据保护环境、损害救济机制的有效性等进行认定，若是其经审查评估符合本国数据保护的最低要求，可将其纳入数据跨境流动“白名单”中，本国数据控制企业得以向其自由传输数据。对于向“白名单”之外的国家传输数据，则根据数据接受方是否满足充分性保障措施进行。充分性保障措施包括：数据控制者和接受方是否签订标准格式条款，该条款是否规定了数据主体保护具体措施，案件管辖及责任分配是否充分保障我国数据主体权利；经官方认可的机构对数据控制者和接受方数据保护水平的认定，包括是否具有安全稳健的信息系统和工具、健全的数据安全风险预测、评估和处理机制及对应的人员和组织保障等。

（2）完善数据出境过程中相关主体的风险管理责任

目前，我国形成了以行业主管部门为主的数据跨境审核体制，数据的跨境流动审核权根据具体行业分别授予网信办、公安部门、安全部门、中国人民银行、银保监会、工商总局等具体业务部门。但分行业分别监管的机制不利于安全风险和漏洞的综合监管，因此，数据跨境监管的组织协调机制成为当前改革中更为迫切的需要，我们建议从国家层面建立类似数据跨境流动监管委员会等的协调机构，统筹各项具体监管事宜，同时作为我国参与国际数据合作的联络和对接部门，进行统一管理。在行政监管之外，我们建议行业协会和其他行业自律组织形成风险自查评估联盟，作为行政监管的补充。同时，进一步落实数字控制主体的数据保护自查责任。

（3）增强数据跨境流动国际规则对接

一方面，我国应积极参与数据保护相关国际规则的制定，参与数据跨境流动的国际合作。我国可以参酌 APEC 制定下的 CBPR 标准，在符合我国重要数据出境要求的前提下，对符合标准的企业，允许数据在此类企业之间流动。另一方面，我国要构架双边及多边合作机制规避管辖冲突，发展完善数据领域的阻断法，积极应对他国的长臂管辖。此外，我们建议利用特定区域，如北京自贸试验区、上海自贸区、海南自贸港、深圳中国特色社会主义先行示范区、粤港澳大湾区等的制度灵活性优势，在数据跨境流动规则上先行先试借鉴“沙箱”式的监管模式，探索建立数据自由港。我们可以借鉴保税区“境内关外”的制度设计，研究出台相关政策法规，对于进入数据自由港辖区内的个人数据，在保护、处理、共享和传输等方面适用基于多边或双边谈判确定的国际规则，并暂停适用国内法中的相关规定，从而在制度层面确保进港数据的安全和自由流动，以便国内企业在海外业务中形成的数据快速回流，也为数据自由港与更多国家或地区之间建立数据跨境流动通道创造条件。

7.5 数字竞争秩序规则

7.5.1 坚持依法科学包容审慎监管原则

当前，我国数字化竞争监管需要综合考虑平衡发展与规范的关系，数字规则的设立应在保持依法科学、包容审慎的总基调下，坚持以市场公平竞争为目标，以行为规制为路径，以数字平台为重点，通过合理平衡数字市场的发展和规范的关系，聚焦数字平台重点对象，通过保护和促进合理竞争行为，规制反竞争行为，实现数字市场良性竞争。在审慎包容原则指引下，数字经济监管应着眼于企业自身的市场行为，而不是企业的竞争能力、市场份额、企业规模和市场集中度等企业结构因素。图 7-27 为数字平台竞争与服务规则的构建原则。

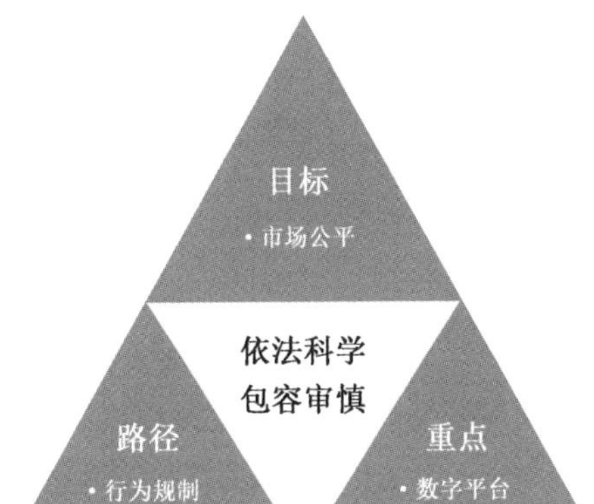

图 7-27　数字平台竞争与服务规则的构建原则

1. 以市场公平为目标

为了保持平衡数字市场竞争中的发展与规范的关系，即兼顾宽松的创新环境和规范的反垄断监管，根本途径就是坚持市场化监管取向。市场化监管取向既不是放任企业，也不是加强对企业的管控，而是让所有企业在公平竞争的环境下依照市场原则行事。那些通过创新实现的垄断或差异化竞争优势并不是竞争政策所反对的，反而希望企业通过创新做大做强。但如果是通过资本优势，在免费甚至大规模补贴下快速占领市场，然后依托市场优势地位要求用户拒绝与竞争对手交易，或者对交易对手进行不公平对待等方式达到排除或限制竞争的目的，则显然不利于公平竞争，也不利于行业创新发展。

基于维护市场公平的竞争规则需要重新规定，需要基于数字经济发展的新特征进行修正和完善，以改变过去较为宽松的监管环境，从维护公平竞争市场秩序和消费者权益出发，重新审视数字经济领域的合规性。市场集中依然是被允许的，打击的是垄断行为而非市场份额，且市场集中更加强调技术创新；如果企业利用自身规模实力推动技术创新，提高市场份额，那是正常的市场竞争行为，不应被监管部门所干预。①

2. 以行为规制为路径

一般而言，政府面对新兴市场监管采取的法律干预路径主要有赋权保护模式和行为规制模式。②数字赋权模式是指通过对数据权利的确定或者赋权，为数据主体提供强有力的法律救济措施，数据市场的各方主体能够根据所创设的数据权利边界以明晰自身行为边界，从而实现法律规制的可预见性，如通过《中华人民共和国著作权法》、数据赋权立法来达到保护效果。行为规制模式是指从规范数据使用的行为入手，依据现有法律设定数据治理的基本原则和相关主体的行为规范以实现数据规制的一种模式，如利用《中华人民共和国反垄断法》《中华人民共和国反不正当竞争法》《中华人民共和国合同法》等所采取的措施。

在现有法律制度和法学理论体系下，数据确权难以突破理论框架，数据权属界定尚未有定论，数据赋权时机尚未成熟，数据市场竞争只有依托法律的行为规制模式才可以对数据进行有限的保护。即使立法赋权具有专门化的优势，

---

① 陈琳琳，夏杰长，刘诚. 数字经济市场化监管与公平竞争秩序的构建. 改革，2021(7):44-53.

② 黄志雄. 数据治理的法律逻辑. 武汉：武汉大学出版社，2021:325.

但法律是社会生活的产物，在没有完全掌握数据及政府数据的特点时，盲目赋权反而会阻碍数据的流通、利用与发展。因而，立法赋权模式设想的以数据赋权为基础的私权保护无法成为，也不应当成为数据权益救济的主要渠道。经营者的数据利用行为是建立在其对数据收集、存储、分析、使用之上的经营行为，大数据杀熟、数据滥用等不良后果主要源于利润驱动下的不当数据利用行为，因此，对数字竞争的规制建立聚焦在行为规制将更为有效。

3. 以数字平台为重点

数字市场的规则设立难点在于平台经济。数字平台是将多边市场相互依赖的群体汇聚在一起的大型在线服务企业，承担组织协调和资源配置、收集数据和控制算法、制定和执行交易规则等功能。大型数字平台的崛起及其展现的强大网络效应、显著规模经济和范围经济、过高进入壁垒及数据和算法优势，强化了平台控制产品和服务价格、产量、质量及掠夺其他参与者的能力。尽管公用事业和基础设施等实体网络产业也存在这些特征，但数字技术拓展了数字平台滥用市场主导地位的能力，使各类厂商越来越依赖少数大型在线平台。数字平台垄断基础的这一变化，放大了市场竞争面临的威胁，削弱了现行反垄断制度体系有效性。

数字平台垄断既具有传统垄断的一般性，也具有由数字技术和数字经济特征引致的特殊性（见图 7-28）。从一般性上讲，数字平台垄断行为的危害同样需要考量价格、质量和创新三个关键市场变量。垄断不仅使市场偏离竞争均衡，导致价格上涨，降低产品和服务质量，削弱数字平台投资研发的动机，减缓整个行业的创新速度，损害消费者福利，而且会恶化价值创造在平台与各参与方之间的分配。从特殊性看，数字平台能够将多边市场中开发者、消费者、内容提供商，以及广告商、软件生产商和用户、辅助服务提供商等外部生产者汇聚在一起，承担组织和协调资源配置、汇聚数据和控制算法、制定和执行交易规则等功能，由此形成的垄断具有许多不同于传统企业垄断的特征。尤其是数字平台能够访问非常大的数据集，将广泛的数字服务捆绑到数据驱动的产品和服务中，把业务扩展到邻近市场，进而实现外部生产者、内容提供商、开发者与消费者之间高效互动，改变了传统垄断的基础。随着数字技术和数字经济的深入发展，数字平台在解决数字市场的信息、协调等基本问题，提高匹配市场供给与需求能力等方面展示出优势，但也给反垄断分析和监管带来了新的疑难问题。平台经济领域的不公平行为和反竞争行为主要由少数提供“核心平台服务”

的大型平台导致，对这些平台进行特别的规制至关重要。基于此，数字市场竞争监管的重点和难点在于以数字平台为重点监管对象，构建一套适应于新经济形态的监管规则。

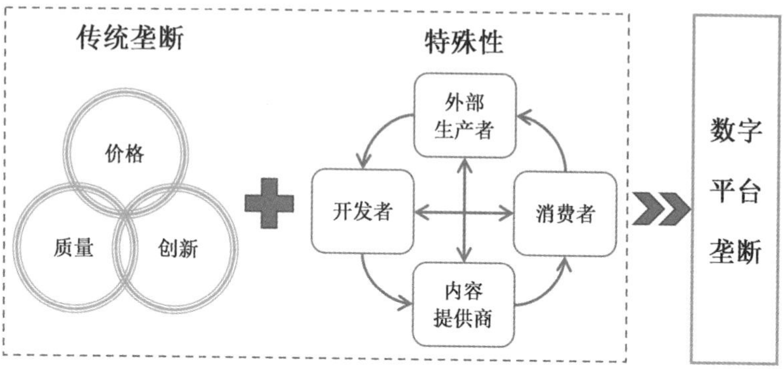

图 7-28　数字平台垄断特性

7.5.2　构建多视角监管框架

图 7-29 为数字竞争秩序规则多视角监管框架。

1. 基于数据算法平台三要素监管规则：数据监管与行为监管相结合

数字市场的竞争特征主要表现为以数据为核心竞争要素，以算法为核心竞争工具、以平台为核心竞争场域的数据驱动效应。[①]在此结构下，数字市场的竞争规则需要围绕数据、算法、平台三大核心要素的突出问题，不仅采取结构分拆、回溯性审查等基于结构监管策略，同时要特别关注行为监管，监管企业利用数据、算法等技术优势和信息不对称优势，暗中操纵和干预市场，损害市场竞争秩序等行为。

数据垄断规制。数据是数字市场各类市场主体竞相争夺的商业资源，自然成为经营者市场力量进行评估及行为效果评估的关键要素。互联网经济的典型特征是数据成为一种新的生产要素，数据的集聚成为互联网企业实施垄断的关

① 黄志雄. 数据治理的法律逻辑. 武汉：武汉大学出版社，2021:316.

键，一些企业基于线上交易的数据累积作出“大数据杀熟”等行为。为此，政府监管部门需要通过深入调查数据与市场力量、数据算法与反竞争行为之间的联系，密切关注相关企业是否利用对数据的控制损害市场竞争。

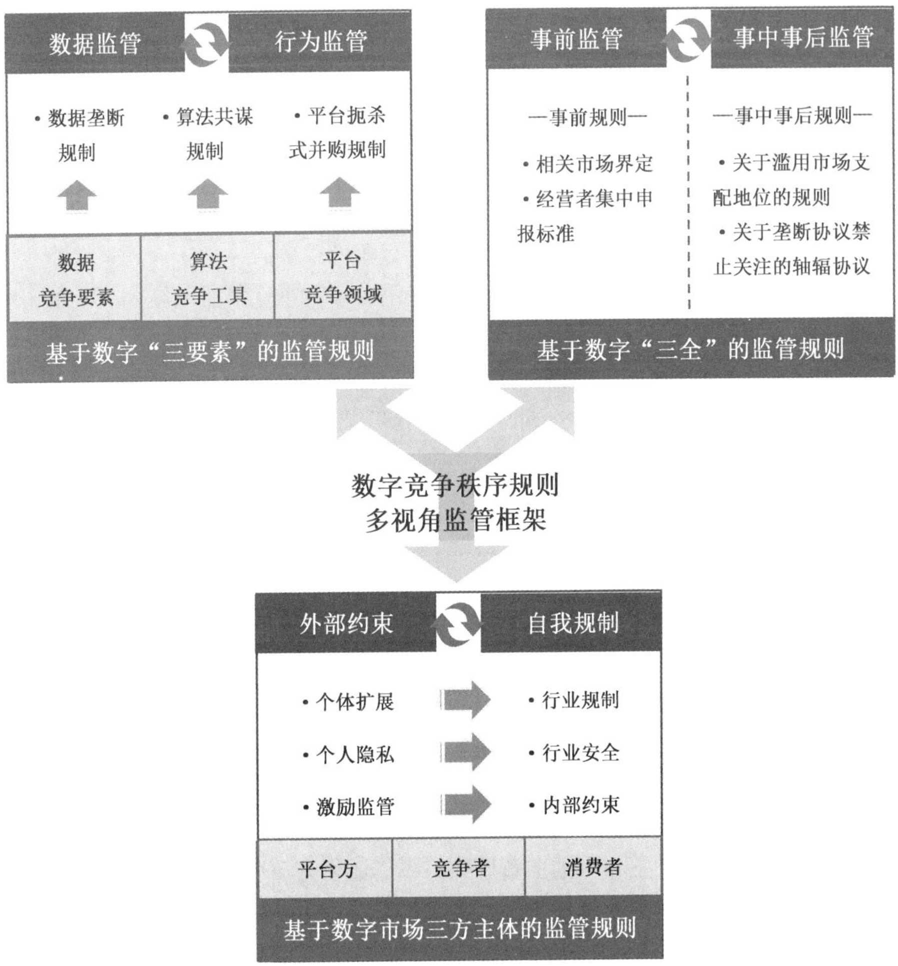

图 7-29　数字竞争秩序规则多视角监管框架

算法共谋规制。作为数据市场竞争的重要工具，算法的核心在于对数据的收集与分析。通过对海量数据的收集与分析，经营者通过各种程序设置的算法对消费者进行个性素描，进而对市场需求和市场价格行为作出精准预测，以获取市场竞争优势并规避风险。然而，算法的使用也引发了对它可能产生反垄断和算法歧视、算法共谋问题的担忧。反垄断执法机构对算法共谋的规制应遵循谦抑执法的理念，探索一套切实可行的反垄断分析方法。在算法研发阶段，要考虑以法规的形式，要求算法经营者和研发人员预先设计必要的补救机制，当算法对社会或市场产生负面影响时，及时启动补救措施。在算法实验与审核阶段，应有记录规定，便于发生问题后重新审核、验证证据。执法人员在审核验证过程中，应采用严格的检查标准并予以记录。在算法运行阶段，鉴于目前仍存在算法黑箱，解释不清责任归属的问题，应当考虑将算法的设计者或研发者作为兜底归责主体。加强算法全过程管理制度设计，有利于对人工智能算法可能产生的危害施以预先防控，并促进各个环节的技术创新。①

平台扼杀式并购规制。作为数字市场竞争的主要载体，平台既是承载源自不同市场消费者海量数据的主要载体，也是数字市场竞争的主体。在平台竞争中，大型平台企业总是会将目光锁定在优秀的初创中小平台企业上，采取并购行为将其收入囊中，以此提高市场集中度，进而容易出现市场垄断局面，一旦形成一家独大的局势，往往会因为竞争的缺失阻碍企业的创新动力，造成抬高价格，攫取更多消费者福利的情况。可见，扼杀式并购是造成平台经济领域垄断的重要原因，应予以重点关注。目前，我国政府积极推进平台经济反垄断，出台预防和防范扼杀式收并购行为的措施。总体来看，在包容审慎监管中对大型平台应强化监管、对中小平台特别是初创平台应弱化监管并强化服务保障，为中小企业创新发展提供公平竞争的市场环境，杜绝平台经济扼杀式收购行为的发生。②一方面，要严格审查大型平台的收购案，另一方面，在新兴领域优先开放对中小平台的准入权，允许中小平台先于大型平台进入新领域，快速建立市场、培育客户，确保中小平台有充足的发展空间，待时机成熟，再允许大型平台参与竞争。

2. 基于数字“三全”的监管规则：事前监管与事中事后相结合

数字平台是一个动态生长、复杂开放的生态系统，其通常包括核心平台与外围平台，极易产生超出社会和市场主体承受能力的各种重大风险，以及采用隐蔽性较强的垄断和不正当竞争行为，因此，应实施事中事后监管与事前监管相结合

---

① 兰天，何彦青，吴振峰，等. 数字经济时代科学应对算法共谋的对策思考. 全球科技经济瞭望，2022, 37(3):41-45, 76.

② 周平尔. 发挥政府有效作用预防平台经济扼杀式并购. 经济参考报，2021-04-06.

的监管策略，建立健全包容审慎有效的全周期、全链条、全流程的嵌入式监管机制，使各个环节均能运转高效、系统有序、协同配合。[①]对经营者数据利用的干预控制在合理限度，就是要在反垄断法事前预防规则的设计上尽可能完善，以将那些可能对市场竞争造成不利影响的经营者数据利用行为纳入反垄断法审查框架中来，而在事后规制规则的适用上则需要保持审慎，以避免反垄断执法机构将那些本具有效率、创新价值的经营者数据利用行为认定为违法行为而予以惩处。

在我国反垄断法制度框架下，经营者集中控制制度便属于一种事前规则，其主要功能在于防御经营者通过合并或并购而直接排除，限制了相关市场内的竞争。而垄断协议禁止、滥用市场支配地位规制则属于事后规则，其主要作用是为了对经营者实施的滥用协议或市场支配地位滥用行为进行惩处，以对实施垄断行为的经营者及其他有实施垄断行为意图的经营者达成威慑之目的。

（1）事前需要关注相关市场的界定和经营者集中的审查标准

其一，在相关市场界定中，由于外部网络效应、平台多边性及动态竞争的存在，数据市场竞争引发的反垄断案件审查中相关市场界定极具难度，市场势力评估及经营者的滥用行为判定更是遇到较大挑战。对于牵涉多边平台的反垄断案件，大体形成了两种相关市场界定思路，即将两个或两个以上的市场视为独立的双边或多边市场，还是将双边或多边市场视为相互关联的单独市场。从竞争评估这一目的来看，两种方案的差别似乎微乎其微。但是，对于某些跨平台网络效应显著存在且对市场竞争产生重要影响的行业，为了确保后续竞争效果评估的完整性与连贯性，应当将双边或多边市场视作独立相关市场予以界定，反之则可以分别进行相关市场界定并进行市场支配地位认定与竞争效果评估。为此，《中华人民共和国反垄断法》修订应当将企业的平台化趋势及界定多边市场的相关规则进行细化，在市场支配地位认定中加入数据获取难易程度、跨平台效应、市场的潜在竞争性等因素。

其二，经营者集中申报标准的设计上，由于数字经济时代互联网产品与服务市场大多采用免费商业模式，数据的价值无法在单一营业额标准下进行衡量，这就使得那些涉及数据聚集的经营者并购因为营业额较低而无法达到申报标准，因而无法受到正确的反垄断法评价。在数据驱动效应下，使经营者成为并购对象的原因极有可能是一个用户群体或是其掌握的一组用户数据，而这些经营者极有可能还尚未实现盈利，遑论营业额。

① 王磊，王丹，郭琎. 新时期全面加强互联网平台监管的政策建议. 价格理论与实践，2021(2):30-35,70.

（2）事中事后关注协议禁止、滥用市场支配地位规章制度的行为认定

反垄断执法机构或法院应当充分认识到经营者的数据利用行为并不必然违法，应当充分运用合理性原则及多个综合性标准对经营者的数据利用行为进行评估。

其一，关于滥用市场支配地位的规则。例如，在认定经营者在相关市场是否具有市场支配地位时，除一般滥用市场支配地位案件中应当考量的因素外，还需要结合经营者所掌握数据的情况、相关市场其他经营者获得数据的难易程度，包括消费者在内的交易相对人对数据的依赖程度等因素综合认定。在对经营者所实施的数据滥用行为进行判定时，则需要将自用型数据与他用型数据、数据正义与数据效率、经营者数据利用行为对市场竞争和创新造成的影响等因素纳入评估体系中。

其二，关于垄断协议禁止比较关注的是轴辐协议。轴辐协议是区别于横向和纵向垄断协议的混合型垄断协议，[①]轴辐协议的前提并非要求轴心经营者具有市场支配地位，而是更加关注其是否帮助促成了横向合谋协议，产生了排除限制竞争效果和造成消费者福利损失。一般认为在构成上，轴心经营者和辐条经营者之间存在一组排除限制竞争的纵向协议，辐条经营者之间具有一个潜在的横向垄断协议，轴心经营者对于实现潜在协议的达成和实施起到组织帮助作用。[②]

3. 基于数字市场三方主体的监管规则：外部约束与自我规制相结合

数字市场的参与方涉及平台方、竞争方及消费者三方，三方利益的综合平衡是维护公平竞争市场秩序的关键，需要建立外部约束与内部自我规制相结合的规制体系，重新审视数字市场领域的合规性。

从个体拓展到行业规制。对于平台方与竞争方的利益权衡监管，要以企业所从事的业务领域，而非仅从注册企业类型上进行行业监管。建议将《中华人民共和国反垄断法》与行业规范法规统筹考虑，构建混合监管模式，并按照各个部门的职责来规制数字平台的反竞争行为。在行业规制层面，由于数字平台渗透能力强、创新速度快，推动新产业新业态新模式持续涌现，监管往往呈现

---

① 孙晋. 数字平台的反垄断监管. 中国社会科学，2021(5):101-127,206-207.

② 戴龙. 论组织帮助型垄断协议的规制——兼议我国《反垄断法》的修订. 法学评论，2021, 39(1):105-114.

出一定的滞后性特点，建议在规则监管的基础上，实施基于原则并以结果为导向的监管策略，通过设定行业的最低限度相关标准，对不同的互联网平台进行差异化的原则性监管。①

从个人隐私到数据安全。隐私保护是数据市场中非常重要的非价格竞争维度。例如，在“微软并购领英案”中，欧盟委员会曾经在考虑该起并购对市场竞争造成的影响时，曾经评估了该起并购对社交网络市场隐私保护的影响。在 Facebook 收购 WhatsApp 案中，EPIC 也表达了异议，指出如果 Facebook 可以使用 WhatsApp 的消费者数据，这将违反 WhatsApp 的隐私政策从而违反消费者权利保护法。据此，《反垄断法》修订过程中应当对隐私保护等问题有所回应，严格落实我国 2021 年 6 月颁布的《中华人民共和国数据安全法》的相关要求，以适应数字经济时代数据市场竞争的法律规制需求。同时，从国际视角来看，可在上海、深圳等地建设若干国家网络安全中心，强化数据安全和网络安全。

从激励性监管到内部约束。对数字平台进行有效的反垄断监管，除了依靠政府监管机构和消费者，更重要的形成平台企业的内部约束机制。平台企业的技术优势和流量基础，使其天然拥有较强的话语权，因此充分发挥平台建构自我规制的内在优势，转变强制性监管理念为激励性监管理念，通过信用评价等机制引导平台重视声誉评价，积极进行内部自律性监管，建立自律规范和行为约束机制，将有效提升监管效能。②在具体实践中，可以激励和引导平台企业在内部完善反垄断合规制度，积极履行社会责任，形成企业内部合规审查和伦理审查的内生动力。

---

① 王磊，王丹，郭琎. 新时期全面加强互联网平台监管的政策建议. 价格理论与实践，2021(2):30-35, 70.

② 2020 年 7 月国家发展改革委等 13 个部委印发《关于支持新业态新模式健康发展 激活消费 市场带动扩大就业的意见》，在坚持包容审慎监管方面，推崇“触发式监管机制”，即通过宽松型监管同时匹配不可逾越的监管底线和严厉责任，引导平台自律合规。2020 年 9 月 11 日，国务院反垄断委员会印发《经营者反垄断合规指南》，旨在激励经营者自我培育公平自由竞争的合规文化，引导经营者自律自查建立反垄断自我规制机制，提高对反竞争行为的认识，防范反竞争法律风险，促进反垄断法的有效实施。

7.5.3 完善数字市场竞争规则体系

图 7-30 为数字市场规则体系构建示意图。

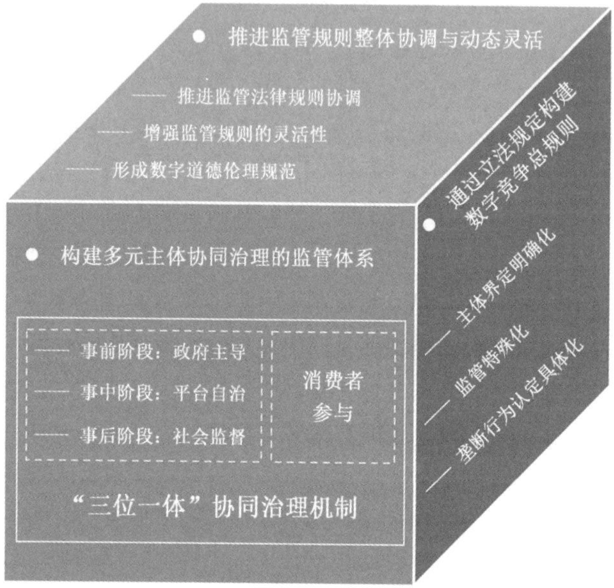

图 7-30 数字市场竞争规则体系构建示意图

1. 通过立法规定构建数字竞争总规则

数字平台经济是平台、数据、算法三个维度形成的市场竞争结构，打破了传统行业的市场结构形态，生态更复杂、涉及范围更广、专业性更强，具有典型的交叉性、复杂性和多维性，不适合沿用传统法律监管体系进行反垄断和反不正当竞争监管。因此，需要结合平台经济新型组织形态和竞争业态，不断完善针对平台经济领域的反垄断规则体系，创新规制思路，为平台经济领域经营者依法合规经营提供更加明确的指引。建议在立法目的和立法理念方面，根据平台经济的特点重构反垄断立法体系和整体架构，通过专门立法的形式不断完善数字竞争规则，以大型平台为监管重点，以平台反垄断为内容，对相关市场、垄断行为、垄断主体等认定具体化。[①]

2. 推进监管规则整体协调与动态灵活

（1）促进互联网平台领域监管法律规则相互协调。以市场监管为核心，明确互联网平台监管主体、对象、内容、重点及可利用的监管工具，推动平台经济、共享经济等市场竞争规范健康发展；加强《中华人民共和国反垄断法》《中华人民共和国反不正当竞争法》等与互联网平台相关的产业政策协调。加强安全风险监管，促进平台经济市场监管、行业监管与安全监管三类法律法规的协调整合。

（2）创新不同的监管机制与模式的灵活性。伴随数字化与实体经济的深度融合，平台经济的形态已经扩散到传统行业的各行各业，影响着传统经济的各个方面。这就要求在加强平台经济监管的同时，强化与传统行业监管的结合，通过实体与线上联动监管，通过现场监管与虚拟监管等不同形式，深挖各个行业之间的内在联系，推进平台经济监管规则的动态化与灵活化。同时，还要进一步围绕人工智能、数据、算法、行为等互联网平台发展和商业策略的关键要素，加快制定分领域分行业互联网平台监管的操作指南和实施细则，完善市场准入管理、过程监管和事中事后监管规则。[②]

（3）健全平台领域的数字价值伦理规范。鼓励互联网平台企业遵循正确社会价值观，确定技术中立、以人为本，尊重用户选择自由和权利，以及保护好用户的隐私和权益领域的道德伦理规范，不断弘扬数据、人工智能、算法等领域的正能量的数字伦理价值观，促进经济社会健康发展。相关监管部门可以对互联网平台数据、人工智能、算法等应用过程进行严格的伦理风险评估，提升平台治理规则透明度，督促企业落实平台风险防范主体责任，通过治理机制和技术规范双管齐下，及时消除技术异化引起的道德伦理风险。[③]

3. 构建多元主体协同治理的监管体系

面对系统复杂的平台经济发展，多元利益关系更加复杂，传统的分散的多

---

① 杨东，周鑫. 数字经济反垄断国际最新发展与理论重构. 中国应用法学，2021(3):97-111.

② 王磊，王丹，郭琎. 新时期全面加强互联网平台监管的政策建议. 价格理论与实践，2021(2):30-35, 70.

③ 田浩明，王波. 我国平台经济监管的不足及完善路径. 海南金融，2022(4):41-49.

头分部门监管依然无法适应跨产业、跨领域的行业发展，迫切需要进行全面监管，构建政府、平台企业和社会公众共同参与的协同治理机制。同时，在事前、事中与事后的不同阶段，不同主体分别发挥不同的作用。

在事前应当以政府监管为主导，政府主动发挥引领作用，厘清各部门的权力与责任，建立部门之间沟通协调机制，增强各部门之间的协同治理能力。加快政府角色转变，充分考虑各方需求，以问题为导向，积极主动做好信息公开工作，完善问责机制。

在事中阶段，主要由平台发挥作用。平台企业在商家与消费者之间充当桥梁作用，做好平台行业自律，强化对平台的监管，可以更好地发挥平台在监管体系中的“守门人”角色，平台企业与政府监管部门在监管体系中可以形成互补，共同做好监管工作。

在事后阶段，需要强化法律救济的及时性，这离不开完备的社会监督体系。在这个阶段，各种社会组织、媒体与消费者对平台的监督发挥着主要作用。